CNB 527 레위기에 관한 구속사적 강해
성경신학 관점의 본문 해설

레 위 기

이 광 호

2015년

교회와성경

지은이 | 이광호

영남대학교와 경북대학교대학원에서 법학과 서양사학을 공부했으며, 고려신학대학원(M.Div.)과 ACTS(Th.M.)에서 신학일반 및 조직신학을 공부한 후 대구 가톨릭대학교(Ph.D.)에서 선교학을 위한 비교종교학을 연구하였다.

'홍은개혁신학연구원'에서 성경신학 담당교수를 비롯해 고신대학교, 고려신학대학원, 영남신학대학교, 브니엘신학교, 대구가톨릭대학교, 숭실대학교 등에서 학생들을 가르쳤으며, 이슬람 전문선교단체인 국제 WIN선교회 한국대표를 지냈다.

현재는 실로암교회에서 담임목회를 하며 조에성경신학연구원과 부경신학연구원에서 강의하며, 달구벌기독학술연구회 회장으로 봉사하고 있다.

저서
- 성경에 나타난 성도의 사회참여(1990)
- 갈라디아서 강해(1990)
- 더불어 나누는 즐거움(1995)
- 기독교관점에서 본 세계문화사(1998)
- 세계 선교의 새로운 과제들(1998)
- 이슬람과 한국의 민간신앙(1998)
- 아빠, 교회 그만하고 슈퍼하자요(1995)
- 교회와 신앙(2002)
- 한국교회 무엇을 개혁할 것인가(2004)
- CNB 501 에세이 산상수훈(2005)
- CNB 502 예수님 생애 마지막 7일(2006)
- CNB 503 구약신학의 구속사적 이해(2006)
- CNB 504 신약신학의 구속사적 이해(2006)
- CNB 505 창세기(2007)
- CNB 506 바울의 생애와 바울서신(2007)
- CNB 507 손에 잡히는 신앙생활(2007)
- CNB 508 아름다운 신앙생활(2007)
- CNB 509 열매 맺는 신앙생활(2007)
- CNB 510 웨스트민스터 신앙고백(2008)
- CNB 511 사무엘서(2010)
- CNB 512 요한복음(2009)
- CNB 513 요한계시록(2009)
- CNB 514 로마서(2010)
- CNB 515 야고보서(2010)
- CNB 516 다니엘서(2011)
- CNB 517 열왕기상하(2011)
- CNB 518 고린도전후서(2012)
- CNB 519 개혁조직신학(2012)
- CNB 520 마태복음(2013)
- CNB 521 히브리서(2013)
- CNB 522 출애굽기(2013)
- CNB 523 목회서신(2014)
- CNB 524 사사기, 룻기(2014)
- CNB 525 옥중서신(2014)
- CNB 526 요한 1, 2, 3서, 유다서(2014)

역서
- 모슬렘 세계에 예수 그리스도를 심자(Charles R. Marsh, 1985년, CLC)
- 예수님의 수제자들(F. F. Bruce, 1988년, CLC)
- 치유함을 받으라(Colin Urquhart, 1988년, CLC)

홈페이지 http://siloam-church.org

레위기

CNB 527
레위기

A Study on the Book of Leviticus
by Kwangho Lee
Copyright ⓒ 2015 by Kwangho Lee

Published by the Church & Bible Publishing House

초판 인쇄 | 2015년 3월 15일
초판 발행 | 2015년 3월 20일

발행처 | 교회와성경
주소 | 평택시 특구로 43번길 90 (서정동)
전화 | 031-662-4742
등록번호 | 제2012-03호
등록일자 | 2012년 7월 12일

발행인 | 문민규
지은이 | 이광호
편집주간 | 송영찬
편집 | 신명기
디자인 | 조혜진

────────────────
총판 | (주) 비전북출판유통
주소 | 경기도 고양시 일산구 장항동 568-17호 (우) 411-834
전화 | 031-907-3927(대) 팩스 031-905-3927

────────────────
저작권자 ⓒ 2015 이광호

값은 표지에 있습니다.
파손된 책은 구입처나 출판사에서 교환해 드립니다.
ISBN 978-89-98322-12-0 93230

Printed in Seoul of Korea

CNB 시리즈
서 문

CNB The Church and The Bible 시리즈는 개혁신앙의 교회관과 성경신학적 구속사 해석에 근거한 신 · 구약 성경 연구 시리즈이다.

이 시리즈는 보다 정확한 성경 본문 해석을 바탕으로 역사적 개혁 교회의 면모를 조명하고 우리 시대의 교회가 마땅히 추구해야 할 방향을 제시함으로써 교회의 삶과 문화를 창달하는 것을 그 목적으로 하고 있다.

따라서 이 시리즈는 진지하게 성경을 연구하며 본문이 제시하는 메시지에 충실하고 있다. 그렇다고 이 시리즈가 다분히 학문적이거나 또는 적용이라는 의미에 국한되지 않는다. 학구적인 자세는 변함 없지만 궁극적으로 하나님의 나라를 지향함에 있어 개혁주의 교회관을 분명히 하기 위해 보다 더 관심을 가진다는 의미이다.

본 시리즈의 집필자들은 이미 신 · 구약 계시로써 말씀하셨던 하나님께서 지금도 말씀하고 계시며, 몸된 교회의 머리이자 영원한 왕이신 그리스도께서 지금도 통치하시며, 태초부터 모든 성도들을 부르시어 복음으로 성장하게 하시는 성령께서 지금도 구원 사역을 성취하심으로써 창세로부터 종말에 이르기까지 거룩한 나라로서 교회가 여전히 존재하고 있음을 그 무엇보다도 중요하게 여기고 있다.

아무쪼록 이 시리즈를 통해 계시에 근거한 바른 교회관과 성경관을 가지고 이 땅에 진정한 그리스도인의 삶과 문화가 확장되기를 바라는 바이다.

시리즈 편집인
김영철 목사, 미문(美門)교회 목사, Th.M.
송영찬 목사, 기독교개혁신보 편집국장, M.Div.
오광만 목사, 대한신학대학원대학교 교수, Ph.D.
이광호 목사, 실로암교회 목사, Ph.D.

레 위 기

A Study on the Book of Leviticus

2015년

교회와성경

머리말

죄에 빠진 인간들은 모든 것을 자신의 취향과 이성적인 판단에 맞추려는 습성을 가지고 있다. 그것은 일반적인 일에 있어서 뿐 아니라 하나님께 제사드리며 경배하는 행위를 하면서도 그렇다. 하나님을 섬긴다고 하면서 말씀에 계시된 규례를 무시하고 자신이 정한 방법을 고집하게 되는 것이다.

거룩하신 하나님께서는 죄에 빠진 인간들이 만들어낸 오염된 예배를 받으시지 않는다. 저들로부터 나오는 행위들은 그것 자체로서 선한 것이라 말할 수 없다. 그것은 인간들의 이성과 경험에 근거한 종교적인 욕망에 뒤섞여 있기 때문이다.

그러므로 하나님께서는 자신을 섬기는 분명한 규례를 주셨다. 레위기에는 하나님을 섬기며 제사하는 법이 기록되어 있다. 또한 안식일을 비롯한 다양한 절기들이 주어졌다. 죄에 빠진 인간들이 그 모든 규례들을 지켜 적용하기란 결코 쉽지 않음에도 불구하고 하나님께서는 시내 광야에서 그것을 명령하셨다.

출애굽기에 기록된 성막을 비롯한 각종 성물들과 절기들을 하드웨어인 설비구조에 비유한다면, 레위기는 하나님을 섬기는 것에 연관되는 소프트웨어인 진행 프로그램으로 이해할 수 있다. 따라서 하나님을 섬기는 자들은 그 거룩한 제도를 벗어나서는 안 된다.

레위기에서 하나님을 제사하는 것은 인간들의 자발적인 행위가 아니라 하나님의 요구에 따른 순종적인 반응으로 이해해야 한다. 설령 인간들이

순수한 마음과 열정으로 하나님께 제사를 지낸다고 할지라도 규례를 벗어
난다면 우상숭배 행위에 지나지 않는다.

물론 레위기서에 기록된 모든 예법들은 상징적인 것이 아니라 그것 자
체로서 실제적인 효력을 지닌다. 만일 그것을 상징적인 것으로 생각하게
되면 하나님을 경배하는 것 자체가 상징적인 것이 되어 버리기 때문이다.
우리는 하나님을 경배하는 모든 행위가 실제적인 의미를 지닌 상황이라는
사실을 분명히 인식하지 않으면 안 된다.

그렇지만 구약시대 하나님을 섬기는 방편들이 영구한 의미를 지니고
있지는 않았다. 레위기에 나타나는 제사와 연관된 모든 내용들은 장차 오
시게 될 메시아를 향하고 있었다. 따라서 규례에 따라 하나님을 섬기는 제
사장은 그 가운데서 항상 이땅에 강림하실 메시아의 존재를 기억해야만
했다.

따라서 하나님을 경외하는 성실한 제사장들은 제사를 지내면서 항상 창
세기 3장 15절에 기록된 '여자의 후손'과 아브라함이 모리아산에서 제물
로 바쳤던 이삭을 비롯한 구약의 메시아 언약을 염두에 두어야만 했다. 그
것을 통해 하나님을 온전히 경배할 수 있었기 때문이다. 구약시대에도 메
시아를 소망하지 않는 참된 성도들은 있을 수 없었다.

우리는 레위기를 읽고 묵상하며 설교하면서 장차 오시게 될 메시아를
염두에 두어야만 한다. 또한 오늘날 우리시대에도 레위기의 정신이 동일
하게 적용되어야 한다. 우리는 하나님을 섬기며 예배하되 인간의 이성과
종교적인 경험에 의존해서는 안 된다. 오직 기록된 하나님의 말씀에 계시

된 대로 예수 그리스도를 통해 하나님을 섬겨야 하는 것이다.

　본서는, 제1부에서 레위기에 연관된 개론적인 내용을 담고 있다. 그것은 레위기에 기록된 성경 본문을 이해하기 위해서 반드시 알고 있어야만 할 내용들이다. 그리고 제2부에서는 레위기 본문을 순차적으로 강해하고 있다. 구약시대 언약의 백성들에게 주어진 율법의 교훈을 통해 오늘날 우리시대 교회가 받아들여야 할 교훈이 무엇인지 올바르게 깨닫는 것은 매우 중요하다.

　이 책은 안산 푸른교회(합신교단, 권형록 목사 시무)의 사경회(2015.3.25-27)를 위해 특별히 준비되었다. 필자는 지난 겨울 약 두 주간이 넘는 기간(2015.1.27-2.12) 동안 아프리카 탄자니아와 남아프리카공화국을 방문하여 강의를 하며 소논문을 발표했다. 그때 오가는 길과 남는 시간 짬을 내어 레위기를 묵상하며 정리했다.

　부족한 이 책을 통해 레위기를 이해하는 데 유익을 얻는 이웃들이 많아지기 바란다. 레위기의 내용이 어렵다고 여기는 성도들은 생각을 바꾸는 것이 중요하다. 말씀을 사모하는 성도들이 레위기가 자기로부터 멀리 떨어진 책이 아니라 우리에게 밀착되어 있다는 사실을 깨닫게 된다면 더할 나위 없이 감사하겠다.

2015년 3월
실로암교회 서재에서
이 광 호 목사

차 례

제 1 부

레위기의 개론적 이해

제1부
레위기의 개론적 이해

레위기는 구약의 율법시대 하나님을 섬기며 제사하는 일에 연관되어 있다. 거기에는 온전한 제사를 위한 전반적인 규례가 기록되어 있다. 사람들의 눈에 아무리 그럴듯하게 보일지라도 율례를 벗어난다면 그것은 하나님을 경배하는 것이 아니라 도리어 하나님을 욕되게 하는 행위가 된다.

레위기가 보여주는 것은 인간들로 하여금 자기 마음대로 하나님을 섬기지 못하게 하는 것이다. 아무리 흠 없는 제물을 하나님께 정성껏 갖다 바친다고 할지라도 규례대로 섬기지 않으면 죄가 된다. 성소의 위치와 거기에 필요한 다양한 기구들뿐 아니라 방향도 함부로 정해서는 안 되었다.

그러므로 구약의 제사장들과 선지자들은 제사 규례를 충분히 숙지하고 있어야만 했다. 성전, 제사장, 제사 방법뿐 아니라, 되풀이되는 일반적인 날과 주간 중 안식일과 매달 첫째 날 있어야 할 제사 규례에 대해서도 그러했다. 나아가 해마다 정해진 날에 지켜야 할 절기에 대해서도 마찬가지다.

성경신학적 관점에서 볼 때 레위기는 아브라함 언약의 중심에 놓여있는 것으로 이해해야 한다. 하나님께서는 갈대아 우르의 아브라함을 불러 '땅'과 '자손'을 약속하셨다(창 12:1,2). 거기에는 장차 언약의 왕국을 세우시리라는 하나님의 의도가 내포되어 있었다.

그것을 위해 출애굽한 이스라엘 자손에게 '율법'이 주어졌다. 땅, 자손, 율법은 나라를 세우기 위한 기본 요건이 된다. 따라서 나중 그것들을 배경으로 하여 다윗 왕국이 설립됨으로써 아브라함에게 주어진 약속이 일차적으로 성취되었다.

이와 더불어 우리가 특별히 마음에 두어야 할 점은 그 언약의 중심에 레위기의 교훈이 존재하고 있다는 사실이다. 성막 제사와 연관된 레위기의 모든 규례는, 다윗 왕이 예루살렘을 정복한 후, 아브라함이 이삭을 바쳤던 모리아 산 위에 솔로몬 성전이 건립됨으로써 완성된다. 따라서 우리는 아브라함 언약과 다윗, 솔로몬 언약에 연관된 역사적인 과정에 모세와 그의 사역이 존재했다는 사실을 알 수 있다. 모세 율법의 핵심에는 하나님을 섬기는 레위기의 규례가 자리잡고 있었던 것이다.

또한 우리가 반드시 기억해야 할 바는 제사에 연관된 모든 내용들과 절기들의 중심에는 하나님의 어린 양으로 오셔서 하나님께 바쳐져야 할 예수 그리스도가 존재하고 있다는 점이다. 따라서 어떤 형태의 제사라 할지라도 그 중심에 장차 오실 그리스도가 존재하지 않는다면 아무런 의미가 없다. 그러므로 훌륭한 제사장이란 윤리적으로 완벽한 제사장이 아니라 예수 그리스도를 진심으로 소망하는 제사장이다.

따라서 경건해 보이는 제사장이 율법에 의한 좋은 제물을 바친다할지라도 그 안에 그리스도가 없으면 허망한 제사에 지나지 않는다. 설령 부당한 뇌물을 받지 않고 정직한 제사장이라 할지라도 그것만으로 훌륭한 제사장이라 말할 수 없다. 반드시 그 안에는 하나님의 아들 그리스도가 존재해야만 했던 것이다.

이스라엘 백성이 절기를 지키는 데 있어서도 이와 동일한 의미가 적용된다. 언약으로 허락되고 요구된 다양한 절기 가운데는 그리스도에 대한 소망이 담겨 있어야 한다. 그것은 단순히 종교적인 축제로서 즐거움과 만족을 누리라는 것이 아니었다. 즉 레위기 전체에는 그리스도에 대한 예표가 나타나고 있다는 사실을 분명히 깨달아야만 한다.

이를 총체적으로 이해하기 위한 조건으로 성소, 제사의 유형, 제사장, 제물, 절기, 날과 안식일과 월삭 및 안식년과 희년 등에 연관된 내용과 그 의미를 먼저 확인하고자 한다. 이는 레위기 이해를 위한 필수적인 조건이 된다. 즉 레위기 본문을 읽고 말씀을 탐구하기에 앞서 미리 숙지해 두어야 할 내용들이 있는 것이다.

제1장

하나님의 성소

1. 천상의 성소와 지상의 성소

출애굽한 이스라엘 민족이 사십 년간 광야에서 생활하는 동안 하나님께서는 이스라엘 민족 가운데 실제로 계셨다. 그것은 결코 단순히 상징적인 의미가 아니다. 하나님께서는 언약의 백성들 가운데 성소를 제작하게 하고, 자신의 거처를 삼으셨던 것이다. 이는 지상의 성소가 천상에 있는 성소의 그림자라는 사실을 말해주고 있다.

성소로부터 항상 구름기둥과 불기둥이 올라갔다는 사실은 하나님의 실제적인 임재를 가시적으로 보여준다. 모든 언약의 자손들이 눈으로 그것을 목격할 수 있었다. 그리고 낮과 밤에 구름기둥과 불기둥을 통해 실제적인 보호를 받았다. 그리고 이스라엘 민족이 가나안 땅에 들어가기 전까지 성소 위에는 그 신령한 기둥이 존재하고 있었다. 신명기에는 그에 관한 기록이 나타난다.

"여호와께서 모세에게 이르시되 너의 죽을 기한이 가까왔으니 여호수아를 불러서 함께 회막으로 나아오라 내가 그에게 명을 내리리라 모세와 여호

수아가 나아가서 회막에 서니 여호와께서 구름 기둥 가운데서 장막에 나타
나시고 구름 기둥은 장막문 위에 머물렀더라"(신 31:14,15)

위의 말씀에서 볼 수 있는 것은 구름기둥과 불기둥이 상징이 아니라 구
체적인 실체였다는 사실이다. 눈으로 보고 몸으로 느낄 수 있었던 것이다.
이를 통해 알 수 있는 것은 천상과 지상에 연결된 성소의 개념이다.

우리가 여기서 기억해야 할 바는 하나님의 율법에 따라 제작된 지상의
성소는 단순한 상징적인 의미가 아니라 실제적인 의미를 지닌 지상의 성
소라는 사실이다. 즉 이땅에 존재하는 성소는 실제적인 하나님의 영역이
었던 것이다. 이는 오늘날 우리 시대의 지상 교회가 상징적인 의미가 아니
라 실체적인 하나님의 집이라는 사실과 동일한 이치라 할 수 있다.

2. 지성소와 언약궤

성소 내부의 지성소는 매우 특별한 영역이다. 그곳은 하나님께서 거하
시는 곳이기 때문이다. 성소와 지성소 사이에는 휘장이 쳐져 있어서 양쪽
을 분리하고 있다. 성소와 지성소는 극명한 대비를 보인다. 성소에는 제사
장들이 날마다 출입했지만 지성소에는 대제사장이 일 년 한 차례 들어갈
수 있었을 따름이다.

또한 성소는 원리적 의미상 항상 불이 환하게 밝혀져 있는 영역이다. 이
에 반해 지성소는 일 년에 한 차례를 제외하고는 항상 깜깜한 흑암의 영역
으로서 일반적인 빛이 차단되어 있었다. 이는 매우 중요한 의미를 보여주
고 있다. 즉 지성소에는 일반 백성들은 물론 제사장들조차도 임의로 접근
해서는 안 된다. 지성소에는 특별한 언약궤가 놓여있다.

"또 둘째 휘장 뒤에 있는 장막을 지성소라 일컫나니 금향로와 사면을 금

으로 싼 언약궤가 있고 그 안에 만나를 담은 금항아리와 아론의 싹난 지팡이
와 언약의 비석들이 있고 그 위에 속죄소를 덮는 영광의 그룹들이 있으니 이
것들에 관하여는 이제 낱낱이 말할 수 없노라"(히 9:3-5)

인간들에게는 흑암의 영역인 지성소에는 하나님의 요구에 따라 제작된
언약궤가 놓여있다. 금으로 싼 언약궤 위에는 죄를 용서하는 속죄소가 있
었으며, 그 안에는 만나를 담은 금 항아리와 아론의 싹 난 지팡이 그리고
모세가 받은 언약의 두 돌 판이 들어 있었다. 우리는 이 의미를 매우 주의
깊게 이해해야 한다. 이는 언약궤 안에는 이스라엘 민족의 광야 40년의 의
미가 담겨있는 것으로 이해할 수 있기 때문이다. 그 언약궤는 예수님께서
십자가 사역을 완성하실 때까지 그 의미를 발휘하고 있었다.

이스라엘 백성이 가나안 땅에 진입함으로써 광야 40년의 생활은 끝난
다. 그리고 나중 다윗이 예루살렘을 정복하고 솔로몬이 돌로 된 성전을 짓
고 그 안의 지성소 안에는 법궤가 놓이게 되었다. 법궤는 의미상 광야생활
40년을 보관하고 있는 것과 같았다. 즉 광야 40년의 특별한 역사는 시간적
으로는 끝이 났지만 그 의미는 구속사 가운데 실제적으로 흐르고 있었던
것이다.

그러므로 예수님께서 십자가에 달려 숨이 끊어질 때 성소와 지성소를
가로막고 있던 휘장이 위로부터 아래로 찢어졌다. 이는 하나님의 어린양
이신 그의 거룩한 피가 지성소 안의 속죄소 위에 뿌려진 사실을 말해준다.
그리스도의 피가 속죄소 위에 뿌려져 하나님께서 받으심으로써 하나님의
진노가 누그러지고 화해가 이루어졌다. 즉 그것을 통해 하나님은 자기 자
녀들의 모든 죄를 용서하게 되었던 것이다.

그러므로 구약성경은 언약궤를 하나님의 발등상으로 묘사하고 있다. 이
는 천상의 하나님께서 지상의 지성소에 거하고 계신다는 사실을 말해준
다. 따라서 하나님의 자녀들은 하나님께서 좌정해 계시는 언약궤를 향해

하나님을 경배했던 것이다. 다윗은 그에 대하여 언급했으며 시편에는 그에 연관된 노래가 기록되어 있다.

> "이에 다윗 왕이 일어서서 가로되 나의 형제들, 나의 백성들아 내 말을 들으라 나는 여호와의 언약궤 곧 우리 하나님의 발등상을 봉안할 전 건축할 마음이 있어서 건축할 재료를 준비하였으나"(대상 28:2); "우리가 그의 성막에 들어가서 그 발등상 앞에서 경배하리로다"(시 132:7); "너희는 여호와 우리 하나님을 높여 그 발등상 앞에서 경배할찌어다 그는 거룩하시도다"(시 99:5)

하나님은 언약의 백성 가운데 거하신 분이었다. 성경은 그 거룩하신 분이 백성들 가운데 존재하는 성소 안의 지성소에 거하셨음을 말해주고 있다. 그러므로 하나님을 경배해야 할 백성들은 그 지성소를 통해 천상의 나라를 바라보아야 했던 것이다.

이는 오늘날 신약시대 교회와 그에 속한 성도들이 예수 그리스도를 통해 천상의 나라와 그곳에 계시는 하나님을 바라보게 되는 것과 같다. 하나님께서는 예수님께서 오시기 전에 지성소에 계셨다. 이는 물론 인간들의 상상을 용납하지 않는 초월적인 방법으로 하나님께서 지성소에 실체로 거하셨던 것이다.

3. 성소와 등대, 향단, 떡상

성전 내부는 성소와 지성소로 나뉘어져 있다. 성소는 지성소로 들어가기 위하여 반드시 거쳐야 할 영역이다. 성소의 중앙 앞에는 향단이 놓여 있다. 그리고 왼편에는 등대가 놓여 있으며 오른편에는 떡상이 놓여 있다. 출애굽기에는 그에 관한 기록이 나타나고 있다.

"그가 또 회막 안 곧 성막 북편으로 장 밖에 상을 놓고 또 여호와 앞 그 상 위에 떡을 진설하니 여호와께서 모세에게 명하신대로 되니라 그가 또 회막 안 곧 성막 남편에 등대를 놓아 상과 대하게 하고 또 여호와 앞에 등잔에 불을 켜니 여호와께서 모세에게 명하신대로 되니라 그가 또 금 향단을 회막 안 장 앞에 두고 그 위에 향기로운 향을 사르니 여호와께서 모세에게 명하신대로 되니라"(출 40:22-27)

성소는 거룩한 영역으로서 아무나 출입하지 못한다. 아론 지파 제사장들이 규례에 따라 성소에 들어가게 된다. 제사장들은 날마다 성소 안으로 들어가 향을 갈고 등대 위의 불을 갈았다. 그리고 떡상에 놓인 음식을 새것으로 갈아야만 했다.

예수님께서는 자신이 곧 거룩한 성전이라는 사실을 언급하셨다. 그는 예루살렘 성전을 가리키면서 유대인들이 그것을 파괴하면 자기가 사흘 만에 다시 세우시겠다는 말씀을 하셨던 것이다. 복음서에는 그에 관한 분명한 기록이 나타나고 있다.

"예수께서 대답하여 이르시되 너희가 이 성전을 헐라 내가 사흘 동안에 일으키리라 유대인들이 이르되 이 성전은 사십육 년 동안에 지었거늘 네가 삼 일 동안에 일으키겠느냐 하더라 그러나 예수는 성전된 자기 육체를 가리켜 말씀하신 것이라"(요 2:19-21)

율법주의에 빠져 하나님의 아들을 알아보지 못하던 자들은 이 말씀을 듣고 심하게 분개했다. 그들은 예수님의 말뜻을 제대로 알아듣지 못했기 때문이다. 예수님께서는 자기가 십자가에 달려 죽게 되면 사흘 만에 부활하실 것을 예언하셨던 것이다.

예수님의 이 말씀은 매우 중요한 의미를 지니고 있다. 구약시대의 성전의 성소는 지성소로 나아가는 필수적인 길이었다. 그곳을 거치지 않고는 하나님의 용서를 받을 수 없었으며 하나님께 나아갈 수 없었다.

성소 안에 놓인 등대와 향단과 떡상은 그 의미를 드러내 보여주고 있다. 이는 나중 예수님께서 자신을 길과 진리와 생명이라고 말씀하셨을 때 분명히 드러났다. 즉 그것은 예수님을 통하지 않고는 여호와 하나님께로 나아갈 수 있는 방법이 없다는 사실을 시사하고 있기 때문이다.

> "예수께서 이르시되 내가 곧 길이요 진리요 생명이니 나로 말미암지 않고는 아버지께로 올 자가 없느니라"(요 14:6)

예수님께서 자신의 몸을 성소와 동일시하셨을 때 거기에는 분명한 이유가 있었다. 성소 안에 있는 등대 위의 '등불'은 '길'을 가리키는 기능을 하고 있었으며, 지성소에 맞닿아 있었던 향단 위의 '향'은 하나님을 향해 연결되는 불변의 '진리'와 연관된 의미를 지니고 있었다. 그리고 상 위에 놓인 '떡'은 '생명'을 상징하고 있는 것이었다.

제사장들이 날마다 출입하는 성소가 하나님이 계시는 거룩한 지성소로 나아가는 필수적인 영역이듯이 예수님의 몸은 하나님께 나아가기 위한 필수적인 조건이 된다. 그의 몸을 통하지 않고 하나님께 나아갈 수 있는 길이 없는 것이다. 예수님께서는 그와 같은 영적인 의미에서 자신의 몸을 성전과 동일시하셨던 것이다.

4. 물두멍

성소의 문 앞 정면에 놓인 물두멍은 바다(sea)로 지칭되기도 했다. 그것은 제사장들을 위해 특별히 마련된 것이었다. 제사장들이 성소에 들어가기 위해서는 반드시 물두멍에서 씻어야만 했던 것이다. 이는 하나님 앞으로 나아가기 위해서는 정결케 해야 한다는 사실을 말해주고 있다.

그 물두멍은 거룩한 의미를 지니고 있으며 매우 중요한 상징적인 의미를 소유하고 있었다. 상징적으로는 그것이 노아 홍수와 출애굽 당시의 홍해바다의 의미를 내포하고 있었다. 이는 단순히 제사장들을 정결케 하는 의미를 지니는 것을 넘어 생명과 연관되어 있었음을 말해 준다.

언약의 자손들은 노아 홍수와 홍해바다를 통해 새로운 생명을 공급받았다. 그러나 하나님을 알지 못하는 대적자들은 그 동일한 물로 말미암아 죽임을 당했다. 따라서 성소 앞에 놓인 물두멍에 담긴 물은 노아시대 홍수가 날 때의 바다와 홍해바다가 갈라질 때처럼 생명과 심판의 물의 역할을 하게 되었던 것이다.

그러므로 제사장들이 성소에 들어가기 위하여 반드시 그 앞에 놓인 물두멍을 거쳤다는 것은 특별한 의미를 지닌다. 그들이 하나님의 성소 안으로 들어갈 때마다 자기의 육체가 죽음을 거쳐 새로운 생명을 소유하게 되었다는 의미를 지니고 있다. 제사장들은 신분에 따른 단순한 의무감만으로 성소에 출입하지 않았던 것이다. 우리는 이를 통해 참 생명과 연관하여 자신을 부인하지 않고는 거기로 들어갈 자가 없었다는 사실을 알게 된다. 이는 언약의 백성들에게 있어서 매우 중요한 의미를 지니고 있다.

5. 번제단

번제단은 성소와 백성들을 연결시켜 주는 다리 역할을 한다. 제사장들이 규례에 따라 희생제물을 잡아 피 흘리는 과정이 없이는 아무도 번제단 앞으로 나아가는 선을 넘지 못한다. 또한 번제단 주변에서 제물이 될 동물을 잡아야 한다. 우리가 여기서 주의 깊게 생각해야 할 점은 제사장과 더불어 레위인이 동물을 잡는 일을 주도했으며 제물을 바치는 헌제자獻祭者도 그 일에 참여했다.

이는 번제단에서 행해지는 일들은 제사장들뿐 아니라 레위인들과 일반 백성들도 그에 참여할 수 있었음을 말해준다. 물론 레위인들이나 일반 백성들은 번제단 넘어 들어갈 수는 없었다. 그렇지만 번제단의 제물과 제사장이 자신의 제물에 연관하여 성소 안으로 들어가기 때문에 헌제자를 비롯한 이스라엘 백성들에게 그 의미가 전달되었다.

6. 성전 뜰

성전의 뜰은 언약의 백성들을 위해 개방된 영역이다. 그곳에는 제물을 바치기 위해 준비하는 사람들이 모여들었다. 뿐만 아니라 하나님을 기억하고 경배하고자 하는 자들도 그곳으로 모였다. 헌제자들과 일반 백성들이 모인 그곳은 넓은 의미에서 하나님을 경배하는 마당으로 표현할 수 있을 것이다.

구약시대 이스라엘 백성들 가운데 악기를 가지고 하나님을 경배했던 무리들도 그곳을 이용했던 것으로 보인다. 번제단 넘어 성소 가까이에서는 일반적인 악기를 사용하지 않았다. 하나님께 직접 바쳐질 제물은 동물과 곡물밖에 없었다.

7. 진

성전 울타리 바깥은 언약의 백성들이 살아가야 할 생활 영역이었다. 이스라엘 백성이 시내광야에 있을 때는 열두 지파가 질서정연하게 자리를 잡았다. 모든 백성들은 하나님 앞에서 평등했지만 직분은 엄격했다.

이스라엘 백성들은 약속의 땅 가나안에 들어가서도 각 지파별로 각 지역을 차지하며 질서를 유지했다. 그때도 다양한 직분들은 엄격하게 구분되어 있었다. 그것이 훗날 이스라엘 왕국을 위한 중요한 기초가 되었다.

오늘날 우리 시대에도 동일한 의미를 지니고 있다. 모든 성도들은 신약의 교회를 중심으로 평등한 관계를 유지하지만 질서 있게 살아가야 한다. 물론 교회의 직분은 성경의 교훈에 따라 엄격하게 적용되어야 한다.

8. 진 밖과 광야

진 바깥은 언약의 백성과 분리된 영역이다. 즉 진의 안과 바깥은 엄격하게 구분되어야 한다. 진 안은 하나님께 속한 거룩한 영역에 속하지만 진 밖은 세상에 속한 영역이기 때문이다. 진 바깥은 하나님의 백성들과 분리되어 있지만 언약의 언저리에 맴돌고 있다.

그러므로 언약의 백성들은 항상 그에 대한 경계의 끈을 늦추지 말아야 한다. 즉 상이한 성질을 지니고 있는 양자를 혼합하거나 뒤섞으려고 해서는 안 된다. 이는 우리 시대 교회와 그에 속한 성도들이 세상의 것들을 가져와 가치관을 혼합시키지 말아야 하는 것에 대한 모본이 되고 있다.

제2장
성소를 통한 제사

1. 제사의 유형

모세 율법에 기록된 모든 제사는 장차 오시게 될 하나님의 어린양 예수 그리스도와 결부되어야 한다. 그 중심에는 십자가에 달려 돌아가신 구속 사역에 밀접하게 연관되어 있다. 따라서 레위기서의 다양한 제사들도 그와 더불어 이해해야만 한다.

(1) 번제(燔祭, burnt offering)

번제는 희생제물을 태워 바치는 제사이다. 규례에 따라 예비된 동물을 죽여 그 내장을 제거한 후 제물 전체를 제단 위에서 태워 그 향기로 하나님께 경배하게 된다. 번제를 드릴 때 그 동물과 그것을 바치는 헌제자(獻祭者)는 동일시된다.

그러므로 희생제물을 바치는 자는 자기가 바칠 동물의 머리에 안수함으로써 모든 죄를 그 동물에게 뒤집어씌우게 된다. 그렇게 하여 잡은 희생제물의 피는 제사장들이 번제단 사면에 뿌려야 한다. 그리고 동물의 내장과 가죽을 제외한 제물을 하나님께 불사른다. 하나님께서 그것을 기쁘게 받으시면 그의 무서운 진노가 누그러뜨려져 죄를 용서받게 된다.

(2) 소제 (素祭, grain offering)

소제는 동물제사가 아니라 하나님께 드리는 곡물제사를 일컫는다. 소제는 곡물 즉 빻은 곡식가루나 기름을 재료로 삼아 드리게 된다. 이는 번제나 화목제 등 동물제사와 더불어 드려지는 것이 일반적이었다. 소제를 드릴 때는 유향이나 소금을 사용하기는 해도 누룩과 꿀은 금지되었다. 소제는 곡물의 일부분을 기념물로 태우고 나머지는 제사장들에게 돌려졌다.

(3) 화목제 (和睦祭, peace offering)

화목제는 하나님과 죄에 빠진 인간 사이의 관계를 회복하여 화목케 하는 동물제사이다. 그때 죽인 희생제물의 피는 제단 사면에 뿌리게 된다. 그것을 통해 거룩하신 하나님과 인간 사이에 화목이 이루어진다. 화목제를 위해 사용된 제물의 일부는 태우고 나머지는 제사장과 헌제자가 나누어 먹게 되었다.

(4) 속죄제 (贖罪祭, sin offering)

속죄제는 자신의 죄로 말미암아 하나님께 드리는 제사이다. 속죄라는 말은 자신의 죄를 동물에게 전가시키는 의미를 지니고 있다. 속죄제는 신분과 형편에 따라 제물이 달랐다. 속죄를 위하여 바치는 제물은 안수하여 잡은 후, 그 동물의 고기는 제사장이 정결한 곳에서 먹었다. 그리고 피와 기름 부위는 하나님께 바치게 된다. 그러나 가죽과 내장과 똥은 바깥 재 버리는 곳으로 가져가 불살라야만 했다. 죄로 더러워진 부정한 자신을 속죄제를 통해 정결케 함으로써 하나님으로부터 죄를 용서받게 된다.

(5) 속건제 (贖愆祭, guilt offering)

속건제는 일상생활 가운데 범죄한 사실이 있거나 의무를 태만히 하여 이웃에게 손해를 입혔을 경우 하나님께 제물을 드리고 그 문제를 해결했다. 이웃에 대한 잘못을 하나님에 대한 범죄로 간주하는 것은 눈여겨보아야 할 대목이다.

즉 속건제는 인간들이 하나님 앞에서 자기의 잘못을 뉘우치고 용서를 받는 성격을 지니고 있었다. 물론 이웃에 손해를 끼쳤을 경우에는 응분의 책임을 져야 한다. 즉 이웃에게 손해를 끼쳤을 경우에는 희생 제사를 위한 동물 이외에, 율법의 규정에 따라 그에 상응하는 변상을 해야만 했다.

2. 제물 종류

하나님께 바쳐지는 모든 제물은 인간들의 의사에 따라 결정되지 않는다. 나아가 제사장들이 율법과 상관없이 임의로 결정해서도 안 된다. 모든 희생제물은 하나님께서 정하신 것으로서 율법의 규례에 따라야만 한다. 따라서 아무리 값비싼 동물이라 할지라도 율법에 어긋난다면 하나님을 모독하는 행위가 될 따름이다. 성경은 하나님께 바칠 제물로서 동물과 곡물로 제한하고 있다.

하나님께서 원하시는 동물은 양, 소, 염소, 비둘기 등이다. 그리고 인간의 식량이 되는 곡물은 고운 가루, 번철에 구운 떡, 솥에 삶은 떡 등이다. 이것들 이외에는 하나님께서 제물로 허락하지 않으셨다. 이를테면 채소, 꽃, 과일, 물고기 등은 하나님께 바칠 수 없었다. 인간들이 보기에 그런 것들이 좋아 보인다고 할지라도 그것들을 바친다면 하나님을 욕되게 하는 행위에 지나지 않는다.

이에 대해서는 오늘날 우리도 관심을 기울여야 한다. 레위기에 기록된 제물들은 현대교회에도 중요한 교훈을 주고 있다. 하나님께서 요구하시지 않고 원하지 않는 것들을 인간의 종교적인 취향에 따라 예배의 도구로 사용해서는 안 된다.

3. 제사장과 헌제자

제사장과 헌제자는 항상 규례에 따라 모든 과정을 거쳐야 한다. 제사장이 되기 위해서는 아론 지파에 속해야만 한다. 아무리 유능한 사람이라 할지라도 조건에 맞지 않으면 제사장 직분을 감당할 수 없다. 또한 제사장은 의상뿐 아니라 율법에서 요구하고 있는 모든 장식들을 자신의 의상에 부착해야 한다. 그것들은 일반적인 장식이 아니라 하나님의 뜻을 드러내 보여주고 있는 것이다.

또한 하나님께 제물을 바치려는 헌제자들에게도 규례가 있다. 우리가 주의를 기울여야 할 바는 제물을 바치는 자들 가운데는 의무 헌제자가 있는가 하면 자원 헌제자들이 있다. 제사장들을 비롯한 하나님의 성전에서 수종을 드는 특별한 직분자들이 범죄하게 되면 의무로 제물을 바쳐야 한다.

나아가 자원해서 제물을 바치려 할 때도 규례와 질서가 있다. 어떤 사람이 자원해서 제물을 바치고 싶다고 해서 그렇게 할 수 있는 것이 아니다. 제사장들은 그 사람에 대하여 충분히 살핀 다음 규례와 질서에 따라 그렇게 해야만 한다. 즉 아무리 순수한 마음으로 제물을 바치려 한다고 해도 개인의 판단에 따라 그렇게 할 수 없는 것이다.

4. 정결규정과 정결례 (purification)

하나님께서는 언약의 백성들 가운데 특별한 정결규정과 정결례를 주셨다. 여기서 언급된 바 '정결하다'(clean)는 말과 '거룩하다'(holy)는 말은 서로 다를 뿐 아니라 양자 사이에는 직접적인 유사성마저 존재하지 않는다. 거룩한 분은 오직 하나님 한 분에게만 해당될 수 있는 용어이다.

그럼에도 불구하고 성경에서 정결에 대한 규정이 주어진 것은 하나님께서 정결하고 부정한 것을 구분하시는 분임을 보여주시기 위해서였다. 우리는 정하고 부정한 것에 대한 판단이 인간들의 사고나 경험에 의존하지 않는다는 사실을 기억해야 한다. 하나님께서 정하다고 하시면 정한 것이며, 하나님께서 부정하다고 말씀하시면 그것은 부정한 것이다.

성경에는 정한 동물과 부정한 동물을 구별하고 있다. 동물뿐 아니라 곤충과 물고기에 대해서도 그 구별이 이루어지고 있다. 그에 대해서는 레위기 본문에 분명히 밝혀지고 있다. 하지만 우리는 동물이나 곤충, 물고기의 육질의 차이 때문에 정하고 부정한 것이 구별되는 것이 아니라는 사실을 기억해야 한다.

이는 하나님의 자녀와 불신자들 사이가 구별되는 것과 연관되어 있다. 믿는 사람들과 믿지 않는 사람들 사이라고 해서 체질이나 혈액형이 다르지 않다. 그럼에도 불구하고 하나님께서는 자기에게 속한 자들과 다른 사람들 사이를 뚜렷이 구분하고 계신다.

이와 더불어 정한 사람이 부정하게 되는 경우가 있다. 문둥병이나 유출병에 걸렸거나 월경중인 여인과 해산한 부인은 부정한 자로 간주되었다. 우리는 인간의 이성과 경험에 따라 왜 그런지에 대한 구체적인 이유에 관심을 가지는 것보다 하나님께서 그렇게 규정하신 사실 자체를 중요하게 받아들여야 한다. 물론 그 외에도 레위기에는 부정하게 되는 예들이 구체적으로 기술되어 있다.

성경은 사람이 부정하게 되었을 경우 규례에 따라 정결케 하는 의례를 행해야 한다는 사실을 언급하고 있다. 그것을 위해서는 예물을 바쳐야 하기도 했으며 희생제물의 피를 뿌림으로써 그 문제를 해결하고 정결하게 될 수 있었다.

제3장

각종 절기[1]와 날과 달과 해

1. 절기

(1) 유월절

이스라엘 민족에게 주어진 유월절은 생명과 연관된 절기이다. 하나님께서 애굽의 장자들을 죽이는 심판을 행하실 때 유월절 어린양의 생명을 받으심으로써 이스라엘 백성들의 생명을 보존하도록 해주셨다. 하나님께서 생명의 심판을 하시는 날 이스라엘 민족에게는 어린양을 잡아 그 피를 문설주에 바르고 집 안에서 그 고기를 먹도록 했다.

하나님께서는 애굽의 모든 인간들을 심판하시면서 문설주에 발린 피를 보고 심판의 칼을 멈추게 하셨다. 이는 저들의 생명은 어린양의 피에 달려 있다는 사실을 말해준다. 이 말은 하나님의 선택을 받은 백성들은 어린양으로 오신 예수 그리스도의 피와 살을 통해 영원한 삶을 공급받은 일과 직접 연관되어 있다.

---

[1] 부림절, 수전절

(2) 무교절

무교절은 유대인의 달력으로 유월절 다음날인 1월 15일부터 21일까지 한 주간 동안 지키게 된다. 이는 무교절이 유월절과 직접 연관된 의미를 지니고 있다는 사실을 말해 준다. 그 절기를 지키는 기간 동안에는 모든 백성이 누룩 없는 떡을 먹어야 한다. 여기에는 매우 다양한 의미들을 담고 있다.

우선 누룩 없는 무교병을 먹는 것은 음식을 맛으로 먹는 것이 아니라는 사실을 말해준다. 생명을 위해 영양을 공급받지만 맛과 즐거움으로 먹는 것이 아니다. 즉 그때 먹는 음식은 생존을 위해 먹게 된다.

이스라엘 자손들은 해마다 무교절을 지키며 인간이 세상에서 자기의 만족과 즐거움을 누리기 위한 존재가 아니라는 사실을 깨달아 기억하게 된다. 그리고 맨 처음 유월절날 하나님에 의해 애굽에 내려지게 된 재앙으로 인해 빨리 그곳을 빠져나가야 했다. 그렇게 하기 위해서는 맛난 음식을 먹으며 여유로운 자세를 취할 틈이 없었다. 그들은 도리어 신발끈을 바짝 묶고 허리에 띠를 동여매고 하나님께서 예비하신 새로운 영역으로 탈출할 준비를 갖추어야만 했던 것이다.

(3) 초실절

초실절은 무교절 기간중의 안식일이 지난 다음 첫날이다. 이 절기는 이스라엘 백성이 가나안 땅에 들어간 후부터 지켜졌다. 그 날은 맺기 시작한 '첫 열매'를 하나님께 바치게 된다. 처음 익은 열매는 하나님으로부터 허락된 이땅에서의 생명의 근원이 된다. 어리석은 자들은 처음 맺는 열매를 자기의 노력으로 인한 것으로 착각하게 된다.

하지만 하나님께 속한 언약의 백성들은 그 열매가 하나님으로부터 주어진 것이란 사실을 알고 있다. 인간들이 먹는 모든 음식은 하나님께서 허락하셨다. 하늘의 태양이 빛을 비추고 하늘에서 비가 내리지 않으면 곡식이 열매를 맺을 수 없다. 하나님께서는 이스라엘 백성이 시내광야에서 사십 년간 살아가는 동안 날마다 만나와 메추라기로 먹이셨다. 인간들의 두뇌나 손끝에 생명이 달려 있지 않다는 사실을 실증적으로 보여주셨던 것이다.

하늘로부터 내려온 그 특별한 양식은 시내광야 생활이 끝남과 동시에 더 이상 주어지지 않았다. 그렇지만 이스라엘 자손은 그후에도 그에 대한 의미를 마음속에 새겨두어야 했다. 우리는 초실절을 통해 그 정신이 극대화 된 것으로 이해할 수 있다. 이에 대해서는 오늘날 우리 역시 그에 대한 분명한 깨달음을 현실적으로 소유하고 살아가야만 한다.

(4) 오순절(칠칠절)

오순절은 칠칠절이라고도 하는데 무교절 기간 초실절로부터 오십 일이 되는 날이다. 그 시기는 곡식을 추수하는 때였다. 구약의 율법시대 언약의 자손들은 오순절이 되면 그해에 추수한 곡물을 하나님께 바치며 제사를 드렸다. 그 절기를 통해 하나님께서 베푸신 은혜의 결과로서 얻은 결실의 의미를 누리게 되었다.

이는 앞의 초실절과 연관이 되지만 차이가 난다. 즉 오순절은 농사지은 곡물을 추수함으로써 생명을 보존해가게 하시는 하나님께 감사하는 의미를 지니고 있다. 이는 유월절 어린양이 되어 하나님께 바쳐진 예수 그리스도의 십자가 사역에 대한 결실로서 오순절 성령 강림에 대한 그림자 역할을 했던 것이다.

(5) 나팔절

유대인 달력으로 7월 1일 나팔 소리와 함께 성회로 모여 노동을 하지 않고 특별한 절기로 지킨다. 이날 제사장들이 양각나팔을 불며 백성들이 성회로 모인다. 이날은 한 해의 첫날이 되는 의미를 지니고 있다.

동시에 그날은 선포하는 의미를 지니고 있었다. 이스라엘 달력으로 일년 중 초하루에 속하는 날 언약의 백성들에게 해방과 자유를 선포했던 것이다. 이스라엘 자손들은 그 선포를 통해 진정한 소망을 가지게 되었다.

물론 그 의미 가운데는 타락한 세상으로부터의 해방과 그로부터 얽매이지 않는 자유에 대한 내용이 포함되어 있다. 하나님께서는 이스라엘 백성에게 나팔절을 지키도록 요구하심으로써 저들에게 허락된 참된 자유에 대한 약속을 기억하도록 하셨다. 그것은 결국 장차 오실 예수 그리스도의 사역에 대한 예언적인 의미를 지니고 있었다.

(6) 초막절(장막절, 수장절)

언약의 백성들은 유대인 달력으로 7월 15일부터 22일까지 초막절로 지켰다. 그 절기는 이스라엘 백성이 애굽에서 나그네로서의 삶을 마친 후 광야 사십 년 동안 시내광야에서 나그네로 살았던 것을 기념하는 의미를 지니고 있었다. 따라서 예수님께서 오실 때까지 그 절기는 규례에 따라 지켜져야만 했다.

그 절기를 맞게 되면 모든 백성들이 마른 풀로 엮어 임시로 지은 초막에 거했다. 그 집은 돌이나 흙으로 지어져 땅에 고정된 건물이 아니었다. 나아가 겉보기에 화려하지도 않았으며 튼튼하지도 않았다. 금방이라도 무너질 듯이 약했다. 이스라엘 백성은 그 절기를 통해 잠시 지나가는 이 세상에 미련을 두지 않고 오직 여호와 하나님께만 소망을 두고 살아가야 한다는 사실을 기억하며 확인했다. 이에 대한 의미는 오늘날 우리에게도 여전히 유효한 의미를 지니고 있다.

2. 날과 주와 달의 정례적인 제사

날과 주와 달마다 드리는 제사는 해마다 되풀이하여 돌아오는 다양한 절기와 다르다. 이 개념은 우주 운행과 언약에 연관되어 있다. 매주 돌아오는 안식일은 우주 운행과는 전혀 상관이 없다. 그러나 하나님의 언약에 밀접하게 관련되어 있다. 우리는 우주의 운행에 따른 질서보다 하나님의 언약이 더욱 중요하다는 사실을 기억해야 한다.

(1) 매일 상번제

제사장들은 날마다 아침저녁으로 하나님께 제물을 바쳐 제사를 드려야만 했다. 제사장 직분은 개인을 위한 것이 아니라 언약의 백성들을 대표하는 성격을 지니고 있다. 즉 제사장이 하나님을 섬기는 행위는 이스라엘 모든 백성과 연관되는 것이었다.

제사장들은 매일 아침저녁으로 일 년 되고 흠 없는 수양 두 마리를 하나님께 제물을 바쳤다. 그때는 규례에 따라 고운 가루와 기름과 소제를 드려야 했으며 독주를 전제로 부어드려 여호와 하나님께 향기로운 화제로 드려야 했다. 민수기에는 그에 관한 구체적인 내용이 기록되어 있다.

> "여호와께서 모세에게 일러 가라사대 … 또 그들에게 이르라 너희가 여호와께 드릴 화제는 이러하니 일년 되고 흠 없는 수양을 매일 둘씩 상번제로 드리되 한 어린양은 아침에 드리고 한 어린양은 해 질 때에 드릴 것이요 또 고운 가루 에바 십분지 일에 빻아낸 기름 힌 사분지 일을 섞어서 소제로 드릴 것이니 이는 시내산에서 정한 상번제로서 여호와께 드리는 향기로운 화제며 또 그 전제는 어린양 하나에 힌 사분지 일을 드리되 거룩한 곳에서 여호와께 독주의 전제를 부어 드릴 것이며 해 질 때에는 그 한 어린양을 드리되 그 소제와 전제를 아침것 같이 여호와께 향기로운 화제로 드릴 것이니라"(민 28:1-8)

하루는 하나님의 창조 섭리를 가장 밀접하게 보여주고 있다. 날마다 해가 지면 밤이 되고 해가 뜨면 낮이 시작된다. 하나님의 자녀들은 날마다 하나님의 창조에 연관된 놀라운 섭리를 직접 체험하며 살아간다. 물론 우리는 오늘날 우리가 일반적으로 밤 열두 시를 기준으로 하는 것과는 달리 이스라엘 민족의 하루에 대한 날의 특별한 개념이 존재한다는 사실을 알고 있다. 하지만 그러할지라도 아침과 저녁은 우리와 동일한 의미를 지니고 있다.

(2) 안식일

하루가 우주적 운행에 연관되어 있다면 한 주일에 한 번씩 돌아오는 안식일은 우리 시대의 관점에서 이해한다면 우주 운행과 무관하다. 하지만 천지창조가 이루어질 당시의 상황에서 본다면 그 날이 거대한 우주 질서에 포함되어 있다는 사실을 알게 된다. 즉 하나님께서는 우주만물을 창조하신 후 제 칠일 날 안식하셨기 때문이다.

그렇지만 그후에는 안식일이 다른 날과 물리적인 차이를 보이지 않는다. 즉 우주적인 운행에 실제적인 연관성이 없다. 그렇지만 안식일은 하나님의 언약에 직접 연관되어 있다. 우리가 여기서 주의 깊게 생각해야 할 점은 우주적 운행에 연관된 것보다 하나님의 언약에 연관된 날이 실제적으로는 훨씬 중요한 의미를 지닌다는 사실이다.

율법시대 안식일에 있어서 가장 중요한 것은 제사장들을 통한 제사였다. 안식일이 단순히 노동을 하지 말고 쉬어야 한다는 것에 그치지 않았다. 그 날은 상번제로 매일 아침저녁으로 드리는 제물 이외에 규례에 따라 안식일 제물을 바쳐야만 했다. 민수기에는 제사장들이 안식일 날 흠 없는 수양과 소제와 전제를 드려야 한다는 사실이 기록되어 있다.

"안식일에는 일년 되고 흠 없는 수양 둘과 고운 가루 에바 십분지 이에 기름 섞은 소제와 그 전제를 드릴 것이니 이는 매 안식일의 번제라 상번제와 그 전제 외에니라" (민 28:9,10)

안식일에 드리는 제사는 날마다 드리는 상번제와 더불어 별도로 화제와 소제와 전제를 드렸다는 사실은 그 날이 하나님께 특별한 날로 지목되었음을 말해준다. 그것은 물론 엿새 동안의 창조 사역을 마친 후 있었던 안식일과 연관되어 있다. 이는 그 날이 하나님의 영광을 드러내는 날이어야 한다는 의미를 지니고 있다. 즉 구약시대의 안식일은 언약 가운데서 하나님의 영광을 보는 특별한 날이었다.

하나님께서는 엿새 동안 우주만물을 창조하신 후 일곱째 되는 날 안식하셨다. 이는 곧 하나님의 쉼을 의미한다. 그러나 하나님께서 그날 안식하신 것은 우리가 생각하는 것과는 근본적으로 다르다. 인간들이 쉬는 것은 노동으로 인하여 피곤에 지친 몸을 휴식하게 함으로써 새로운 활력을 얻고자 하는 목적에 연관되어 있다.

그렇지만 하나님께서 안식하신 것은 자기의 창조사역을 통해 만들어진 피조세계를 흡족해 하시며 기뻐하신 사실을 말해준다. 즉 하나님께서 일곱째 날 안식하신 것은 하나님의 영광을 보여준다. 따라서 안식일은 모든 것을 하나님께 의존하며 그의 놀라운 영광을 드러내는 날이어야 한다. 이는 신약시대 주일과 관련 있으며, 주일은 곧 하나님의 영광을 드러내는 구속사적인 의미를 지닌 날이다.

(3) 월삭 : 매월 초하루

한 달은 우주적인 운행과 연관되어 있는 것으로 이해하는 것이 자연스럽다. 원래의 의미에서 본다면 달이 차고 기우는 기간이 한 달이다. 물론 우리 시대 양력이나 다른 형태의 달력을 사용하기도 하지만 기본적으로는 그렇다.

한 달이 시작되는 매월 초하루에는 제사장들이 규례에 따라 하나님께 제물을 바치며 제사를 지내야 했다. 이는 달이 바뀔 때마다 제사를 드려야 한다는 사실을 의미한다. 우리는 이를 통해 하나님께서 간섭하시고 통치하시는 의미를 엿보게 된다. 민수기에는 그에 연관된 내용이 상세하게 기록되어 있다.

> "월삭에는 수송아지 둘과 수양 하나와 일년 되고 흠 없는 수양 일곱으로 여호와께 번제를 드리되 매 수송아지에는 고운 가루 에바 십분지 삼에 기름 섞은 소제와 수양 하나에는 고운 가루 에바 십분지 이에 기름 섞은 소제와 매 어린양에는 고운 가루 에바 십분지 일에 기름 섞은 소제를 향기로운 번제로 여호와께 화제를 드릴 것이며 그 전제는 수송아지 하나에 포도주 반 힌이요 수양 하나에 삼분지 일 힌이요 어린양 하나에 사분지 일 힌이니 이는 일년중 매 월삭의 번제며 또 상번제와 그 전제 외에 수염소 하나를 속죄제로 여호와께 드릴 것이니라"(민 28:11-15)

월삭 즉 한 달이 시작되는 첫날에는 제사장들이 규례에 따라 특별한 제사를 드렸다. 수송아지 두 마리와 수양(ram) 한 마리 그리고 일 년 된 어리고 흠 없는 수양(lamb) 일곱 마리를 하나님 앞에 번제로 바쳤다. 그리고 고운 가루에 기름 섞은 소제와 포도주의 전제를 드려야 했다.

이때 제사장들은 상번제로 드리는 제물들 이외에 규례에 따른 제물을 바쳐야 했다. 여기서 우리의 특별한 관심을 끄는 것은 수염소 한 마리를 속죄제로 여호와 하나님께 바쳐야 했다는 사실이다. 하나님께서는 그와 같은 규례를 주심으로써 그 날을 특별히 구별하셨다.

(4) 대 속죄일(레 16:5-10, 30-34; 23:26-32)

대 속죄일은 우주적인 운행과는 상관이 없지만 하나님의 언약에 연관되는 특별한 날이다. 그 날에는 대제사장이 일 년에 한 차례 지성소에 들어가게 된다. 이는 메시아 예언에 연관된 특별한 사역으로 이해해야 한다. 신약성경 히브리서에는 그에 관한 사실을 기록하고 있다.

"오직 둘째 장막은 대제사장이 홀로 일년 일차씩 들어가되 피 없이는 아니하나니 이 피는 자기와 백성의 허물을 위하여 드리는 것이라"(히 9:7)

속죄일이란 인간들의 죄를 용서하는 날을 의미한다. 하나님께서는 구약시대 대속죄일을 특별히 제정해 두심으로써 장차 오실 메시아의 날을 예언하고 있었다. 이스라엘 민족에게는 그것이 큰 소망이 되었다.

그 날은 하나님께서 이땅에 보내실 완벽한 제물이 될 어린양 예수 그리스도의 피가 지성소에 뿌려지는 것과 직접 연관되어 있다. 율법시대에 대제사장이 일 년에 한 차례씩 지성소 안으로 들어가 동물의 피로 제사함으로써 자신과 언약의 백성들이 허물을 용서받게 되었다. 이는 결코 상징적인 의미로 규정될 사실이 아니다.

구약시대 믿음의 선배들은 대제사장이 지성소 안으로 들어갈 때 장차 오실 그리스도를 간절히 기다렸다. 즉 믿음을 가진 성도들은 대제사장이 지성소에 들어가는 것을 보며 하나님께서 약속하신 메시아를 기다리게 되었다. 즉 구약 아래 있던 성도들이 모든 죄를 용서받을 수 있었던 것도 대제사장의 사역을 통해 선포되는 하나님의 어린양이신 메시아를 믿음으로서 그렇게 될 수 있었던 것이다.

3. 안식년과 희년

(1) 안식년과 희년의 구속사적 의미

안식년과 희년은 날과 한 해와 달리 우주 운행과 상관이 없으며 안식일과 마찬가지로 언약적인 의미를 지닌다. 이스라엘 민족에 있어서 안식년과 희년은 매우 중요한 의미를 지니고 있다. 나아가 그것은 이웃과 이웃의 관계뿐 아니라 세대와 세대 사이를 연결짓는 역할을 한다.

안식년은 언약 율법적인 성격을 지니고 있다. 따라서 그것은 개인에게

해당되는 규례로 받아들이게 된다. 이에 반해 희년은 백성들의 계약 율법
적인 성격을 지닌다. 즉 그것은 땅과 가옥을 비롯한 부동산에 대한 계약에
근거한다. 즉 안식년은 보존과 보호에 연관되어 있다면 희년은 소유와 연
관되어 있다.

그렇지만 우리가 유념해야 할 사실은 다른 절기들과 달리 안식년과 희
년은 전체적 혹은 일괄적으로 지켜지거나 행해진 것이 아니었다는 사실이
다. 도리어 그것은 개별적인 관점에서 행해졌다. 이는 안식일뿐 아니라 모
든 절기를 비롯한 특별한 날들이 전체 이스라엘 민족 가운데 동시에 지켜
졌던 것과는 크게 대비된다.

특히 희년은 하나님의 언약과 더불어 이웃간에 이루어지는 계약을 배경
으로 하고 있다. 우리는 여기서 이스라엘 민족의 기록문화가 생활의 근간
을 이룬다는 사실을 생각해 볼 수 있어야 한다. 즉 사람들의 머릿속에 남은
각자의 기억은 정확할 수 없다. 인간의 기억이란 그것 자체로서는 객관성
을 지닐 수 없기 때문이다.

따라서 땅을 비롯한 부동산을 매매할 경우에는 항상 기록된 문서계약이
따라야만 했다. 그래야만 언제 그 계약과 매매가 이루어졌는지 확인할 수
있다. 그것은 계약 당사자들뿐 아니라 다음 세대인 저들의 자손들에게까
지 그 내용은 효력 있게 전달된다. 우리는 이것이 이스라엘 모든 백성들에
게 엮여 있다는 사실을 기억해야만 한다.

2) 안식년

안식년은 땅을 쉬게 하는 규례이다. 여기에는 범죄한 인간과 오염된 자
연에 관한 의미를 지니고 있다. 이는 언약의 백성들이 매 안식일마다 노동
하지 않고 쉬는 것과 다르다. 하나님의 언약을 소유한 이스라엘 민족은 안
식일날 쉬어야 했으며 저들 가운데 있는 땅은 안식년에 쉬어야 한다. 레위
기에는 그에 대한 내용을 명시적으로 기록하고 있다.

"제 칠년에는 땅으로 쉬어 안식하게 할찌니 여호와께 대한 안식이라 너는 그 밭에 파종하거나 포도원을 다스리지 말며 너의 곡물의 스스로 난 것을 거두지 말고 다스리지 아니한 포도나무의 맺은 열매를 거두지 말라 이는 땅의 안식년임이니라"(레 25:4,5)

안식년은 희년과 마찬가지로 전체 이스라엘 민족 가운데 획일적으로 지켜지지는 않았다. 각 개인이 자신의 땅을 경작한 시기를 기준으로 하여 제 칠년에 안식하도록 해야만 했다. 그때는 땅에 씨앗을 파종하거나 심지 말아야 했으며 거기에서 난 열매를 거두어들이지도 말아야 했다.

여기서 우리의 관심을 기울여야 할 바는 경작하는 일뿐 아니라 곡물을 거두는 일도 하지 말아야 한다는 규정이다. 이는 안식년이 땅에 연관되어 있을 뿐 아니라 인간들에게도 연관된 의미를 지니고 있다는 점이다. 즉 포괄적인 관점에서 생각할 때 하나님께서 안식년을 요구한 것은 일차적으로 땅 자체라기보다 언약의 백성들을 위한 것이었다.

이를 통해 하나님께서 자기 백성을 먹이시는 의미가 드러난다. 이와 같은 안식년은 다른 나라 다른 민족에게는 존재하지 않는다. 성경에서 요구하고 있는 바 안식년이란 개념은 오직 언약의 백성들에게만 해당되는 개념이다.

우리가 또한 여기서 깊이 생각해 보아야 할 점은 언약의 자손들이 안식일날 쉼으로써 하나님의 영광을 드러내듯이 안식년을 통해 자연이 하나님의 영광을 드러내는 것에 연관되어 있다는 사실이다. 물론 하나님의 자녀들은 그에 대한 의미를 깨닫고 있어야만 한다.

구약시대 언약의 자손들에게 주어진 '안식'에 대한 규례는 모든 인간들에게 메시지를 주고 있다. 그 의미는 신약시대인 오늘날 우리 가운데서도 여전히 나타나고 있다. 하나님께서는 율법시대에 안식년을 요구함으로써 후대에 역사하실 언약의 하나님인 자신을 드러내 보여주셨던 것이다.

우리가 기억해야 할 바는 안식년의 대상이 되어야 할 땅이 약속의 땅 가나안에만 국한된 것이 아니란 사실이다. 나중 이스라엘 민족이 이방 여러 지역으로 흩어졌을 때에도 안식년 제도는 존재했던 것으로 이해해야 한다. 이스라엘 민족의 여러 날들과 절기들이 지켜졌다면 안식년 역시 그와 동일했던 것으로 이해해야 하기 때문이다.

(3) 희년

희년은 우주 만물이 하나님께 속해 있다는 사실을 선포하는 의미를 지니고 있다. 희년이 소유한 중요한 의미 가운데 하나는 땅과 가옥을 비롯한 모든 것들의 소유자는 오직 여호와 하나님이란 사실을 선포하고 있다는 사실이다. 즉 하나님의 소유를 인간들이 은혜로 받아 일정기간 동안 누리는 가운데 경작하게 되는 것이다. 따라서 희년은 먼저 하나님의 은혜를 기억하게 한다.

또한 희년은 이스라엘 민족 가운데 전체적으로 선포되는 것이 아니라 먼저 지엽적이며 부분적으로 각 개인에게 선포되는 의미를 지닌다. 즉 희년은 대대적으로 선포되고 행해지지 않았다. 그렇지만 그 의미는 전체적인 의미를 지니고 있었다.

언약의 자손들이 살아가는 영역이라면 어디라고 할지라도 저들 가운데서 매년 각기 다른 여러 사람들을 통해 희년이 지속적으로 선포되었다. 각 개인을 통해 선포되는 희년의 의미는 이스라엘 민족 가운데 항상 생동하고 있었던 것이다. 레위기에는 희년에 관한 규례가 소상히 기록되어 있다.

"너는 일곱 안식년을 계수할찌니 이는 칠년이 일곱 번인즉 안식년 일곱번 동안 곧 사십 구년이라 칠월 십일은 속죄일이니 너는 나팔 소리를 내되 전국에서 나팔을 크게 불찌며 제 오십년을 거룩하게 하여 전국 거민에게 자유를 공포하라 이 해는 너희에게 희년이니 너희는 각각 그 기업으로 돌아가며 각

각 그 가족에게로 돌아갈찌며 그 오십년은 너희의 희년이니 너희는 파종하
지 말며 스스로 난 것을 거두지 말며 다스리지 아니한 포도를 거두지 말라
이는 희년이니 너희에게 거룩함이니라 너희가 밭의 소산을 먹으리라"(레
25:8-12)

이처럼 희년은 이웃 사이에 발생하는 계약관계에 기초한다. 안식년이
개별적인 문제라고 한다면 희년은 쌍방 혹은 다자간多者間의 계약을 배경
으로 하고 있다. 즉 계약과 일시적인 소유권 이전을 기초로 하여 희년이 선
포되어야 하는 것이다.

언약의 자손들은 마땅히 하나님의 뜻에 따라야만 한다. 세상의 모든 인
간들은 땅과 가옥을 비롯한 모든 것들을 개인이 영구히 소유할 수 있는 것
인 양 오해하고 있다. 그러나 그것들은 하나님께 속한 것으로서 개인이 영
원한 소유자가 될 수 없다. 그것들은 하나님의 것들이며, 개인이 은혜로
말미암아 빌려 사용하는 의미를 지니고 있다. 즉 땅의 주인은 개인이나 집
단이 아니라 하나님인 것이다.

그러므로 땅을 소유하고 있던 자가 희년이 되어 원래의 소유자에게 돌
려줄 때 그에게 직접 돌려주는 것 이상의 의미를 지니고 있다. 즉 오십년
동안 땅을 소유했던 사람은 그 땅을 원리상 앞선 주인이 아니라 하나님께
돌려드려야 한다. 하나님께서 그 땅을 받아 다시금 그 땅을 원래의 소유자
에게 주시게 된다. 따라서 땅이나 가옥을 돌려받은 사람이 감사해야 할 대
상은 여호와 하나님이 되어야 한다.

우리가 여기서 기억해야 할 중요한 사실은 희년이 이스라엘 민족 가운
데 해마다 선포되었다는 점이다. 각 개인 당사자의 입장에서는 오십 년 만
에 돌아오게 되지만 이스라엘 민족공동체는 매년 희년이 된다. 하나님의
언약을 소유한 백성에게는 항상 희년의 의미가 살아 존재했던 것이다.

제4장

레위기와 신약교회

우리는 구약성경 레위기를 통해 신약시대의 교회가 얻어야 할 교훈을 생각할 수 있어야 한다. 즉 레위기에 기록된 내용에 담긴 신학과 신앙의 정신이 우리 시대에까지 그대로 상속되어 오고 있다. 우리가 특히 유념해야 할 바는 레위기에 기록된 내용들은 의미상 그전 시대부터 이미 존재해 왔다는 사실이다. 그것이 하나님의 율법을 통해 적용된 것이다.

레위기에 기록된 제사장들이 있기 전에도 하나님을 섬기는 제사장들이 있어왔다. 아벨, 노아, 멜기세덱, 아브라함 등은 모두 제사장 직분을 감당한 인물들이었다. 그 가운데 멜기세덱과 아브라함은 하나님의 완벽한 대제사장이자 하나님의 어린양에 연관된 사역을 감당한 특별한 제사장들이었다.

멜기세덱은 예수 그리스도를 예표하는 제사장이었으며 아브라함은 하나님의 요구에 따라 예수님의 예표가 되는 독자 이삭을 하나님이 기뻐하시는 인신제사로 드렸던 인물이다. 물론 아브라함은 이삭을 죽여 바치지는 않았지만 그 의미상 그리스도 이전에 유일하게 나타났던 인신제사와 연관되어 있었다.

1. 레위기에 드러난 대제사장 예수 그리스도

율법은 아무나 제사장이 될 수 없는 규정을 두었다. 제사장들은 날마다 성소에 들어가야 했다. 그들은 향단의 향을 관리해야 했으며 떡상의 떡을 새것으로 갈고 등대의 불을 살펴야만 했다. 그리고 대제사장은 일 년 한 차례씩 제단에서 바쳐진 제물의 피를 가지고 지성소 안으로 들어가 속죄소 위에 뿌려야만 했다.

이스라엘에 속한 모든 언약의 백성들은 제사장들과 대제사장을 통해 성소와 지성소 안으로 들어가는 의미를 지니고 있었다. 특히 지성소 안으로 들어가는 것은 그 대제사장에 속해 있을 경우에만 가능한 일이었다. 물론 일반 백성들이 직접 지성소 안에 들어가지는 못했지만 의미상 그에게 속해 하나님의 존전으로 나아갈 수 있었다.

제사장들은 상시적으로 환하게 밝은 성소에 출입했다. 성소 안의 빛은 외관상 동일한 불빛이었지만 의미상 그 빛은 보통 빛과는 다른 의미를 지니고 있었다. 즉 여호와 하나님의 규례에 따른 빛이었으므로 하나님으로부터 허락된 특별한 불빛으로 이해해야 하는 것이다.

그에 반해 상시적으로 깜깜한 지성소는 그 특별한 빛의 공간을 통과해야만 하는 영역이었다. 하나님으로부터 주어진 환하게 밝은 성소를 지나 깜깜한 지성소로 들어갈 수 있는 유일한 존재는 대제사장밖에 없었다. 다른 사람이 지성소에 접근하게 되면 곧바로 죽임을 당할 수밖에 없었다.

지성소 안에는 금으로 싸인 거룩한 언약궤가 놓여 있었다. 그 안에는 모세의 두 돌판과 아론의 싹난 지팡이, 만나가 담긴 금 항아리가 들어있었는데 그것은 이스라엘 백성이 경험했던 시내광야 사십 년이 정리된 채 들어있는 것과 같았다. 바로 그 언약궤 위에 하나님과 인간의 화해가 이루어지는 속죄소가 있었다.

대제사장은 성소를 지나 지성소로 들어갈 수 있는 유일한 존재였던 것과 마찬가지로 영원한 대제사장이신 예수 그리스도만이 천상의 지성소 안으로 들어가실 수 있는 분이다. 그가 아니면 아무도 그 안으로 들어갈 수 없다.

우리는 십자가 사역을 완성하신 예수님께서 부활 승천하신 후 천상에 올라가 계신다는 사실을 잘 알고 있다. 그는 지금도 천상의 지성소에서 세상에 살아가고 있는 자기 백성들을 위한 제사장 사역을 감당하고 계신다. 오늘날 지상에 살아가면서 세상의 더러운 것들을 탈피하지 못하고 있는 우리를 위해 완벽한 대제사장으로 일하고 계시는 것이다.

2. 대제사장과 완벽한 제물 :
성소와 지성소를 통해 완성된 구원사역

제사장들과 헌제자들은 성소에서 바치는 제물을 통해 하나님 앞으로 나아갈 수 있었으며 대제사장은 성소와 지성소를 거쳐 여호와 하나님의 존전인 언약궤 앞으로 나아갔다. 거룩한 성전은 곧 예수 그리스도를 예표했다. 그리고 하나님께 바쳐지는 모든 예물들은 하나님의 어린양이신 예수 그리스도에 대한 그림자 역할을 했다.

예수님께서는 하나님의 어린양으로서 친히 하나님을 위한 제물이 되셨다. 세례요한은 예수님이 자기에게로 나아오시는 것을 보며 그에 대한 증언을 했다. 자기 백성을 죄로부터 구원하시기 위해 하나님의 아들이 거룩한 양이 되고자 하셨던 것이다. 사도 요한은 그에 대한 기록을 남기고 있다.

"이튿날 요한이 예수께서 자기에게 나아오심을 보고 가로되 보라 세상 죄를 지고 가는 하나님의 어린양이로다" (요 1:29)

예수님께서 십자가에 달려 돌아가신 사건은 그가 여호와 하나님을 위해 제물로 바쳐진 사건이었다. 여호와 하나님께서는 그 완벽한 제물을 받으시고 진노를 억누르고 인간과 화해하실 수 있었다. 즉 하나님의 어린양이신 예수 그리스도의 거룩한 피가 거룩한 성전 지성소에 바쳐졌다.

예수님께서 십자가 위에서 목숨이 끊어질 때 성소와 지성소를 가로막고 있던 휘장이 위로부터 아래로 찢어졌다. 그것은 보통 사람이 보지 못했다. 제사장들이 아니고는 아무도 그 놀라운 사건을 볼 수 없었다.

그때 성전 휘장이 찢어진 것은 예수 그리스도의 거룩한 피가 언약궤 위에 뿌려진 사실을 말해준다. 우리가 유념해야 할 바는 그것이 결코 상징적인 사건에 머무는 것이 아니었다는 사실이다. 물론 대제사장이신 예수 그리스도께서 친히 자신의 몸과 피를 하나님께 제물로 바치셨다. 우리는 여기서 삼위일체 하나님이 완벽한 제사장이 되시고 성자 하나님이신 예수 그리스도가 완벽한 제물이 되신 것으로 이해한다. 이는 인간들의 상식적인 두뇌로 상상할 수 있는 문제가 아니라 하나님의 신비적인 영역에 속한다.

이를 통해 하나님의 구원을 받은 성도들은 천상의 보좌로 나아갈 수 있게 되었다. 구약시대 대제사장들을 통해 하나님의 존전에 나아갈 수 있었던 것처럼 대제사장이자 거룩한 제물인 예수 그리스도를 통해 하나님과의 교제가 회복된 것이다. 이를 통해 하나님의 자녀들은 거룩한 하나님을 향해 감히 '아바, 아버지' 라 부를 수 있게 된 것이다.

3. 레위기와 신약시대 교회의 예배

레위기는 하나님을 진정으로 경배하는 방법과 태도에 관한 교훈을 주고 있다. 인간들이 하나님을 경배하는 것은 인간들 자신이 즐거움을 누리고자 하는 것이 목적이 될 수 없다. 그것은 이방인들의 종교적인 경향성일 따름이다.

하나님을 경배하는 자들은 그 과정에서 수동적인 기쁨을 받아 누리게 된다. 즉 하나님의 은혜로 인해 천상의 즐거움이 저들에게 제공되는 것이다. 따라서 인간들이 자신의 종교적인 기쁨을 창출하기 위해 다양한 형태의 프로그램들을 만들어내는 것은 극히 자제되어야 할 사항이다.

레위기에는 하나님을 섬기는 방편에 대해 엄격한 조건들이 있었다. 거기에는 자의적인 판단이 거의 없다고 할 정도로 철저했다. 즉 인간들의 종교적인 심성보다 훨씬 더 중요한 것이 하나님의 규례와 요구이다.

시내광야에 있던 이스라엘 백성은 임의로 경배 장소를 마련할 수 없었다. 구름기둥과 불기둥의 인도에 따라 성막을 세울 장소여야 했다. 그곳에서 제사장들을 통해 하나님을 경배해야 했던 것이다. 아브라함 시대 이후 그리스도가 오실 때까지의 경배의 중심은 모리아산 곧 예루살렘 성전이었다.

성전과 성소는 그것이 세워지게 될 장소뿐 아니라 방향도 정해져 있었다. 하나님께서 그것을 규례로 정해 주셨기 때문이다. 성전은 항상 입구가 동쪽을 향하고 있어야 했으며 지성소는 서쪽에 위치해야만 했다. 성소 안에는 등대와 향단과 떡상이 항상 정해진 위치에 놓여 있어야 했다.

아무리 순수한 마음으로 하나님을 경배하고 최대한의 정성을 드린다고 할지라도 규례에 어긋나면 그것은 무효일 뿐 아니라 하나님의 율법을 무시하는 악행이 된다. 어리석은 자들은 자기의 순수성과 열성 때문에 하나님께 열납되리라는 착각을 하고 있다. 그러나 레위기에는 결코 그렇지 않다는 사실을 분명히 보여주고 있다.

이에 대해서는 신약시대에도 그 의미가 그대로 전달되어야 한다. 우리는 하나님을 경배할 때 성경의 교훈을 좇아야만 한다. 성경에서 요구하는 바 지침을 벗어난 상태라면 아무리 헌신을 하고 정성껏 예배를 드린다고 할지라도 헛된 예배에 지나지 않는다. 우리는 레위기에 기록된 하나님께 대한 경배 규례가 신약시대 교회에도 여전히 남아 있다는 사실을 기억하지 않으면 안 된다.

우리 시대의 모든 교회들은 사도교회 시대의 교훈을 기초로 해야 한다. 그리고 사도교회 이후에 기록계시가 완성된 것과 더불어 따라오는 하나의 보편교회를 염두에 두어야 한다. 즉 하나님의 자녀들은 보편교회에 속한 개체 교회를 통해 경건한 자세로 하나님을 찬양하며 경배해야 한다. 그것은 성숙한 교회들이 시대의 변천에 따라 예배의 형태가 유행처럼 바뀌는 것을 경계해야 한다는 사실을 말해주고 있다.

4. 레위기와 신약시대 교회의 직분

레위기에는 그 후에 따라오는 구약시대의 직분에 관한 기초가 마련되어 있다. 제사장 직분에 관해서는 분명하게 확정되고 레위인들의 구체적인 사역에 관한 내용이 기록되어 있다. 나아가 선지자에 관한 예언적 내용이 나타난다. 모세가 선지자로 불린 것은 그와 연관된 것으로 볼 수 있다.

그리고 천부장, 백부장 등 조직에 관한 내용도 언약의 자손들에게 질서가 요구된다는 사실을 말해주고 있다. 물론 이와 같은 모든 것들은 구약시대에 점차적으로 발전되어 간다. 다윗 왕국이 세워진 이후 제사장, 왕, 선지자 직분이 저들 가운데 중요한 역할을 분담한 것은 그것을 잘 보여주고 있다.

구약시대의 직분은 의미상 신약교회의 각 직분들에 연관되어 있는 것으로 볼 수 있다. 목사는 하나님의 말씀을 전달하고 가르치는 선지자 역할을 감당한다. 그리고 장로는 왕 같은 직무를 감당하게 된다. 왕의 직무가 그러하듯이 교회의 성도들을 치리하고 감독하는 일은 장로들에게 맡겨진 일이다. 또한 집사는 제사장의 기능을 담당한다. 하나님을 섬기는 일에 수종드는 역할을 집사들이 하게 되는 것이다.

구약시대와 신약시대에는 신앙 공동체를 위해 다양한 직분과 직책이 존재했다. 이는 언약의 백성들을 위해서는 탁월한 종교적인 엘리트를 필요로 하지 않는다는 사실을 말해준다. 성부, 성자, 성령 하나님이 교회의 유일한 주인이며 다른 모든 인간들은 그의 종에 지나지 않는다. 그러므로 하나님께서는 제정된 직분에 따라 자신을 섬기며 맡겨진 직무를 감당하기를 원하셨던 것이다.

교회의 직분은 인간들이 자기 취향에 따라 임의로 나누어 가질 수 없다. 모든 직분자들은 성경이 요구하는 바 근본적인 자격을 가진 자로서 규례에 따라 적법하게 세워져야 한다. 직분은 하나님께서 교회와 성령을 통해 세우는 것이며 인간들이 자기들의 편의를 위해 세우는 것이 아니기 때문이다.

구약시대 남북 이스라엘이 갈라진 후 북쪽의 여로보암 왕이 하나님의 규례를 무시하고 스스로 왕이 된 사실과 제사장을 세우면서 아론의 자손이 아닌 자들 가운데 유능한 자들을 세운 것이 하나님을 배반하는 행위가 된 것을 기억한다. 그것은 하나님의 심판을 재촉하는 일이었다. 오늘날 우리 시대에도 말씀을 벗어나 직분자를 세우는 것은 하나님을 욕되게 하는 행위에 지나지 않는다.

우리가 주의해야 할 점은 우리 시대의 교회직분제도가 중세 종교개혁의 산물로 보아서는 안 된다는 사실이다. 교회의 항존직이라 일컫는 목사, 장로, 집사 직분은 사도교회에 주어진 교훈에 따라 보편교회에 허락된 것으로 이해해야 한다. 사도들이 신약성경 특히 목회서신에 기록된 직분에 관한 교훈을 바탕으로 하여 속사도들에게 전달해 가르쳤으며 그것이 교부들을 통해 계승되었다. 그것이 중세 로마 가톨릭교에 의해 세속화되고 타락한 것을 종교개혁시대에 원래의 직분제도를 회복하게 된 것이다.

5. 안식일, 안식년, 희년, 각종 절기들과 '주의 날'

구약의 특별한 날들과 안식년과 희년 등은 예수 그리스도가 오심으로써 그 모든 의미가 '주의 날'에 흡수된다. 따라서 신약시대에는 특별한 절기가 없다. 현대교회가 열성적으로 지키는 성탄절, 부활절, 추수감사절 등은 신약성경에서 요구하고 있는 절기들이 아니다.

만일 우리 시대 연약한 다수의 교회들이 지키는 그와 같은 절기들이 절대화 되거나 필요 이상으로 관심을 기울여 지킨다면 올바른 태도가 아니다. 사도교회 시대 예수님의 제자들과 그를 따르던 많은 사람들 가운데 예수님의 생일을 지키고자 하는 사람들은 없었다.[2] 또한 예수님이 부활하신 후 그의 제자들은 일년 중 한 날을 잡아 그의 부활을 기념하지 않았다. 추수 감사절을 지키지 않은 것은 물론이다.

구약시대의 모든 특별한 날과 달과 년들과 절기들은 예수 그리스도로 말미암아 성취되었으며 주님께서 부활하신 날인 안식 후 첫날 곧 '주의 날'에 모든 의미들이 집약되었다. 우리는 종종 신약시대의 주일을 안식일이라고 표현하기도 하는데 이는 구약에서 말하는 의미와는 다르다.

신약성경은 예수님을 안식일의 주인이라고 하며 십자가에 달렸다가 부활하신 안식 후 첫날 주님의 영광이 교회를 통해 온전히 드러나게 된다. 이는 일 년에 한 차례가 아니라 매주일 구속사적인 의미 가운데 되풀이하여 드러난다. 이는 곧 우주만물을 창조하신 하나님께서 일곱째 날 안식하신 사실과 연관되어 있다.

---

2) 예수님 당시에도 사람들이 생일을 지키는 풍습이 있었다. 헤롯은 자기의 생일을 맞아 많은 사람들을 초청하여 연회를 베풀었다(마 14:6; 막 6:21). 그러나 복음서에는 주님의 제자들이 달리 그렇게 한 흔적이 보이지 않는다. 우리는 이에 대한 의미를 잘 기억해야 할 필요가 있다.

6. 신약시대 교회에 함축된 절기

(1) 레위기에 기록된 절기의 의미

모든 절기의 의미는 예수 그리스도와 그의 십자가 사역과 부활 승천을 통해 가시적으로 드러나게 된다. 그리고 그것은 세상에 살아가는 성도들의 삶에 밀접하게 연관되어 있다. 이는 매주일 공예배를 통해 하나님을 경외하는 성도들의 연합된 삶 가운데 지속적으로 드러난다. 우리는 구약의 율법시대에 있었던 절기들을 신약시대를 위한 예표적인 의미로 생각해 볼 수 있어야 한다.

(2) 구약의 절기가 신약시대 복음을 위한 예표

■ 유월절 : 유월절은 언약의 백성들을 위한 가장 기초적인 절기로서 생명회복에 연관되어 있다. 어린양을 잡아 문설주에 피를 바르고 집 안에서 그 고기를 먹는 것은, 하나님께 바쳐진 예수 그리스도의 십자가 사역을 예표하고 있다. 하나님의 자녀들은 그의 피와 살을 공급받아 살게 되는데 그 것은 신약시대 성찬과 직접적인 관련이 있다.

■ 무교절 : 무교절은 성도들의 정결한 삶을 위해 희생당하는 예수 그리스도의 헌신을 예표하고 있다. 무교절은 유월절과 연결되어 있다. 세상의 맛과 즐거움을 포기하고 오직 하나님만 바라보아야 한다.

■ 초실절 : 초실절은 인간의 생명이 하나님으로부터 출발된다는 사실을 보여주고 있다. 십자가에 달려 돌아가신 예수님의 부활에 연관되며, 첫 열매가 되심으로 성도들로 하여금 부활의 영광에 이르게 하는 예수 그리스도의 부활을 예표하고 있다.

■ 오순절(칠칠절) : 오순절은 초실절과 밀접하게 연관되어 있으며, 하나님께서 생명을 보존하시는 의미를 지니고 있다. 성령 강림에 연관되어 있으며 성령 강림과 신약교회 설립에 연관되어 있다.

■ 장막절(초막절) : 장막절은 하나님의 자녀들은 이 세상에서 나그네 인생을 살아간다는 의미와 더불어 장차 임하게 될 메시아로 인해 완성될 새로운 세계에 대한 소망과 기쁨을 나타내고 있다.

■ 맥추절 : 맥추절은 세상에서 생명을 유지시켜 주시는 하나님을 보여주고 있다. 이는 초실절과 오순절에 연관되어 있다.

■ 나팔절 : 나팔절은 예수 그리스도의 영광의 재림을 예표하고 있다. 나팔절은 유월절, 오순절과 연결되어 있으며, 실상은 이 모든 절기들이 제각각 독자적이지 않고 전체적으로 하나로 연결되는 의미를 지니고 있다.

7. 신약시대 교회의 성례의 배경

(1) 세례의 배경

하나님의 선택과 예정은 하나님의 왕국에 가입할 수 있는 원초적인 배경이 된다. 하나님의 자녀가 되기 위해서는 타락한 세상에서 가졌던 옛사람을 완전히 포기해야 한다. 구약시대에는 세상과 구별되는 의미로서 실제적인 사건들과 더불어 다양한 표지들을 제시하고 있다.

■ 노아시대의 홍수 : 사도 베드로는 노아 홍수를 세례와 연관지어 설명하고 있다. 노아와 그 가족은 대홍수의 물을 통해 생명을 얻게 된 반면 나머지 모든 인간들은 그 물로 말미암아 생명을 잃게 되었다. 하나님께서 물로 어떤 사람들을 구원하시기도 하고 다른 어떤 사람들을 심판에 내어주기도 하셨다. 이처럼 신약시대 교회에서 베풀어지는 세례도 그와 같다는 것이다.

■ 아브라함의 할례 : 하나님께서는 아브라함에게 그의 자손들에게 할례를 베풀 것을 명하셨다. 이는 세상과 구별되는 의미를 지니며 세례가 가지는 의미와도 동일하다. 또한 할례는 생명의 근원이 되는 의미를 지니고 있는데 세례도 옛사람이 죽고 새사람이 살아나는 의미를 지니고 있다.

■ 모세와 홍해 : 사도 바울은 이스라엘 민족이 애굽에서 탈출할 때 홍해바다를 건넌 사건을 세례와 연관지어 설명하고 있다. 동일한 홍해 물로 인해 언약의 백성들은 새생명을 얻었지만 저들을 뒤따르던 애굽의 병사들은 그 물에 수장되었다. 신약시대 교회의 세례도 그와 같다는 것이다.

시내광야에 살았던 이스라엘 백성은 노아 홍수 사건을 잘 알고 있었을 것이 틀림없다. 그리고 저들의 몸에는 할례받은 흔적을 가지고 있었다. 또한 광야에서 출생한 후대의 사람들을 제외하고는 모든 백성들이 직접 홍해를 건너는 경험을 한 자들이었다. 물론 광야에서 출생한 자들도 그에 대하여 알고 있었을 것이 분명하다.

(2) 성찬의 배경

■ 유월절 : 이스라엘 민족은 출애굽하기 전 하나님으로부터 특별한 음식을 먹도록 요구받았다. 애굽 사람들의 모든 장자長子들과 동물의 초태생初胎生을 죽일 때 이스라엘 민족을 위해서는 어린양을 잡아 죽여 문설주에 피를 바르고 그 고기를 먹으라는 것이었다. 이는 매우 중요한 몇 가지 의미를 지니고 있다.

그것은 우선 어린양을 죽임으로써 장자의 죽음을 면하게 되었다는 사실이다. 하나님께서는 문설주의 피를 보고 그 집에서는 어린양이 대신 죽은 것을 알고 건너뛰었다. 그리고 이스라엘 민족이 먹는 특별한 음식이 저들의 진정한 양식이 되었다. 즉 언약 자손들의 참 생명은 저들이 날마다 먹는 음식에 달려 있는 것이 아니라 유월절 어린양에게 달려 있었던 것이다.

이는 신약시대 교회의 성찬에 직접 연관된 의미를 지니고 있다. 하나님의 어린양이신 예수 그리스도의 살과 피를 먹음으로써 성도들의 생명이 유지된다. 매주일 공예배 시간을 통해 나누어지는 떡과 포도주가 성도들의 영혼을 위한 실제적인 양식이 되는 것이다. 그 신령한 음식이 없이는 성도들이 생명을 보존할 수 없다.

■ 화목제물 : 이스라엘 자손들 가운데 규례에 따라 화목제를 드리고자할 때 제사장들은 동물을 잡고 하나님께 제물을 바쳐야 한다. 그것을 통해 하나님과 인간 사이에 화해가 이루어지게 된다. 물론 그것은 장차 오시게 될 하나님의 어린양이신 예수 그리스도를 예표하는 의미를 지니고 있었다.

화목제를 드릴 때에는 사용된 제물의 일부는 제단에서 태워 바쳤다. 그리고 남은 제물은 제사장과 헌제자가 나누어 먹었다. 이를 통해 제물과 그것을 받으시는 하나님의 사역에 참여하게 되었다. 그것은 생명회복에 대한 근거가 되며 신약시대 교회가 나누는 성찬의 교제를 위한 중요한 배경이 되었다.

■ 만나와 메추라기와 생수의 강 : 시내광야 40년 동안 이스라엘 백성의 생명은 전적으로 하나님께 달려 있었다. 곡식을 재배하기 어려운 사막에서 살고 있는 백성들에게 하나님께는 날마다 하늘로부터 만나와 메추라기를 내려주셨다. 또한 반석으로부터 생수가 흘러내리게 하여 풍족한 물을 마시도록 해주셨다. 저들의 생명은 오직 하나님께 달려 있었던 것이다.

과거 이스라엘 백성 가운데는 그것이 실제적이며 가시적인 형태로 나타났다. 그 놀라운 사건은 인간 역사 가운데 유일하게 나타난 특별한 계시적 사건이다. 그와 같은 일은 오늘날 우리에게도 전혀 예외가 아닌 동일한 형태로 그 의미가 살아 존재하고 있다.

이 세상에 살아가는 성도들은 세상의 음식으로 인해 영원한 삶을 누리고 있는 것이 아니다. 이 세상의 음식은 육체적인 생명을 일시적으로 지탱하는 데 도움이 될 따름이다. 그러나 교회에서 나누어지는 성찬을 통해 성도들은 영원한 생명을 보장받는다. 하나님의 백성들이 예수 그리스도의 피와 살을 영적으로 섭취함으로써 천상에서의 삶을 지속적으로 확인하며 누리게 된다. 우리 시대의 성찬은 이스라엘 백성이 사십 년 동안 만나와 메추라기를 먹고 반석에서 나는 생수를 마신 사건을 배경으로 하고 있는 것이다.

8. 레위기와 교회의 권징

하나님의 율법은 절대적이다. 율법은 하나님과 인간이 합의해서 작성한 것이 아니라 전적으로 하나님편에서 인간들에게 제시하셨다. 인간들은 저들이 가진 이성과 경험에 따라 합리성을 주장할 수 없다. 거기에는 어떤 이유도 뒤따르지 못한다.

하나님께서는 부정하고 불의한 것이라면 어떤 것도 용납지 않는다는 사실을 밝히고 있다. 하나님은 거룩하신 분이기 때문에 부정한 것과는 접촉 자체가 불가능하다. 하나님의 말씀과 율법에 어긋나는 것이라면 하나님의 분노를 일으키며 그의 심판의 대상이 될 따름이다. 하나님께서는 자신의 성품에 대하여 명확하게 밝히고 계신다.

> "그러므로 너희 곧 너희의 동족이나 혹시 너희 중에 우거하는 타국인이나 나의 규례와 법도를 지키고 이런 가증한 일의 하나도 행하지 말라 너희의 전에 있던 그 땅 거민이 이 모든 가증한 일을 행하였고 그 땅도 더러워졌느니라 너희도 더럽히면 그 땅이 너희 있기 전 거민을 토함 같이 너희를 토할까 하노라 무릇 이 가증한 일을 하나라도 행하는 자는 그 백성 중에서 끊쳐지리라"(레 18:26-29)

하나님의 편에 있고자 하는 자들은 그의 규례와 법도를 지켜야만 한다. 하나님께서는 가증하고 더러운 것들은 추호도 용납지 않으신다. 따라서 만일 그와 같은 양상이 드러난다면 엄밀하게 심판하시게 되는 것이다.

우리는 성경에 기록된 정결례에서 보는 것처럼 부정한 것들을 허용해서는 안 된다. 나아가 하나님께서 허락하시지 않는 종교적인 행위를 하는 것은 결단코 용납될 수 없다. 홉니와 비느하스가 취한 행동과 그 결과를 통해 그와 같은 사실을 보게 된다.

이처럼 지상교회에서는 철저한 권징사역이 이루어져야 한다. 하나님의 말씀을 벗어나 인간들의 욕망과 취향에 따른 규례들을 창안해 내는 것은 악행이다. 이는 물론 하나님의 복음을 드러내기 위한 선한 의미를 지닌 것과는 구별된다.

성숙한 교회는 모든 것들을 성경에 비추어 보아야 한다. 그것이 과연 하나님의 말씀에 조화되는 것인지 아니면 진리에 반하거나 역행하는 것인지 살펴보지 않으면 안 된다. 그것을 둔화시키거나 약화시키게 되면 악한 것들이 누룩이 되어 교회를 어지럽히게 될 것이기 때문이다.

교회 가운데 권징사역이 신실하게 행해지고 악을 제거하려는 노력을 기울여야 하는 목적은 교회의 순결을 위해서이다. 어리석은 자들은 교회의 외형이나 규모를 중시하지만, 진정으로 중요한 것은 그런 것들이 아니라 교회의 순결을 보존하는 것이라는 사실을 기억하지 않으면 안 된다. 악한 시대에 처한 모든 교회들은 항상 다음 세대에 순결한 교회를 상속하기 위한 노력을 게을리하지 말아야 한다.

제 2 부

본문 강해

제1장

동물제사 : 번제(燔祭) (레 1:1-17)

1 여호와께서 회막에서 모세를 부르시고 그에게 일러 가라사대

2 이스라엘 자손에게 고하여 이르라 너희 중에 누구든지 여호와께 예물을 드리려거든 생축 중에서 소나 양으로 예물을 드릴찌니라

3 그 예물이 소의 번제이면 흠 없는 수컷으로 회막문에서 여호와 앞에 열납하시도록 드릴찌니라

4 그가 번제물의 머리에 안수할찌니 그리하면 열납되어 그를 위하여 속죄가 될 것이라

5 그는 여호와 앞에서 그 수송아지를 잡을 것이요 아론의 자손 제사장들은 그 피를 가져다가 회막문 앞 단 사면에 뿌릴 것이며

6 그는 또 그 번제 희생의 가죽을 벗기고 각을 뜰 것이요

7 제사장 아론의 자손들은 단 위에 불을 두고 불 위에 나무를 벌여 놓고

8 아론의 자손 제사장들은 그 뜬 각과 머리와 기름을 단 윗불 위에 있는 나무에 벌여 놓을 것이며

9 그 내장과 정갱이를 물로 씻을 것이요 제사장은 그 전부를 단 위에 불살라 번제를 삼을찌니 이는 화제라 여호와께 향기로운 냄새니라

10 만일 그 예물이 떼의 양이나 염소의 번제이면 흠 없는 수컷으로 드릴찌니

11 그가 단 북편에서 여호와 앞에서 잡을 것이요 아론의 자손 제사장들은 그 피를 단 사면에 뿌릴 것이며

12 그는 그것의 각을 뜨고 그 머리와 그 기름을 베어 낼 것이요 제사장은 그것을 다 단 윗불 위에 있는 나무에 벌여 놓을 것이며

13 그 내장과 정갱이를 물로 씻을 것이요 제사장은 그 전부를 가져다가 단 위에 불살라 번제를 삼을찌니 이는 화제라 여호와께 향기로운 냄새니라

14 만일 여호와께 드리는 예물이 새의 번제이면 산비둘기나 집비둘기 새끼로 예물을 삼을 것이요

15 제사장은 그것을 단으로 가져다가 그 머리를 비틀어 끊고 단 위에 불사르고 피는 단 곁에 흘릴 것이며

16 멱통과 그 더러운 것은 제하여 단 동편 재 버리는 곳에 던지고

17 또 그 날개 자리에서 그 몸을 찢되 아주 찢지 말고 제사장이 그것을 단 윗불 위의 나무 위에 살라 번제를 삼을찌니 이는 화제라 여호와께 향기로운 냄새니라

1. 하나님께서 원하시는 제물 (1-2)

성막과 그 모든 부속시설을 완성하신 후 하나님께서는 모세를 부르셨다. 그는 모세에게 이스라엘 자손으로 하여금 자신의 집인 성막에 나아와 정해진 규례에 따라 제사를 지내도록 선포하라는 명령을 내리셨다. 그것을 통해 태초부터 뜻하셨던 하나님의 거룩한 작정이 이루어지게 될 것이었기 때문이다.

아담의 범죄로 말미암아 단절된 하나님과 인간 사이에 회복되어야 할 궁극적인 화해는 거룩한 제사와 더불어 성취된다.[3] 따라서 하나님께서 요구하시는 제사 행위는 인간들의 판단에 따라 정한 아무 장소에서나 이루어질 수 없다. 참되고 유효한 제사가 되기 위해서는 반드시 하나님의 성소에서 행해져야 했다. 하나님께서는 이스라엘 민족에게 제사와 연관된 교훈을 주시면서 그에 관한 문제를 가장 먼저 언급하셨다.

그리고 제사는 인간들의 주관적인 판단에 따라 선택한 제물을 자유롭게 드려져서는 안 되었다. 하나님께서는 이스라엘 백성들 가운데 여호와 하나님께 예물을 드리려는 자들은 짐승들 가운데 소나 양으로 제물을 삼도록 명령하셨다.

그런데 성경은 다른 곳에서 소와 양뿐 아니라 염소나 비둘기를 제물로 삼을 수 있음을 기록하고 있다. 나아가 곡물을 예물로 삼을 수도 있었다.[4]

---

3) 이에 대한 최종적인 완성은 예수 그리스도의 십자가 사역을 통해 성취된다.

4) 우리는 아담의 아들 가인과 아벨이 범죄한 초기에 하나님께 제사를 지낸 사건을 기억한다. 가인은 곡물 제사를 드렸으며 아벨은 양을 번제로 드렸다. 그러나 우리는 가인과 아벨의 제사를 두고 가인이 바친 것이 아벨이 바친 제물보다 열등한 것으로 단정지어 말할 수 없다. 중요한 사실은 아벨은 처음부터 하나님께서 기뻐하신 자였으나 가인은 그렇지 않았다는 사실이다. 아벨이 바친 양의 번제가 나중 구속사적인 특별한 의미를 드러내고 있는 사실은 별도로 이해해야 할 문제이다.

그럼에도 불구하고 맨 앞부분에서 소나 양을 제물로 요구하신 것은 제물들 가운데 가장 중요하게 여겨지는 것이기 때문이기도 하겠지만 하나님은 아무 제물이나 분별없이 원하는 분이 아니라 자신이 원하는 제물이 있음을 알려주고자 하신 것이다.

이에 대해서는 오늘날 우리 역시 민감하게 반응해야 할 내용이다. 하나님께서 원하시는 제물은 인간들이 생각하는 것과 동일하지 않다. 어리석은 인간들은 자기의 판단에 따라 무엇이든지 하나님께 바치면 하나님은 그것을 기뻐하리라는 착각을 하고 있다.

그런 자들은 자기가 가진 돈을 많이 바치면 하나님이 기쁘게 받으실 것이라 믿는다. 또한 개인의 재능이나 헌신적인 노력을 하나님이 기뻐할 것이라 생각한다. 나아가 자신의 삶을 하나님이 기쁘게 받으실 만한 대상이 되는 듯이 여기기도 한다.

그러나 하나님께서는 그와 같은 것들을 좋아하시는 분이 아니다. 우리가 분명히 깨달아야 할 바는 하나님은 인간들이 가진 물질이나 재능을 탐하거나 좋아하시는 분이 아니라는 사실이다. 그는 또한 거룩한 분이시므로 우리의 오염되고 타락한 몸이나 삶을 받기를 원하시지도 않는다.[5]

하나님께서 원하시는 것은 오직 자신의 독생자 예수 그리스도일 따름이다. 그가 거룩한 제물로서 하나님께 바쳐졌을 때 그가 유일한 기쁨의 대상이 되었다. 그러므로 세례요한은 예수님을 보고 '하나님의 어린양' 으로 묘사했던 것이다. 이는 그가 구약성경에 기록된 제물의 실체라는 사실을 말해주고 있다.

"이튿날 요한이 예수께서 자기에게 나아오심을 보고 가로되 보라 세상 죄

---

5) 하나님께서는 제물을 받으실 때 그냥 받으시는 것이 아니라 반드시 그것을 거룩하게 하신 후에 받으시게 된다. 물론 그에 관련된 모든 일은 하나님께서 직접 주도하신다. 오늘날 우리가 하나님으로부터 받아지게 되는 것도 예수 그리스도를 통해 거룩하게 되었기 때문이다.

를 지고 가는 하나님의 어린양이로다"(요 1:29)

오늘날 우리가 하나님의 긍휼을 입어 그의 기쁨의 대상이 된 것은 우리 자신이 소유한 의로움 때문이 아니다. 그렇게 될 수 있는 유일한 이유는 하나님의 자녀들이 십자가에 달려 돌아가신 예수 그리스도께 속한 자가 되었기 때문이다. 우리는 이에 대한 분명한 이해를 하지 않으면 안 된다.

2. 번제(燔祭) (3)

성경은 가장 먼저 동물을 태워 하나님께 제사를 지내는 번제에 관한 규례를 주셨다. 소의 번제이면 흠 없는 수컷을 성막문 앞에서 드려야 한다. 하나님께 바치는 번제는 제사를 드리는 인간들의 일방적인 종교행위가 되어서는 안 된다.[6] 그것은 하나님께서 친히 정하신 규례에 따라 행해져야 한다.

이와 같은 번제는 인간들의 초기 단계부터 하나님께서 요구하신 것이었다. 우리가 알고 있듯이 맨 처음 인간이 범죄한 다음 아벨이 하나님께 양을 번제로 드렸던 사실을 기억한다. 그것은 처음부터 하나님께서 하셨던 일이며 노아와 아브라함도 그에 순종했다. 그리고 하나님의 율법을 받은 이스라엘 백성들도 그렇게 했다.

그 제사 가운데는 항상 예수 그리스도에 대한 소망이 들어 있었다. 즉 장차 이땅에 오실 메시아가 거룩한 제물로서 하나님께 온전히 바쳐지게 되리라는 사실이 예시되어 있었던 것이다. 따라서 참된 제사장을 비롯한 모든 이스라엘 백성들은 그 사실을 마음에 담아두고 있었다.

---

6) 신약시대 교회가 하나님께 예배할 때도 이와 연관된 의미가 적용된다. 참된 예배는 인간들의 일방적인 종교행위가 아니라 말씀과 성령을 통한 하나님의 요구에 순종적으로 반응하는 것이어야 한다.

그러므로 하나님께서는 번제를 성막문 여호와 하나님 앞에서 드리도록 하셨다. 하나님께서 정해주신 거룩한 장소와 상관이 없는 곳에서 드려지는 제사는 아무런 의미가 없는 헛된 제사일 따름이다. 그러므로 언약의 백성들이 드리는 제사는 하나님이 열납하시는 기쁨의 제사가 되어야만 한다.

만일 제물을 바치는 인간은 즐겁고 가슴 뿌듯하지만, 하나님께서 그것을 기쁘게 받으시지 않는다면 참된 제사의 의미가 발생하지 않는다. 나아가 그것은 하나님을 기쁘게 하시기는커녕 도리어 그를 욕되게 하는 행위가 될 수 있다.[7]

아무리 값비싼 제물을 정성을 다해 하나님께 바친다고 할지라도 규례를 지키지 않는다면 아무것도 아니다. 그것은 하나님에 대한 불순종 행위가 되기 때문이다. 그러므로 모세는 한 경우를 언급하며 구체적인 교훈을 주고 있다. 그 제사가 소의 번제라면 흠 없는 수컷으로 회막문에서 여호와 하나님 앞에 열납되도록 드리라고 명했던 것이다.

3. 제물을 바치는 자의 안수와 제사장의 사역 (4-9)

하나님께 제물을 바치는 자는 직접 그 번제물의 머리에 안수해야 한다. 그러면 하나님이 그것을 받아들임으로써 속죄가 이루어지게 된다. 그리고 나서는 그 사람이 여호와 하나님 앞에서 그 수송아지를 잡아야 한다. 이는 동물을 잡는 자가 제사장 앞이 아니라 하나님 앞에 서 있다는 사실을 말해주고 있다.

---

7) 우리는 이에 대해 매우 깊은 주의를 기울이지 않으면 안 된다. 그것은 무지에 의한 왜곡된 제사와 예배 행위가 단순히 효과가 발생하지 않는 것으로 끝날 일이 아니기 때문이다. 즉 무지로 인해 율법을 어겼을지라도 그것은 하나님을 욕되게 하는 행위가 될 수 있다. 따라서 오늘날 우리 시대에도 무지에 의해 하나님을 잘못 예배한다면 그것이 무효일 뿐 아니라 하나님을 모독하는 행위가 될 수 있을 것이기 때문이다.

여기서 짐승의 머리에 안수한다는 것은 죄의 전가와 연관되어 있다. 제물을 잡기 전에 제물이 될 동물의 머리에 안수함으로써 자신의 죄를 그 동물에게 뒤집어씌우는 것이다. 그렇게 한 후 그 동물을 잡게 된다.

이는 나중에 이루어지는 예수 그리스도의 십자가 사역과 직접 연관되어 있다. 예수님은 자기 백성들의 모든 죄를 담당하셨다. 즉 세상의 모든 죄를 지고 십자가에 달려 돌아가셨던 것이다. 이 말은 그가 십자가에 달려 죽을 때 오늘날 우리의 죄까지 그에게 전가되었음을 의미하고 있다.

"친히 나무에 달려 그 몸으로 우리 죄를 담당하셨으니 이는 우리로 죄에 대하여 죽고 의에 대하여 살게 하려 하심이라 저가 채찍에 맞음으로 너희는 나음을 얻었나니 너희가 전에는 양과 같이 길을 잃었더니 이제는 너희 영혼의 목자와 감독 되신 이에게 돌아왔느니라" (벧전 2:24,25)

우리는 레위기의 율례에서 그 제물을 바치는 자가 직접 그 짐승을 잡고 안수해야 한다는 사실을 보게 된다. 그리고 그는 아무데서나 그냥 죽여 잡는 것이 아니라 반드시 여호와 하나님 앞에서 그 동물을 잡아야 한다. 그는 또한 번제물로 바쳐지게 될 그 동물의 가죽을 벗기고 각을 뜨게 된다.

한편 아론의 자손 제사장들은 그 동물의 피를 가져다가 회막문 앞에 있는 단 사면에 뿌려야 한다. 그리고 제사장들은 단 위의 불 위에 나무를 벌여 놓은 후 그 나무 위에 물로 씻어 정결케 된 동물의 내장과 정강이를 단 위에 불살라 번제를 지내게 된다. 그것이 하나님께 향기롭게 바쳐지는 화제火祭이다.

4. 다양한 제물과 그 조건 (10-17)

하나님께 바쳐지는 제사는 이스라엘 백성들에게 갑작스럽게 요구된 것이 아니었다. 그것은 이미 오래전부터 여러 믿음의 선배들에 의해 행해져 오던 바였다. 즉 율법시대의 제사는 그 전에 주어진 하나님의 언약과 연속적인 관계가 있었던 것이다. 아벨과 셋으로부터 시작된 그 제사는 노아와 아브라함의 자손들을 거쳐 항상 구약시대 언약의 백성들의 중심에 놓여 있었다.

하나님께 바쳐지는 제물은 짐승뿐 아니라 새가 될 수 있었다. 물론 그 제물은 하나님 보시기에 정결한 것으로 구별해 바쳐야 했다. 그것은 하나님께서 인도하시는 믿음의 역사 가운데 점진적으로 나타났다. 홍수 후 방주에서 내린 노아는 하나님을 위해 단을 쌓고 번제를 드렸다.

> "노아가 여호와를 위하여 단을 쌓고 모든 정결한 짐승 중에서와 모든 정결한 새 중에서 취하여 번제로 단에 드렸더니 여호와께서 그 향기를 흠향하시고 ..." (창 8:20,21)

이처럼 하나님께 바쳐지는 예물은 수송아지뿐 아니라 새를 포함한 다른 동물도 허락되었다. 이것이 모세 율법에서는 좀 더 구체화 되어 요구되었다. 양이나 염소를 번제로 바치려면 흠 없는 수컷으로 드려야 한다. 제물을 바치는 자는 번제단 북편 즉 성소를 바라볼 때 오른편에서 잡아야 한다. 그는 동물을 잡아 각을 뜨고 머리와 기름을 따로 베어내야 한다. 또한 그 내장과 정갱이를 물로 깨끗이 씻어야만 한다. 이 모든 과정은 성소의 여호와 하나님 앞에서 행해지게 된다.

하나님께 바쳐지게 될 동물을 잡게 되면 아론의 자손 제사장들이 앞의 경우와 마찬가지로 그 피를 제단 사면에 뿌려야 한다. 그리고 번제단 위에 나무를 벌여놓고 각을 뜬 부위들과 머리, 내장, 정강이 등 전부를 단 위에 불사름으로써 하나님께서 열납하시는 번제로 드려야 한다. 그 제사는 불로 태우는 화제로서 향기로운 냄새가 되어 여호와 하나님께 바쳐지게 된다.

또한 새를 하나님 앞에서 번제로 드리게 된다면 산비둘기나 집비둘기 새끼를 예물로 삼아야 한다. 이 경우에는 앞의 짐승들을 잡을 경우와는 그 과정에 상당한 차이가 난다. 소와 양과 염소와 같은 짐승일 경우에는 제물을 바치는 자가 직접 그 동물을 잡은 것에 반해 새의 경우에는 제사장이 먼저 그것을 번제단 앞으로 가져가 그 머리를 비틀어 끊어 죽여야 한다. 그리고는 그것을 번제단 위에 불살라 태웠다. 그리고 나서 그 피를 제단 곁으로 흘려야 했다.

또한 먹통(모이주머니)을 비롯하여 모든 더러운 것들은 제하여 번제단의 동편 즉 단의 앞쪽 재 모으는 곳에 던져서 버렸다. 그리고 그 새의 날개 자리에서 그 몸을 찢었다. 하지만 그 몸을 완전히 분리되게 찢은 것이 아니라 서로 붙어 있도록 했다. 제사장은 그것을 단 위에 벌여놓은 나무의 불에 살라 새의 번제를 드렸다. 이는 거룩한 화제로서 여호와 하나님께 향기로운 냄새가 되었다.

5. 소, 양, 염소 그리고 산비둘기와 집비둘기의 차이

우리는 레위기 1장에서 만나는 문제들 가운데 몇 가지 중요한 사실들을 발견하게 된다. 그것은 소, 양, 염소를 바칠 경우 제물을 하나님께 바치는 자가 직접 그 동물을 잡고 제사장이 그것을 하나님께 번제로 드리게 된다는 사실이다. 즉 제사장이 직접 짐승을 잡는 것이 아니라 제물을 하나님께 바치는 자와 번제의 제사를 지내는 제사장의 사역이 분리되어 있었다.

그리고 소, 양, 염소와는 달리 산비둘기와 집비둘기를 하나님께 번제로 드릴 경우에는 상황이 달랐다. 즉 그 제물을 바치는 자가 그 새를 죽였던 것이 아니라 제사장이 직접 그 머리를 비틀어 죽였다. 그리고 제사장이 그 새를 하나님께 번제로 태워 바쳤다.

그런데 번제를 드림에 있어서 동물과 새가 서로 다른 절차를 가진 이유는 과연 무엇일까? 분명한 점은 하나님께서 동물과 새의 제사 규례의 차이를 통해 상식적인 연속성 추론을 금지하셨다는 사실이다. 즉 동물제사를 기준으로 삼아 새를 제물로 바칠 때 어림짐작으로 다른 규례에 적용시키지 못하도록 하셨던 것이다.

우리는 또한 이를 통해 그것이 아브라함 언약에 밀접하게 연관되어 있다는 사실을 이해해야 한다. 아브라함이 하나님께서 허락하시는 상속을 위해 약속의 자식을 기다렸지만 세월의 흘러감에도 불구하고 그것이 즉시 시행되지 않았다. 그때 아브라함은 인위적인 다양한 방법들을 동원해 자신의 목적을 추구하고자 했지만 하나님께서는 그것을 인정하시지 않았다. 대신 자신의 약속을 주시면서 규례에 따른 제사를 지내도록 요구하셨다.

> "여호와께서 그에게 이르시되 나를 위하여 삼년 된 암소와 삼년 된 암염소와 삼년 된 수양과 산비둘기와 집비둘기 새끼를 취할찌니라 아브람이 그 모든 것을 취하여 그 중간을 쪼개고 그 쪼갠 것을 마주 대하여 놓고 그 새는 쪼개지 아니하였으며 ... 해가 져서 어둘 때에 연기 나는 풀무가 보이며 타는 횃불이 쪼갠 고기 사이로 지나더라" (창 15:9-17)

하나님께서는 소와 염소와 양을 바치도록 요구하셨다. 뿐만 아니라 산비둘기와 집비둘기를 자기에게 거룩한 제물로 바치도록 요구하셨다. 그때 하나님은 일반 동물과 새에 대한 다른 규례를 주셨다. 일반 짐승의 경우 그것을 잡을 때 몸의 중간을 완전히 쪼개도록 명하신 반면 새의 경우에는 완전히 분리하지 말고 쪼개지 못하도록 하셨다.

깜깜한 밤이 되어 아브라함의 마음에 두려움이 생길 즈음 하나님께서는 그의 몸에서 난 자손이 이방에서 객이 되어 사백 년 동안의 세월을 보내야 하리라는 사실을 말씀하셨다(창 15:13). 그러나 하나님께서 언약의 백성들을 핍박하는 그 이방 나라를 엄히 징벌할 것이며 나중에는 큰 재물을 가지고 나오리라고 말씀하셨다. 이는 애굽에서 나그네가 될 이스라엘 백성에 관한 예언이었다.

하나님께서 그 말씀을 하실 때 바쳐진 제물과 더불어 연기나는 횃불을 보여주심으로써 자신의 임재를 증거하셨다. 그리고 타는 횃불이 쪼갠 고기 사이로 지나가게 되었다. 아브라함은 하나님이 요구하신 자신의 제사와 더불어 발생한 사건을 통한 그 광경을 보면서 하나님의 언약을 받았다.

이처럼 애굽에서 사백 년 동안의 이방생활을 끝낸 이스라엘 자손에게 동물과 새의 번제를 요구하면서 그에 관한 구체적인 방편과 더불어 그 의미를 보여주셨다. 따라서 우리는 레위기 1장에 나오는 번제가 아브라함 언약에 기초하고 있다는 사실을 깨달아야 한다. 모든 성도들은 그와 동시에 아브라함의 언약을 기억하지 않으면 안 된다.

아브라함은 직접 짐승들과 새들을 잡고 그것들을 하나님께 거룩한 제물로 바쳤다. 하지만 레위기에서는 성소에 바쳐지는 제물에 대한 절차가 더욱 복잡하게 세분화되어 있었다. 이는 물론 전체적으로 나중에 오실 예수 그리스도의 십자가 사역에 연관되어 있는 것으로 이해해야 한다.

제2장

곡물제사: 소제 (素祭) (레 2:1-16)

1 누구든지 소제의 예물을 여호와께 드리려거든 고운 가루로 예물을 삼아 그 위에 기름을 붓고 또 그 위에 유향을 놓아

2 아론의 자손 제사장들에게로 가져올 것이요 제사장은 그 고운 기름 가루 한 줌과 그 모든 유향을 취하여 기념물로 단 위에 불사를찌니 이는 화제라 여호와 께 향기로운 냄새니라

3 그 소제물의 남은 것은 아론과 그 자손에게 돌릴찌니 이는 여호와의 화제 중에 지극히 거룩한 것이니라

4 네가 화덕에 구운 것으로 소제의 예물을 드리려거든 고운 가루에 기름을 섞 어 만든 무교병이나 기름을 바른 무교전병을 드릴 것이요

5 번철에 부친 것으로 소제의 예물을 드리려거든 고운 가루에 누룩을 넣지 말 고 기름을 섞어

6 조각으로 나누고 그 위에 기름을 부을찌니 이는 소제니라

7 네가 솥에 삶은 것으로 소제를 드리려거든 고운 가루와 기름을 섞어 만들찌 니라

8 너는 이것들로 만든 소제물을 여호와께로 가져다가 제사장에게 줄 것이요 제사장은 그것을 단으로 가져다가

9 그 소제물 중에서 기념할 것을 취하여 단 위에 불사를찌니 이는 화제라 여 호와께 향기로운 냄새니라

10 소제물의 남은 것은 아론과 그 자손에게 돌릴찌니 이는 여호와의 화제 중

에 지극히 거룩한 것이니라

11 무릇 너희가 여호와께 드리는 소제물에는 모두 누룩을 넣지 말찌니 너희가 누룩이나 꿀을 여호와께 화제로 드려 사르지 못할찌니라

12 처음 익은 것으로는 그것을 여호와께 드릴찌나 향기로운 냄새를 위하여는 단에 올리지 말찌며

13 네 모든 소제물에 소금을 치라 네 하나님의 언약의 소금을 네 소제에 빼지 못할찌니 네 모든 예물에 소금을 드릴찌니라

14 너는 첫 이삭의 소제를 여호와께 드리거든 첫 이삭을 볶아 찧은 것으로 너의 소제를 삼되

15 그 위에 기름을 붓고 그 위에 유향을 더할찌니 이는 소제니라

16 제사장은 찧은 곡식 얼마와 기름의 얼마와 모든 유향을 기념물로 불사를 찌니 이는 여호와께 드리는 화제니라

1. 고운 가루 (1-3)

이 세상에 살아가는 인간의 생명은 음식에 달려 있다. 날마다 먹는 식량이 없이 이 세상에 살아갈 수 있는 방편은 없다. 그 음식은 근본적으로 사람들이 경작하는 곡물에 연관되어 있다.

그런데 하나님께서는 그 곡물을 자신을 위한 제물로 바치도록 했다. 그러나 그것은 사람들이 생각나는 대로 아무 것이나 가져다 바칠 수 있는 것은 아니었다. 그것을 위해서는 하나님께서 요구하시는 다양한 규례를 따라야만 했다.

곡물을 바치는 소제를 드리기 위해서는 우선 곡식을 절구에 넣고 빻든지 혹은 맷돌로 갈든지 가루를 곱게 만들어야 한다. 즉 곡식단이나 곡식의 알갱이 자체를 하나님께 바치는 것이 아니었다. 만일 그런 식으로 하나님 앞에 곡물을 가져와 하나님께 바치려 한다면 그것은 하나님을 진노케 하는 종교행위가 될 수 있다.

그러므로 곡물로써 제사를 드리려 하는 자들은 소나 양을 드릴 때 손수 잡고 가죽을 벗기고 각을 뜨는 것과 유사한 과정을 거쳐야 한다. 즉 소제의 예물을 하나님께 드리는 자는 규례에 따라 소제의 예물을 준비하는 과정에 참여해야 한다.

소제를 드리려는 자는 먼저 곱게 빻은 가루 위에 기름을 부어야 한다. 그리고 그 위에 유향을 놓아야 한다. 그것을 준비해 하나님께 바치려는 사람은 모든 것을 아론 지파의 제사장에게 가져가야 한다.

제사장은 그것을 받아 여호와 하나님께 바치게 된다. 그는 고운 가루 한 움큼과 기름과 그 모든 유향을 가져다가 기념물로 번제단 위에서 불살라야 한다. 그것은 하나님께서 받으실 만한 거룩한 제사로서 화제火祭이다.

그리고 그 소제물을 바치고 남은 음식들은 아론과 그 자손들에게 돌리게 된다. 그것은 여호와의 화제들 가운데 지극히 거룩한 것이다(레 2:3). 우리는 여기서 제사장들이 하나님 앞에서 지극히 거룩하게 된 식물을 먹게 된다는 점에 주목해야 한다. 이는 그들이 하나님의 제사장으로써 거룩한 자들이라는 사실을 말해주고 있다.

이 소제는 예수 그리스도께서 오실 때까지 이스라엘 민족 가운데 지속적으로 드려졌다. 예루살렘 성전이 파괴된 후 포로가 되어 이방 지역으로 사로잡혀 갔을 때도 그 의미는 저들과 함께 남아 있었다. 우리가 기억해야 할 바는 이스라엘 백성이 하나님의 은혜를 받을 수 있었던 중요한 조건은 소제와 번제에 연관되어 있었다는 사실이다. 시편 기자는 이에 관한 노래를 하고 있다.

> "환난 날에 여호와께서 네게 응답하시고 야곱의 하나님의 이름이 너를 높이 드시며 성소에서 너를 도와주시고 시온에서 너를 붙드시며 네 모든 소제를 기억하시며 네 번제를 받으시기를 원하노라" (시 20:1-3)

언약의 백성들은 타락한 세상에 살아가면서 항상 환난을 당하게 된다. 그때마다 전능하신 여호와 하나님께 의지할 수밖에 없다. 그러면 하나님께서 저들에게 응답하시고 저들을 높여주시게 된다. 그런데 그 일은 하나님의 거룩한 성소에 그 기초를 두고 있다.

그 백성들이 하나님께 올바른 소제를 드리고 번제를 드릴 때 그것을 기쁘게 받으심으로써 저들을 도와주시게 된다. 하나님은 거룩한 제단이 있는 시온에서 환난 중에 있는 자들을 굳게 붙들어 주시는 것이다.

이와 같은 의미는 오늘날 우리에게도 적용되고 있다. 지상의 성도들은 하나님께 제물로 바쳐진 예수 그리스도를 통해 은혜 가운데 존재하게 되는 것이다. 그러므로 우리가 비록 환난과 고통 중에 살아간다 해도 지극히 거룩한 제물이신 그리스도의 사역으로 인해 우리를 높이시며 안전하게 붙들어 주시는 것이다.

2. 다양한 형태의 음식들 (4-10)

하나님께 바쳐지는 소제는 다양한 형태로 조리되어야 한다. 그 가운데 는 화덕에 구운 것도 있고 번철에 부친 것도 있으며 솥에 삶은 것도 있다. 그 모든 것들의 공통점은 곡식을 빻아서 만든 고운 가루가 그 재료가 된다 는 사실이다.

즉 소제를 드리려는 사람은 곡식을 곱게 빻아 고운 가루를 만든 뒤 기름 을 섞어 반죽을 만들어야 한다. 그리고나서는 그 반죽을 화덕에 적당히 구 워 하나님께 드리는 거룩한 소제의 예물로 삼을 수 있다.

또한 철판 위에 곱게 빻은 가루와 기름을 섞어 만든 반죽을 올려놓고 부 쳐 소제물을 만들 수 있다. 소제를 바치는 자는 그렇게 하여 만든 음식을 소제의 예물을 삼을 수 있게 된다. 그리고 곡물을 곱게 빻아서 만든 가루 반죽을 기름에 섞어 솥에 삶을 수 있다. 그것을 하나님께 드리는 소제의 예 물을 삼게 되는 것이다. 이를 통해 인간의 생명은 곡물을 허락하시는 하나 님께 달려 있다는 사실이 드러나게 되었다.

이처럼 소제의 예물을 만드는 데는 여러 가지 방법이 있지만 그 예물을 바치는 절차와 형식은 동일하다. 소제의 예물을 드리는 자가 그것을 굽거 나 부치거나 삶아서 제사장에게 가져오면 제사장은 그것을 받아 번제단 위에 올려놓고 불사르게 된다. 그렇게 하면 그것들이 여호와 하나님께 향 기로운 냄새가 된다.

또한 소제물의 경우는 예물을 바치기 위해 가져온 사람의 예물 전체를 하나님께 드리지 않고 일부만 드리게 된다. 그리하여 남은 음식은 아론과 그의 자손에게 돌려진다(10절). 하나님께 드려진 거룩한 예물이기에 다른 사람들이 함부로 소제물을 먹어서는 안 된다. 그 거룩한 소제물의 남은 것 은 아론과 그의 자손의 양식이 된다.

우리가 여기서 기억해야 할 바는 소제물의 일부를 하나님께 드리지만 실상은 그 전체를 바치는 것과 동일한 의미를 지닌다는 사실이다. 즉 소제를 드리는 자가 적절히 구별해서 일부는 하나님께 바치기를 원하고 다른 일부는 제사장들에게 주고자 계산하여 결정하는 것이 아니다. 그 전체가 하나님께 거룩한 예물로 드려지는데 그 가운데 일부가 제사장들에게 돌아가게 되는 것이다. 이는 하나님께서 직접 그 거룩한 음식을 제사장들에게 주시는 것으로 이해해야 한다.[8]

3. 소제를 위한 금령 (11-12)

하나님께 드리는 소제를 위해서는 반드시 지켜야 할 금령이 있다. 그것은 누룩과 꿀을 그 음식에 섞지 말아야 하는 규례이다. 그것을 어기게 되면 모든 예물이 부정하게 될 뿐 아니라 그것으로서 하나님을 기쁘게 하지 못한다. 그것은 도리어 하나님을 진노하게 만들게 될 따름이다.

누룩과 꿀은 일반적으로 인간들이 먹는 음식을 만들 때 필요로 하는 재료들이다. 음식을 만들면서 누룩을 넣어 부풀게 하기도 하며 꿀을 넣어 달게 만들기도 하는 것이다. 따라서 누룩과 꿀을 넣지 않으면 좋은 맛을 낼 수 없다고 생각한다.

그런데 어리석은 인간들은 하나님도 자기와 동일한 입맛을 가지거나 식취향을 가진 것으로 오해하고 있다. 그러므로 하나님께 바치는 곡물제사

---

8) 우리는 이와 더불어 우리 시대 교회가 목회자의 생활비를 제공하는 것을 생각해 볼 수 있다. 레위기서의 교훈을 배경으로 삼아 생각한다면, 목사의 생활비는 교인들이 모아 지급하는 것과 다르다. 그렇게 되면 목사는 생활비를 부담하는 교인들에게 저자세가 될 수밖에 없다. 그러나 그것은 그렇게 이해해서는 안 된다. 교회에 속한 성도들은 하나님의 몸된 교회를 기억하는 가운데 연보를 하게 된다. 즉 교인들은 목사에게 생활비를 지급하기 위해 연보를 하는 것이 아니다. 오히려 하나님의 교회를 기억하고 연보를 했을 때 하나님께서 목사에게 살아갈 수 있는 방편을 허락하신 것이다. 그러므로 목사는 교인들의 사사로운 의견이나 취향에 따라 움직일 것이 아니라 생활을 보장하시는 하나님의 말씀에 순종하므로 예배를 인도하며 성도들을 가르쳐야 한다.

에서도 그런 것들을 섞어 바치려고 했다. 그런 자들은 그것이 하나님을 기쁘게 하는 최상의 방법이 되는 양 착각하게 되는 것이다.

하지만 하나님은 인간들이 좋아하는 것을 요구하시는 분이 아니다. 하나님은 인간과 전혀 다르다. 하나님께서는 그것을 보여주시기 위해 자기에게 바치는 소제물에 누룩과 꿀을 섞는 것을 금지하셨다. 인간들의 입맛이나 취향에 맞추어진 제물을 하나님께 화제로 사를 수 없었던 것이다.

그러므로 어떤 의도이든 간에 그렇게 하는 자가 있다면 그 제사는 무효일 뿐 아니라 율법을 어김으로써 하나님에 대한 모독행위가 된다. 이에 대해서는 오늘날 우리 역시 동일한 깨달음을 가져야 한다. 죄에 빠진 인간들은 하나님의 말씀을 떠나 자신의 취향에 따라 하나님을 섬기려는 경향성을 띠고 있다. 악한 자들은 자신이 좋아하는 것들을 모아 하나님 앞에 갖다드리려는 헛된 노력들을 지속하고 있는 것이다.

예를 들어, 음악이나 춤, 예술 등을 좋아하는 인간들은 하나님도 그런 것을 기뻐하시는 것으로 생각한다. 또한 인간들이 돈이나 명예를 좋아하니 하나님도 그럴 것이란 착각을 하고 있다. 그러나 하나님께서는 인간들의 그런 것을 좋아하거나 기쁘게 받으시는 분이 아니라는 사실을 이해해야 한다. 하나님은 도리어 그와 같은 것들을 경멸할 수 있음을 분명히 기억하지 않으면 안 된다.

4. 소금 (13)

누룩과 꿀을 소제물에 첨가하는 것을 금지하신 하나님께서는 자기에게 드리는 소제물을 위해서 반드시 소금을 치도록 명령하셨다. 소제물을 바치면서 소금을 치지 않으면 하나님께서 그것을 기쁘게 받으시지 않는다.

소제물에 소금을 넣게 하신 것은 언약에 연관되어 있다. 그것을 통해 하나님과 자기 자녀들 사이에 맺어진 언약이 변하지 않는다는 사실을 상징성으로 보여주셨다. 즉 소금을 요구하심으로써 변개하지 않는 자신의 신실함을 드러내고자 하셨던 것이다.

하나님께서는 이스라엘 백성에게 소금에 관한 상징적인 의미를 말씀하셨다. 그들이 시내광야에 있을 때 그 교훈이 그대로 주어졌다. 여호와 하나님께 드리는 거제擧祭에 연관된 교훈을 주시면서 그에 연관된 소금 언약을 언급하셨던 것이다. 그 내용이 민수기에 기록되어 있다.

> "이스라엘 자손이 여호와께 거제로 드리는 모든 성물은 내가 영영한 응식 (應食)으로 너와 네 자녀에게 주노니 이는 여호와 앞에 너와 네 후손에게 변하지 않는 소금 언약이니라"(민 18:19)

이 말씀은 하나님께 바치는 제사와 연관되어 있다. 즉 제사장들이 직무를 통해 얻게 되어 먹는 거룩한 음식을 소금 언약으로 설명했던 것이다. 이는 점차 하나님께서 세우신 다윗 왕국과 장차 그 가운데서 강림하시게 될 메시아 언약을 향하고 있다. 하나님께서는 그것을 소금 언약이라고 말씀하셨다. 우리는 역대하에 기록된 말씀을 통해 그 진정한 의미를 확인하게 된다.

> "이스라엘 하나님 여호와께서 소금 언약으로 이스라엘 나라를 영원히 다윗과 그 자손에게 주신 것을 너희가 알것이 아니냐"(대하 13:5)

하나님께서는 이스라엘의 조상 때부터 맺어 온 언약을 결코 변개하시지 않는다. 이는 메시아를 보내 타락한 세상을 심판하시라는 의미를 내포하고 있다. 위의 성경 본문에서 그것을 위해 맺은 언약을 소금 언약이라 칭하고 있는데 이는 변하지 않는 소금의 특성을 배경으로 하여 설명하는 것이다.

5. 첫 이삭 (14-16)

이스라엘 백성은 농사를 지은 후 얻게 되는 첫 이삭을 하나님께 소제로 바쳐야 한다. 그것은 다 익은 곡식을 말하는 것이 아니라 첫 번째 맺어진 이삭이다. 하나님께서 그것을 자기를 위한 소제로 원하셨던 것이다.

하나님께서는 그것을 통해 인간들의 생명이 자신에게 달려 있다는 사실을 선포하셨다. 모든 곡식은 첫 이삭으로부터 시작되어 여물어 결실하게 된다. 즉 첫 이삭을 맺지 않은 채 열매로 곧바로 자라가는 것은 있을 수 없다.

하나님께서는 그 첫 이삭의 소제를 여호와께 드리기 위한 규례를 주셨다. 그럴 경우에는 첫 이삭을 볶아 곱게 찧은 것으로 소제의 예물로 삼아야 한다. 첫 이삭을 소제로 바치는 자는 그 위에 기름을 붓고 유향을 더해서 하나님께 드리게 된다.

성소에서 봉사하는 제사장은 그 예물을 드리는 자가 준비한 곱게 찧은 곡식 얼마를 가져와 기름과 함께 모든 유향을 번제단 위에서 기념물로 불살라야 한다. 그렇게 함으로써 여호와 하나님께 드려지는 화제가 된다. 첫 이삭을 드리는 소제에서 중요한 것은 그 의미를 기억하는 가운데 정해진 규례에 따라 하나님께 드려야 한다는 사실이다.

제3장

화목제에 관한 율례 (레 3:1-17)

1 사람이 만일 화목제의 희생을 예물로 드리되 소로 드리려거든 수컷이나 암컷이나 흠 없는 것으로 여호와 앞에 드릴찌니

2 그 예물의 머리에 안수하고 회막문에서 잡을 것이요 아론의 자손 제사장들은 그 피를 제단 사면에 뿌릴 것이며

3 그는 또 그 화목제의 희생 중에서 여호와께 화제를 드릴찌니 곧 내장에 덮인 기름과 내장에 붙은 모든 기름과

4 두 콩팥과 그 위의 기름 곧 허리 근방에 있는 것과 간에 덮인 꺼풀을 콩팥과 함께 취할 것이요

5 아론의 자손은 그것을 단 윗 불 위에 있는 나무 위 번제물 위에 사를찌니 이는 화제라 여호와께 향기로운 냄새니라

6 만일 여호와께 예물로 드리는 화목제의 희생이 양이면 수컷이나 암컷이나 흠없는 것으로 드릴찌며

7 만일 예물로 드리는 것이 어린양이면 그것을 여호와 앞으로 끌어다가

8 그 예물의 머리에 안수하고 회막 앞에서 잡을 것이요 아론의 자손은 그 피를 단 사면에 뿌릴 것이며

9 그는 그 화목제의 희생 중에서 여호와께 화제를 드릴찌니 그 기름 곧 미려골에서 벤바 기름진 꼬리와 내장에 덮인 기름과 내장에 붙은 모든 기름과

10 두 콩팥과 그 위의 기름 곧 허리 근방에 있는 것과 간에 덮인 꺼풀을 콩팥

과 함께 취할 것이요

11 제사장은 그것을 단 위에 불사를찌니 이는 화제로 여호와께 드리는 식물이
니라

12 만일 예물이 염소면 그것을 여호와 앞으로 끌어다가

13 그 머리에 안수하고 회막 앞에서 잡을 것이요 아론의 자손은 그 피를 단
사면에 뿌릴 것이며

14 그는 그 중에서 예물을 취하여 여호와께 화제를 드릴찌니 곧 내장에 덮인
기름과 내장에 붙은 모든 기름과

15 두 콩팥과 그 위의 기름 곧 허리 근방에 있는 것과 간에 덮인 꺼풀을 콩팥
과 함께 취할 것이요

16 제사장은 그것을 단 위에 불사를찌니 이는 화제로 드리는 식물이요 향기
로운 냄새라 모든 기름은 여호와의 것이니라

17 너희는 기름과 피를 먹지 말라 이는 너희 모든 처소에서 대대로 영원한 규
례니라

1. 소의 화목제 (1-5)

하나님께 화목제 희생을 드리려는 자들은 반드시 정해진 규례에 따라야한다. 만일 소를 제물로 바치려면 수컷이든지 암컷이든지 흠 없는 것으로골라 여호와 하나님께 드려야만 된다. 만일 흠 있는 것을 화목제로 바칠 경우 그것은 도리어 하나님에 대한 모독행위가 될 수밖에 없다.[9]

그 사람은 동물을 잡기 전에 먼저 그 머리 위에 손을 얹어 안수해야한다. 그의 안수하는 행위는 제물이 될 그 동물에게 자신의 모든 죄와허물을 전가하는 의미를 지니고 있다. 그런 다음에 회막문 앞에서 잡아야 한다.

아론의 자손 제사장들은 하나님께 예물로 바쳐지는 그 소의 피를 제단사면에 뿌려야 한다. 그리고 화목제물로 드려지는 그 동물 가운데서 내장에 덮인 기름을 비롯한 모든 기름과 두 콩팥과 그 위의 기름 곧 허리 근방에 있는 것과 간에 덮인 꺼풀을 콩팥과 함께 취해 제단에서 태워 번제물로드려야 한다.

그런데 우리는 여기서 일반적인 관점에서 이해하기 쉽지 않은 문제를만나게 된다. 그것은 하나님께 번제로 태워 바치는 부위가 인간들이 좋아하거나 먹고 싶어 하는 고기가 아니기 때문이다. 인간들은 대개 그런 것들은 먹지 않고 버린다. 그럼에도 불구하고 하나님께서는 제사장에게 그런것들을 자신이 기뻐하는 화제로 바치도록 요구하셨다.

여기서 우리는 매우 중요한 교훈을 배우게 된다. 이는 오늘날 우리에게

---

9) 우리가 유념해야 할 바는 어느 누구도 감히 일부러 흠 있는 동물을 골라 하나님께 바치려는 자는 없으리라는 사실이다. 제사를 드리는 자는 동물의 보이지 않는 부분까지 면밀하게 살펴 조사해보아야 한다. 만일 외형만 보고 선택하게 되면의도하지 않게 흠 있는 동물을 선택할 우려가 따른다. 이에 대해서는 오늘날 우리도 외형을 보고 모든 것을 판단하려는 오류에 빠져서는 안 된다는 교훈을 얻게된다.

도 동일한 교훈을 주고 있다. 본문에 나타나 있는 대로 화목제 번제를 요구하는 부위가 인간들의 기대와 판단과는 전혀 다르다. 만일 하나님께서 규례에 따라 구체적인 요구를 하지 않으셨다면, 인간들은 자기가 좋아하는 부위를 선택해 번제로 태워 바쳤을 것이 틀림없다.

우리는 이를 통해 하나님은 인간의 생각과 전혀 다른 분이라는 사실을 깨달아 알게 된다. 우리 시대의 많은 사람들이 이에 대한 진정한 의미를 간과하고 있다. 그런 자들은 인간들이 좋아하는 것을 골라 하나님께 바치려 한다. 하나님께서 그런 부위를 좋아하리라는 막연한 판단을 하고 있기 때문이다.

또한 인간들은 임의로 선택한 것을 하나님 앞에 바치고 나서는 스스로 기뻐하고 즐거워한다. 그러나 그런 것들은 하나님께서 진정으로 기뻐하시는 것이라 말할 수 없다. 그것은 도리어 하나님의 진노를 살 수 있는 행동이 된다.

우리는 인간의 취향이나 기호에 따른 것들이 아니라 하나님의 말씀을 좇아 그가 참 기뻐하시는 것이 무엇인지 알아야 한다. 그것을 위해서는 기록된 하나님의 말씀을 귀담아 듣지 않으면 안 된다. 성숙한 성도들이라면 자기가 좋아하는 것이 아니라 하나님께서 말씀을 통해 요구하시는 것을 골라 바칠 줄 안다.

2. 양의 화목제 (6-11)

화목제물을 바치려는 자들은 또한 규례에 따라 수양이나 암양을 선택해 하나님께 드릴 수 있다. 그때는 아무 것이나 바칠 수 있는 것이 아니라 흠 없는 것을 골라 바쳐야 한다. 만일 가장 기본적인 이 요건을 어기게 된다면 그것은 하나님의 뜻을 벗어날 뿐 아니라 하나님을 모독하는 행위가 된다.

양을 제물로 드리려는 자는 선택한 동물을 성소 앞 여호와 하나님 앞으로 끌고 와야 한다. 그는 먼저 거기서 그 동물의 머리 위에 손을 얹어 안수하고 회막문 앞에서 잡아야 한다. 그러면 아론의 자손 제사장은 그 희생제물의 피를 취하여 번제단 사면에 뿌리게 된다.

그리고 화목제물을 바치는 자는 여호와 하나님께 화제를 드리기 위해 규례에 따라 준비해야 한다. 그때는 미려골 즉 등뼈 부근에서 잘라낸 기름진 꼬리와 내장에 덮인 기름과 거기에 붙은 모든 기름과 두 콩팥과 그 위의 기름 곧 허리 근방에 있는 것과 간에 덮인 꺼풀을 콩팥과 함께 취하여 번제단 위에 태워 드리도록 해야 한다.

앞에서와 마찬가지로 그와 같은 부위들은 인간들이 일상적으로 먹기에는 그리 호감을 가질 만한 고기가 아니다. 그럼에도 불구하고 하나님께서 굳이 그런 부위를 자기에게 바쳐드리도록 요구한 것은 무슨 까닭이었을까?

이는 하나님께서 동물의 그런 부위를 받으심으로써 구원받을 인간들에 대해서도 탐낼 만한 것이 아닌 부분까지 다 받으시겠다는 놀라운 뜻을 보여주시는 것으로 이해할 수 있다. 즉 겉보기에 그럴듯해 좋아 보이는 부위뿐 아니라 그렇지 않은 부위들까지도 받으신다는 것이다. 물론 그것은 예수 그리스도의 십자가 사역을 통해 그 모든 의미가 완성된다.

이처럼 제사장은 제물을 바치는 자로부터 그것들을 받아 번제단 위에서 불사르게 된다. 이는 여호와 하나님께 드리는 거룩한 화제이다. 그것은 먹는 음식으로서 제단에 바치는 화목제이다. 하나님께서는 그것을 흠향하심으로써 제물을 바치는 자와 제사장의 화제를 기쁘게 받으시는 것이다.

3. 염소의 화목제 (12-17)

하나님께 화목제를 드리려는 자는 또한 염소를 제물로 드릴 수도 있다.

그럴 경우에도 그는 먼저 바쳐지게 될 염소를 성소에 계시는 여호와 하나님 앞으로 끌고 와야 한다. 그 사람은 제물로 바칠 동물의 머리 위에 손을 얹어 안수한 후 회막문 앞에서 잡게 된다.

그때 그가 동물의 머리에 안수하는 것은 자신의 모든 죄를 그 동물에게 전가하는 의미를 지닌다. 회막문 앞에서 제물을 잡는 것은 여호와 하나님의 궁극적인 사역과 연관된 죽임을 의미하고 있다. 즉 그 동물의 죽음은 장차 이땅에 도래하게 될 거룩한 제물이신 메시아의 죽음을 예고하고 있는 것이다.

아론의 자손 제사장은 안수를 받아 죽게 된 그 동물의 피를 번제단 사면에 뿌리게 된다. 제물을 바치는 자는 죽은 동물 가운데서 여호와 하나님께 화제로 드릴 부위를 따로 취해야 한다. 그것은 내장에 덮인 기름과 거기에 붙은 모든 기름과 두 콩팥과 그 위의 기름 곧 허리 근방에 있는 기름과 간에 덮인 꺼풀과 콩팥을 포함하고 있다.

제사장은 그 제물을 바치는 자로부터 규례에 따른 부위들을 취하여 번제단 위에서 불살라야 한다. 그것은 먹는 음식으로서 바쳐지는 거룩한 화제가 되어 여호와 하나님께 향기로운 냄새가 된다. 성경은 이와 더불어 모든 기름이 여호와 하나님의 것이라는 사실을 언급하고 있다(레 3:16). 이는 먼저 제물의 기름이 하나님께 태워 바쳐져야 한다는 사실을 말해주고 있다.

이에 대한 구체적인 역사적 사실을 통해 우리는 그에 대한 분명한 이해를 할 수 있다. 사무엘 시대에 엘리 제사장의 아들들이 하나님의 뜻을 거스르고 경거망동한 행위를 한 것을 통해 그 단면을 보게 되는 것이다. 그들은 하나님께 바쳐진 제물의 기름이 태워지기 전에 그 고기를 탐하여 취하게 되었다. 사무엘상에는 그에 관한 내용이 기록되어 있다.

"엘리의 아들들은 불량자라 여호와를 알지 아니하더라 그 제사장들이 백성에게 행하는 습관은 이러하니 곧 아무 사람이 제사를 드리고 그 고기를 삶을 때에 제사장의 사환이 손에 세살 갈고리를 가지고 와서 그것으로 남비에나 솥에나 큰 솥에나 가마에 찔러 넣어서 갈고리에 걸려 나오는 것은 제사장이 자기 것으로 취하되 실로에서 무릇 그곳에 온 이스라엘 사람에게 이같이 할뿐 아니라 기름을 태우기 전에도 제사장의 사환이 와서 제사 드리는 사람에게 이르기를 제사장에게 구워 드릴 고기를 내라 그가 네게 삶은 고기를 원치 아니하고 날것을 원하신다 하다가 그 사람이 이르기를 반드시 먼저 기름을 태운 후에 네 마음에 원하는대로 취하라 하면 그가 말하기를 아니라 지금 내게 내라 그렇지 아니하면 내가 억지로 빼앗으리라 하였으니 이 소년들의 죄가 여호와 앞에 심히 큼은 그들이 여호와의 제사를 멸시함이었더라"(삼상 2:12-17)

사무엘서에 기록된 이 말씀은 여호와 하나님께 바쳐지는 거룩한 제물 가운데서 기름이 먼저 태워져야 한다는 사실을 보여주고 있다. 엘리 제사장의 아들들처럼 그 규례를 어기는 것은 하나님을 멸시하는 것과 같다. 그 것은 결코 가벼운 죄가 아니라 여호와 하나님 앞에서 짓게 되는 매우 큰 죄가 된다.[10]

또한 하나님께서는 저들에게 동물의 기름과 피를 먹지 말라는 명령을 내리셨다. 그것은 하나님께 바쳐지는 제물의 생명을 통해 인간의 생명에 대한 교훈을 주고자 하는 의미를 내포하고 있다. 이 규례는 이스라엘 민족이 존재하는 한 자손 대대로 지켜야 할 영원한 규례가 되었다.

그렇다면 오늘날 우리는 과연 어떤가? 우리 시대 기독교인들은 모든 동

---

10) 하나님을 섬기려는 모든 사람은 그의 규례를 따라야 한다. 만일 규례보다 직위를 앞세워 개인적인 목적을 추구하는 자가 있다면 하나님의 심판을 면할 수 없다. 엘리 제사장의 아들들은 규례를 무시하고 저들의 직위를 앞세우다가 하나님 앞에서 죄를 범하게 되었다. 이에 대해서는 오늘날 우리도 마음속 깊이 새겨두어야 한다. 목사와 장로를 비롯한 교회의 모든 직분자들은 하나님의 계명에 순종해야 하며, 직분을 이용해 자신의 목적을 추구하려 해서는 안 된다.

물의 기름과 피를 먹지 말아야 하는가? 성경에서 동물의 기름과 피를 금지하며 그것을 자손 대대로 지켜야 할 영원한 규례로 명시하고 있다면 우리도 그 말씀에 순종해야 하는 것 아닌가?

그에 대한 잘못된 해석을 하는 자들 가운데는 우리 시대에도 동물의 피를 먹지 않는 것을 종종 보게 된다. 그렇지만 그것은 올바른 해석에 기초한 신앙행위라 말할 수 없다. 성경에 언급된 '자손 대대로 지켜야 할 영원한 규례'라는 표현은 말 그대로 율법 가운데 살아가는 이스라엘 자손들에게 해당되는 말이다.

즉 예수 그리스도의 강림과 십자가 사역을 통해 구약의 모든 제사에 관한 의미가 완성된 후에는 그렇지 않다. 따라서 그와 더불어 이스라엘 민족의 구속사적인 역할이 끝난 후에는 더 이상 그것을 지킬 필요가 없다. 이는 더 이상 하나님께 제물로 바칠 동물이 존재하지 않으며 성소에서 바쳐진 제물의 기름과 피를 먹을 일이 없기 때문이다.

그런데 신약성경에는 이와 연관된 사건이 일어난 적이 있었다. 바울과 바나바가 안디옥과 갈라디아 지역 부근에서 사역할 때 예루살렘에서 온 율법주의자들의 그릇된 가르침이 난무했기 때문이었다. 그 가운데는 음식문제가 포함되어 있었다. 그 문제를 해결하기 위해 교회는 바울과 바나바를 예루살렘 공의회에 보내 그에 대한 성경적인 답변을 듣고자 했다. 그때 예루살렘 공의회가 저들에게 답변한 내용이 사도행전에 기록되어 있다.

> "우상의 제물과 피와 목매어 죽인 것과 음행을 멀리할찌니라 이에 스스로 삼가면 잘 되리라 평안함을 원하노라" (행 15:29)

위의 본문에서 예루살렘 공의회는 저들이 봉착한 문제들 가운데 음식문제를 특별히 언급하고 있다. 우상 제물과 피와 목매어 죽인 것을 삼가고 멀리하라는 것이었다.[11] 이중에 우리가 각별히 관심을 기울일 부분은 피에 관한 내용이다. 그때 그런 답변이 주어진 것은 아직 예루살렘 성전이 파괴되기 전이어서 여전히 유대인들의 역할이 남아 있었기 때문이었던 것으로 보인다.

그러므로 이에 관한 내용이 그후 보편교회 시대에도 반드시 지켜져야 할 규례로 인식되어서는 안 된다. 우리는 그에 연관된 의미를 주의 깊게 잘 생각해 보아야 한다. 만일 그것을 오늘날까지 지켜야 하는 것으로 주장한다면 율법주의적인 입장에 서게 되는 것이다. 따라서 우리는 구약과 신약에 연관된 전체적인 의미를 올바르게 이해함으로써 그에 대한 깨달음을 가져만 한다.

---

11) 사도바울은 고린도교회에 보내는 첫 번째 편지에서 우상 제물을 먹는 것을 신앙에 대한 기준으로 삼지 않았다. 그것 자체는 아무런 의미가 없다는 것이었다. 그러나 다른 사람들이 그로 말미암아 시험에 들거나 오해할 여지가 있다면 피하라는 교훈을 주고 있다: "불신자 중 누가 너희를 청하매 너희가 가고자 하거든 너희 앞에 무엇이든지 차려 놓은 것은 양심을 위하여 묻지 말고 먹으라 누가 너희에게 이것이 제물이라 말하거든 알게 한 자와 및 양심을 위하여 먹지 말라"(고전 10:27,28). 이는 율법으로부터 자유 해야 할 신약시대 교회와 성도들을 향해 주는 사도의 가르침이다.

제4장

속죄제에 관한 율례 (레 4:1-35)

1 여호와께서 모세에게 일러 가라사대

2 이스라엘 자손에게 고하여 이르라 누구든지 여호와의 금령 중 하나라도 그릇 범하였으되

3 만일 기름 부음을 받은 제사장이 범죄하여 백성으로 죄얼을 입게 하였으면 그 법한 죄를 인하여 흠 없는 수송아지로 속죄제물을 삼아 여호와께 드릴찌니

4 곧 그 수송아지를 회막문 여호와 앞으로 끌어다가 그 수송아지 머리에 안수하고 그것을 여호와 앞에서 잡을 것이요

5 기름 부음을 받은 제사장은 그 수송아지의 피를 가지고 회막에 들어가서

6 그 제사장이 손가락에 그 피를 찍어 여호와 앞 곧 성소 장 앞에 일곱 번 뿌릴 것이며

7 제사장은 또 그 피를 여호와 앞 곧 회막 안 향단 뿔에 바르고 그 송아지의 피 전부를 회막문 앞 번제단 밑에 쏟을 것이며

8 또 그 속죄제물 된 수송아지의 모든 기름을 취할찌니 곧 내장에 덮인 기름과 내장에 붙은 모든 기름과

9 두 콩팥과 그 위의 기름 곧 허리 근방에 있는 것과 간에 덮인 꺼풀을 콩팥과 함께 취하되

10 화목제 희생의 소에게서 취함같이 할 것이요 제사장은 그것을 번제단 위에 불사를 것이며

11 그 수송아지의 가죽과 그 모든 고기와 그 머리와 다리와 내장과

12 똥 곧 그 송아지의 전체를 진 바깥 재 버리는 곳인 정결한 곳으로 가져다가 불로 나무 위에 사르되 곧 재 버리는 곳에서 사를찌니라

13 만일 이스라엘 온 회중이 여호와의 금령 중 하나라도 그릇 범하여 허물이 있으나 스스로 깨닫지 못하다가

14 그 범한 죄를 깨달으면 회중은 수송아지를 속죄제로 드릴찌니 그것을 회막 앞으로 끌어다가

15 회중의 장로들이 여호와 앞에서 그 수송아지 머리에 안수하고 그것을 여호와 앞에서 잡을 것이요

16 기름 부음을 받은 제사장은 그 수송아지 피를 가지고 회막에 들어가서

17 그 제사장이 손가락으로 그 피를 찍어 여호와 앞, 장 앞에 일곱 번 뿌릴 것이며

18 또 그 피로 회막 안 여호와 앞에 있는 단 뿔에 바르고 그 피 전부는 회막문 앞 번제단 밑에 쏟을 것이며

19 그 기름은 다 취하여 단 위에 불사르되

20 그 송아지를 속죄제의 수송아지에게 한것 같이 할찌며 제사장이 그것으로 회중을 위하여 속죄한즉 그들이 사함을 얻으리라

21 그는 그 수송아지를 진밖으로 가져다가 첫번 수송아지를 사름 같이 사를 찌니 이는 회중의 속죄제니라

22 만일 족장이 그 하나님 여호와의 금령 중 하나라도 부지중에 범하여 허물이 있었다가

23 그 범한 죄에 깨우침을 받거든 그는 흠 없는 수염소를 예물로 가져다가

24 그 수염소의 머리에 안수하고 여호와 앞 번제 희생을 잡는 곳에서 잡을 찌니 이는 속죄제라

25 제사장은 그 속죄 희생의 피를 손가락에 찍어 번제단 뿔에 바르고 그 피는

번제단 밑에 쏟고

26 그 모든 기름은 화목제 희생의 기름 같이 단 위에 불사를찌니 이같이 제사 장이 그 범한 죄에 대하여 그를 위하여 속죄한즉 그가 사함을 얻으리라

27 만일 평민의 하나가 여호와의 금령 중 하나라도 부지중에 범하여 허물이 있었다가

28 그 범한 죄에 깨우침을 받거든 그는 흠 없는 암염소를 끌고 와서 그 범한 죄를 인하여 그것을 예물로 삼아

29 그 속죄제 희생의 머리에 안수하고 그 희생을 번제소에서 잡을 것이요

30 제사장은 손가락으로 그 피를 찍어 번제단 뿔에 바르고 그 피 전부를 단 밑에 쏟고

31 그 모든 기름을 화목제 희생의 기름을 취한 것같이 취하여 단 위에 불살라 여호와께 향기롭게 할지니 제사장이 그를 위하여 속죄한즉 그가 사함을 얻으리라

32 그가 만일 어린양을 속죄제물로 가져오려거든 흠 없는 암컷을 끌어다가

33 그 속죄제 희생의 머리에 안수하고 번제 희생을 잡는 곳에서 잡아 속죄제를 삼을 것이요

34 제사장은 그 속죄제 희생의 피를 손가락으로 찍어 번제단 뿔에 바르고 그 피는 전부를 단 밑에 쏟고

35 그 모든 기름을 화목제 어린양의 기름을 취한 것같이 취하여 단 위 여호와의 화제물 위에 불사를지니 이같이 제사장이 그의 범한 죄에 대하여 그를 위하여 속죄한즉 그가 사함을 얻으리라

1. 제사장을 위한 속죄제 (1-12)

하나님께서는 모세에게 명하시기를 이스라엘 민족 가운데 제사장이 여호와의 금령중 하나라도 범할 경우 그를 위한 속죄제를 드리라고 말씀하셨다. 제사장의 범죄는 개인에게 해당되는 혼자만의 죄가 아니라 전체 이스라엘 민족으로 하여금 죄얼罪蘖을 입게 하는 것이기 때문이다.

그러므로 범죄한 제사장은 흠 없는 수송아지로 속죄제물을 삼아 여호와 하나님께 바쳐드려야 한다. 제사장은 수송아지를 회막문 여호와 앞으로 끌고 와서 그 송아지 머리 위에 손을 얹어 안수하고 그것을 여호와 앞에서 잡아야 한다.

그 다음 제사장은 제물이 된 수송아지의 피를 가지고 회막 안으로 들어가게 된다. 그는 손가락에 그 피를 찍어 여호와 앞 곧 성소 휘장 앞에 일곱 번 뿌려야 한다. 또한 제사장은 그 피를 회막 안 향단 뿔에 바르고 그 송아지의 피 전부를 회막문 앞 번제단 밑에 쏟아야 한다.

그리고 그 수송아지의 모든 기름 곧 내장에 덮인 기름과 두 콩팥과 그 위의 기름 곧 허리 근방에 있는 것과 간에 덮인 꺼풀을 취해 번제단 위에서 불살라야 한다. 그러나 수송아지의 가죽과 그 모든 고기와 그 머리와 다리와 내장과 똥은 진 바깥 재 버리는 곳인 정결한 곳으로 가져가 나무 위에서 불로 태워야 한다.

여기서 진 밖이란 이스라엘 백성이 진을 치고 있는 영지 바깥을 의미하고 있다. 이는 나중 예루살렘에 거룩한 성전이 건립된 후에는 성 밖을 의미할 것으로 보인다. 하나님께서 번제단 위에서 태워 바치는 것을 허락지 않는 부정한 부위들은 반드시 진 밖에서 따로 태워야만 한다.

히브리서 기자는 이 말씀을 예수 그리스도의 십자가 사역에 연관지어 설명하고 있다. 구약시대 제물로 바쳐진 제물의 피는 대제사장이 성소 안으로 가지고 들어가 휘장 앞에 뿌리고 그 육체는 진 밖에서 불살라 태웠다.

그것을 예루살렘 성 밖에서 십자가에 달려 돌아가신 예수님의 사역에 연결지어 설명했던 것이다.

> "이는 죄를 위한 짐승의 피는 대제사장이 가지고 성소에 들어가고 그 육체는 영문 밖에서 불사름이니라 그러므로 예수도 자기 피로써 백성을 거룩케 하려고 성문 밖에서 고난을 받으셨느니라 그런즉 우리는 그 능욕을 지고 영문 밖으로 그에게 나아가자"(히 13:11-13)

예수님께서는 예루살렘성 밖에서 십자가를 지고 모진 고난을 당한 후 돌아가셨다. 그러나 그의 피는 거룩한 지성소에 뿌려졌다. 이는 그가 십자가 위에서 생명을 거둘 때 성전의 휘장이 찢어진 것으로 증거되었다. 그것은 예수님의 거룩한 피가 하나님 앞에 바쳐졌음을 의미하고 있다.

> "예수께서 큰 소리를 지르시고 운명하시다 이에 성소 휘장이 위로부터 아래까지 찢어져 둘이 되니라"(막 15:37,38)

이렇게 하여 죄 없는 영원한 어린양이 하나님께 제물로 바쳐지게 되었다. 하나님께서는 십자가에 달려 죽은 그를 받으심으로써 죄에 빠진 자기 자녀들의 죄를 용서하셨다. 그것은 하나님과 인간 사이에 막혔던 담을 헐고 화해가 이루어졌음을 확증하고 있다.

우리는 레위기서 본문에서 번제단 위에서 제물로 태워 하나님께 바쳐져야 할 동물의 부위와 진 밖에 태워서 버려야 할 부위가 뚜렷하게 구분된다는 사실은 안다. 그렇지만 그 명확한 기준에 대해서는 알기가 쉽지 않다. 중요한 사실은 하나님께서 그렇게 요구하셨으며 제사장들은 그에 온전히 순종해야 한다는 점이다.

우리가 이 말씀 가운데서 분명히 깨달아야 할 것은 제사장 한 사람의 죄악이 전체 백성들의 죄보다 오히려 중하게 취급받고 있다는 사실이다. 이는 일반 백성들이 아무리 올바르게 하나님을 섬기려고 한다 해도 성전에서 섬기는 제사장이 잘못하게 되면 모든 것을 그르칠 수밖에 없다.

이에 대해서는 오늘날 우리 시대에도 교훈삼아 적용할 수 있는 내용이다. 교회의 교사인 목사 한 사람의 잘못이 교회의 전체 성도들의 잘못 보다 오히려 큰 것으로 볼 수 있다. 목사가 교회에서 그릇된 가르침을 베푼다면 전체 교회가 복음을 근본적으로 오해할 수밖에 없기 때문이다. 즉 일반 성도들이 아무리 성실하다고 해도 목사가 잘못 가르친다면 교회는 올바르게 자라갈 수 없는 것이다.

2. 전체 회중을 위한 속죄제 (13-21)

타락한 인간들의 특성 가운데 하나는 하나님의 법을 어기고도 그에 대한 인식을 전혀 하지 못할 경우가 많다는 사실이다. 죄 가운데 있으면서도 자신이 무죄하다고 판단하면 그것으로 만족스러워하는 것이다. 그렇지만 지혜로운 자들은 항상 그에 대한 자기 성찰을 중단하지 않는다. 그것은 물론 성령의 도우심과 하나님의 말씀을 도구로 한 조명에 의해서만 가능하다.

이스라엘 민족의 경우에 있어서도 그와 마찬가지였다. 특히 회중의 집단적 범죄와 연관된 상황일 때는 그것이 더욱 두드러졌다. 그럴 경우에는 여호와의 금령을 어기고도 그 사실을 전혀 인식조차 못하고 지날 수 있었던 것이다. 그러던 중 그 범죄한 사실을 깨닫게 되면 회중은 수송아지를 속죄제로 드려야 한다.

이스라엘 민족을 대표하는 장로들은 회막문에서 그 수송아지 머리에 손을 얹어 안수한 후 그것을 여호와 하나님 앞에서 잡아야 한다. 그리고 기름 부음을 받은 제사장은 그 송아지의 피를 가지고 회막 안으로 들어가야 한다. 그는 손가락으로 그 피를 찍어 휘장 앞에 일곱 번 뿌리게 된다. 그 후 향단 뿔에 피를 찍어 발라야 한다. 그리고는 피 전부를 회막문 앞 번제단 밑에 쏟아 부어야 한다.

그리고 그 동물의 몸에 있는 기름은 전부 취하여 번제단 위에서 불살라 태워야 한다. 또한 범죄한 제사장의 속죄제의 경우와 마찬가지로 나머지 부위들은 진 바깥에 가져다가 불로 태워 버려야 한다. 제사장이 회중의 죄를 속하기 위해 그렇게 함으로써 백성들이 하나님으로부터 용서받게 된다.

오늘날 우리 시대에도 교회에 속한 교인들이 자신의 죄를 인식하지 못한 채 부지중에 범죄하는 예들이 많이 있다. 그럴 경우 집단적인 무서운 죄에 빠져 있으면서도 전혀 자각을 하지 못한다. 하나님의 자녀들은 신앙적인 삶 가운데서 예수 그리스도의 사역을 통해 모든 죄의 고백을 동반하지 않으면 안 된다. 그러므로 모든 성도들은 말씀을 통한 공적인 자기 성찰을 게을리하지 않도록 해야 한다.

3. 족장을 위한 속죄제 (22-26)

이스라엘 민족의 족장이 하나님께서 금지하신 법령 가운데 하나라도 부지중에 범하였다가 나중에 그에 대한 깨우침을 받게 되면 흠 없는 수염소를 예물로 바쳐야 한다. 그는 수염소의 머리에 손을 얹어 안수하고 회막문 여호와 앞 번제희생을 잡는 곳에서 그 속죄제물을 잡아야 한다.

제사장은 그가 잡은 속죄 희생의 피를 손가락에 찍어 번제단 뿔에 바르고 나머지는 번제단 밑에 쏟아야 한다. 그리고 그 동물의 모든 기름은 화목제 희생의 기름과 마찬가지로 번단 위에서 불살라야 한다. 그렇게 함으로써 제사장은 그를 위해 속죄하여 그가 범한 죄를 용서받게 된다.

여기에는 앞의 경우들과 몇 가지 차이를 보이고 있다. 그것은 하나님을 섬기는 제사장과 온 회중이 부지중에 범하는 죄의 경우 수송아지를 바친

데 반해 족장들의 경우에는 수염소를 잡아 바쳤다는 점이다. 그리고 제사
장과 온 백성이 범죄한 경우 제물의 피를 성소 안으로 가지고 들어가 휘장
앞에 뿌린데 반해 족장의 경우는 그렇지 않았다.

　이는 성소에서 봉사하는 제사장의 범죄와 전체 백성이 범한 죄가 족장
들의 범죄보다 상대적으로 과중하다는 사실을 말해주고 있다. 하지만 그
렇다고 해서 족장의 죄는 가볍게 다스려야 한다는 말은 아니다. 우리는 여
기서 제사장과 전체 회중을 통한 죄의 파급성과 무디어짐으로써 발생하는
치명적인 영향력에 대해 생각해 보게 되는 것이다.

4. 일반 백성을 위한 속죄제 (27-35)

　만일 일반 백성들 가운데 한 사람이 부지중에 범죄하여 허물이 있다가
나중에 그것을 깨닫게 되면 흠없는 암염소를 회막문 앞으로 가지고 와서
하나님께 예물로 바쳐야 한다. 이는 고의적으로 범죄한 경우와는 확연히
구별된다. 그런 자는 부지중에 범죄했기 때문에 자신의 죄를 미처 깨닫지
못할 수가 있다. 즉 자신의 허물을 깨닫지 못하고 있다가 나중에 그 사실을
깨닫고 속죄받기를 원하게 되는 것이다.

　제사장은 부지중에 죄를 저지른 사람의 속죄를 위해 죽인 암염소의 피
를 손가락에 찍어 번제단 뿔에 바르고 그 피는 번제단 밑에 쏟아야 하다.
그리고 그 모든 기름은 화목제 희생의 기름같이 단 위에 불살라야 한다. 제
사장은 규례에 따라 그 사람을 위해 속죄함으로써 그의 죄를 용서받게 되
는 것이다.

　제사장과 전체 회중이 범죄한 경우 수송아지를 예물로 바치고, 족장들
이 범죄했을 때는 수염소를 잡아 바친데 반해 일반 백성의 경우에는 흠없
는 암염소나 어린양을 바쳐야 하는 특색을 지니고 있다. 또한 제사장과 온
백성의 죄를 사하기 위해 제물의 피를 성소 안으로 가져 간 것과는 달리 일

반 백성이 범죄했을 때는 그렇게 하지 않았다.

5. 속죄제를 드려야 할 자들에게 차등적인 요구를 한 이유

앞에서 본 것처럼 속죄제를 드릴 때는 범죄한 자의 신분에 따라 차이가 났으며, 개인과 집단에 따라서도 상당한 차이가 났다. 그것은 이스라엘 백성 전체에 미치게 될 영향력에 연관되어 있다. 우리는 그에 관한 핵심적인 규례를 간단하게 요약 정리해 볼 수 있다.

하나님의 성소에서 섬기는 제사장이 범죄했을 경우에는 흠없는 수송아지를 죽여 제물로 바쳐야 했다. 제사장은 그 동물의 피를 성소 안으로 가지고 들어가 휘장 앞에 일곱 번 뿌렸다. 그리고 남은 피를 향단 뿔에 발랐다.

또한 이스라엘 모든 회중이 부지중에 범죄했을 때도 제사장이 범죄했을 때와 마찬가지로 흠없는 수송아지를 죽여 제물로 바쳐야 했다. 그 제사를 담당한 제사장은 동물의 피를 성소 안으로 가지고 들어가 휘장 앞에 일곱 번 뿌려야 했다. 그런 후에 그 남은 피를 향단 사면에 달린 뿔에 발랐다.

그리고 족장들 가운데 한 사람이 범죄했을 경우에는 송아지가 아니라 흠 없는 수염소를 잡아 제물로 바쳐야 했다. 그러나 그 피를 성소 안으로 가지고 들어가지는 않았다. 즉 제사장이나 온 회중의 죄보다 상대적으로 경하게 취급받았다는 것이다.

또한 일반 백성들 가운데 한 사람이 부지중에 범죄했을 경우에는 흠없는 암염소나 어린양을 제물로 바쳐야 했다. 하지만 그 피를 성소 안으로 가지고 들어가지 않았다. 우리가 기억해야 할 바는 그 모든 경우의 공통점은 범죄하여 제물을 바치는 사람 혹은 민족 대표자들이 그 동물의 머리 위에 손을 얹어 안수한 후 직접 잡았다는 사실이다.

이 가운데는 신약시대 교회에도 주의 깊게 적용해야 할 교훈적 내용이 들어 있다. 오늘날 우리 시대에도 교회에 속한 자들이 범죄할 때 그 책임 정도나 범위에 대한 차등적인 성격을 지니고 있는 것이다. 의도적으로 악을 행해 그 범죄 사실을 알고 있는 경우가 있는가 하면 자신의 범죄 사실을 전혀 인식하지 못하는 경우도 있다.

그리고 동일한 범죄를 저지른다 할지라도 어떤 직분과 지위에 놓여 있는 자가 범죄했는가에 따라 달리 다스려져야 한다. 즉 교회에서 감독직분을 맡은 자의 범죄는 동일한 범죄 내용이라 할지라도 일반 성도들보다 훨씬 중한 것으로 간주하지 않으면 안 된다.[12] 즉 지도자들의 범죄를 더욱 엄중하게 다스리지 않으면 신앙이 어린 사람들은 그것을 대수롭지 않게 여겨 죄에 대해 무디어질 우려가 있기 때문이다.

또한 우리 시대에도 하나님 앞에서의 집단 종교사회적인 범죄에 대해 여간 민감하게 살피지 않으면 안 된다. 여러 사람 혹은 동시대 동일 지역에 살고 있는 사람들 전체가 시대적 유행에 따른 죄악에 빠져 있다면 그것이 얼마나 무서운 죄인지 분별하기 어려운 상태에 놓이게 된다. 그러므로 성숙한 성도들은 항상 그에 대해 민감한 자세를 유지해야 한다. 기록된 말씀을 통해 그 죄를 깨닫게 되면 그것을 중하게 다루어야 한다.

일반 교인들이 어떤 범죄를 저지른다면 교회 지도자들의 경우와는 달리 형편에 따라 관대한 자세를 가질 수 있다. 그렇지만 그것은 결코 저들이 범한 죄를 가볍게 여겨도 좋다는 의미가 아니다. 교회는 그것을 규례에 따라 엄하게 다스림으로써 그 당사자에게 회개의 기회와 더불어 깨달음을 주어야 할 뿐 아니라 주변의 모든 성도들을 보호해야 한다.

하나님 앞에 저질러지는 모든 범죄행위는 반드시 말씀을 통해 지적되고

---

12) 교회의 목사가 잘못된 신앙의 본을 보인다면 모든 교인들이 그것을 따라할 우려가 따른다. 또한 그가 성경에서 벗어난 잘못된 가르침을 베푼다면 온 교인이 잘못된 지식을 가지게 될 수 있다. 이는 장님이 장님을 인도하는 것과 같다. 즉 잘못된 지도자들은 모든 교인을 잘못된 길로 인도할 우려가 있는 것이다. 그러므로 목사를 비롯한 감독의 범죄는 더욱 중하게 다루지 않으면 안 된다.

해결되어야 한다. 구약시대에는 정해진 규례에 따라 제물을 바침으로써 하나님으로부터 용서를 받았지만 신약시대에는 단번에 드려진 참 제물이신 예수 그리스도를 통해 모든 죄를 용서 받게 된다. 교회는 이에 대한 명확한 깨달음을 가지고 죄와 허물의 문제에 접근해 가야 하는 것이다.

제5장

속죄제와 속건제에 관한 율례 (레 5:1-19)

1 누구든지 증인이 되어 맹세시키는 소리를 듣고도 그 본 일이나 아는 일을 진술치 아니하면 죄가 있나니 그 허물이 그에게로 돌아갈 것이요

2 누구든지 부정한 들짐승의 사체나 부정한 가축의 사체나 부정한 곤충의 사체들 무릇 부정한 것을 만졌으면 부지중에라 할지라도 그 몸이 더러워져서 허물이 있을 것이요

3 혹시 부지중에 사람의 부정에 다닿쳤는데 그 사람의 부정이 어떠한 부정이든지 그것을 깨달을 때에는 허물이 있을 것이요

4 혹 누구든지 무심중에 입으로 맹세를 발하여 악을 하리라 하든지 선을 하리라 하면 그 사람의 무심중에 맹세를 발하여 말한 것이 어떠한 일이든지 깨닫지 못하다가 그것을 깨달을 때에는 그 중 하나에 허물이 있을 것이니

5 이 중 하나에 허물이 있을 때에는 아무 일에 범과하였노라 자복하고

6 그 범과를 인하여 여호와께 속건제를 드리되 양 떼의 암컷 어린양이나 염소를 끌어다가 속죄제를 드릴 것이요 제사장은 그의 허물을 위하여 속죄할지니라

7 만일 힘이 어린양에 미치지 못하거든 그 범과를 속하기 위하여 산비둘기 둘이나 집비둘기 새끼 둘을 여호와께로 가져가되 하나는 속죄제물을 삼고 하나는 번제물을 삼아

8 제사장에게로 가져갈 것이요 제사장은 그 속죄제물을 먼저 드리되 그 머리를 목에서 비틀어 끊고 몸은 아주 쪼개지 말며

9 그 속죄제물의 피를 단 곁에 뿌리고 그 남은 피는 단 밑에 흘릴 찌니 이는 속죄제요

10 그 다음 것은 규례대로 번제를 드릴찌니 제사장이 그의 범과를 위하여 속한즉 그가 사함을 얻으리라

11 만일 힘이 산비둘기 둘이나 집비둘기 둘에도 미치지 못하거든 그 범과를 인하여 고운 가루 에바 십분 일을 예물로 가져다가 속죄제물로 드리되 이는 속죄제인즉 그 위에 기름을 붓지 말며 유향을 놓지 말고

12 그것을 제사장에게로 가져갈 것이요 제사장은 그것을 기념물로 한 움큼을 취하여 단 위 여호와의 화제물 위에 불사를찌니 이는 속죄제라

13 제사장이 그가 이 중에 하나를 범하여 얻은 허물을 위하여 속한 즉 그가 사함을 얻으리라 그 나머지는 소제물 같이 제사장에게 돌릴찌니라

14 여호와께서 모세에게 일러 가라사대

15 누구든지 여호와의 성물에 대하여 그릇 범과하였거든 여호와께 속건제를 드리되 너의 지정한 가치를 따라 성소의 세겔로 몇 세겔 은에 상당한 흠 없는 수양을 떼 중에서 끌어다가 속건제로 드려서

16 성물에 대한 범과를 갚되 그것에 오분 일을 더하여 제사장에게 줄 것이요 제사장은 그 속건제의 수양으로 그를 위하여 속한즉 그가 사함을 얻으리라

17 만일 누구든지 여호와의 금령 중 하나를 부지중에 범하여도 허물이라 벌을 당할 것이니

18 그는 너의 지정한 가치대로 떼 중 흠 없는 수양을 속건 제물로 제사장에게로 가져올 것이요 제사장은 그의 부지중에 그릇 범한 허물을 위하여 속한즉 그가 사함을 얻으리라

19 이는 속건제니 그가 실로 여호와 앞에 범과함이니라

1. 속죄제가 요구되는 행위와 그 규례 (1-13)

타락한 인간은 본성적으로 이기적인 성향을 지니고 있기 때문에 항상 자기변호와 방어를 하기에 급급하다. 그러므로 여러 사람이 더불어 살아가는 사회에서는 개인의 행위에 대한 정당성을 단독으로 증언할 수 없는 경우가 많다. 경우에 따라서는 보는 관점에 따라 전혀 다른 해석을 내릴 수도 있다. 따라서 그에 대한 증언을 하는 다른 누군가가 있다면 그의 말이 증거의 역할을 할 수 있게 된다.

이에 대해서는 언약의 민족인 이스라엘 백성 가운데서도 동일하게 적용될 수 있는 문제였다. 하지만 그것은 이방인들이 자기 평계를 늘어놓는 경우와 동일한 관점에서 말하는 것은 아니다. 즉 하나님을 경외하는 백성들은 모세가 전한 구체적인 규례를 근간으로 해야 한다는 특색을 지니고 있었다.

하나님을 경외하는 사람들은 어떤 사실에 대해 눈과 귀로 보고 들은 내용을 그대로 증언해야 할 의무를 지닌다. 그렇게 하지 않으면 가해자와 피해자가 뒤바뀔 우려가 있다. 나아가 그것을 가볍게 여기면 이스라엘 민족을 순결하게 지키지 못하게 될 수 있다. 그러므로 만일 어떤 사람이 증인이 되어야 하고, 맹세와 더불어 증인이 되라는 요구를 듣고도 그 본 일이나 아는 내용을 사실대로 진술하지 않는 것은 그에게 죄가 된다.

그리고 모든 이스라엘 민족은 자신의 몸을 정결하게 유지해야 할 의무가 있다. 의도하지 않은 채 무의식중이라 할지라도 부정하게 될 수 있다는 사실을 기억해야 한다. 만일 부정한 들짐승이나 가축의 사체, 혹은 더러운 곤충의 시체를 비롯한 부정한 것들을 부지중에라도 접촉하게 되면 그의 몸이 더러워져 허물이 있게 되는 것이다.

또한 자기도 모르는 사이에 부정하게 된 어떤 사람의 몸에 닿았다면 그가 어떤 경로를 통해 부정하게 되었든지간에 그 사실을 알게 될 경우에는

부정하게 된다. 그렇지만 그가 신체적으로 접촉한 그 사람이 부정하다는
사실을 깨닫지 못하고 있다면 아무런 허물이 없다. 이는 사람이 부정하게
되는 것이 표면적인 이유나 실제적인 행위를 넘어 개인적인 인지여부에
달려 있다는 특색을 지니고 있다.

따라서 부정에 관한 문제는 반드시 하나님께서 정해주신 규례에 따라
해결해야만 한다. 그것을 처리하지 않고 그냥 내버려 두게 되면 마치 누룩
처럼 전체적으로 퍼져나갈 수밖에 없다. 따라서 그것을 방치하여 정결케
하지 않으면 개인의 허물이 될 뿐 아니라 하나님에 대한 모욕이 된다. 민수
기에는 특별히 정결케 하는 물水에 관한 기록이 나타나고 있다. 이는 역시
성소와 연관되어 있는 문제이다.

> "사람이 부정하고도 스스로 정결케 아니하면 여호와의 성소를 더럽힘이
> 니 그러므로 총회 중에서 끊쳐질 것이니라 그는 정결케 하는 물로 뿌리움을
> 받지 아니하였은즉 부정하니라 이는 그들의 영영한 율례니라 정결케 하는
> 물을 뿌린 자는 그 옷을 빨 것이며 정결케 하는 물을 만지는 자는 저녁까지
> 부정할 것이며 부정한 자가 만진 것은 무엇이든지 부정할 것이며 그것을 만
> 지는 자도 저녁까지 부정하리라" (민 19:20-22)

민수기의 본문에서는 물로 정화되는 과정이 특별히 기록되어 있다.[13]
이처럼 이스라엘 백성은 부정한 것에 감염되거나 퍼져나가지 않도록 항상
주의를 기울여야 한다. 만일 부정하게 되었다면 규례에 따라 그것을 정하
게 해야만 한다. 그것을 기피하거나 덮어두려는 사람이 있다면 그는 하나
님을 멸시하는 자로서 언약의 민족인 이스라엘로부터 끊어지게 된다.

---

13) 이 내용은 신약시대의 세례와 연관하여 이해할 수 있다. 물론 신약교회의 세
례가 개별 성도들에게 단회적이며 영구적인 성격을 지니고 있는데 반해 구약시
대 이스라엘의 물로 정결케 하는 의식은 되풀이 되는 성격을 지니고 있다. 그럼에
도 불구하고 우리는 '정결케 하는 물'의 의미를 동일한 관점에서 이해할 수 있다
(엡 5:26, 참조).

그리고 어떤 사람이 별 생각없이 맹세하는 말을 입술로 내뱉은 후 그 사실을 잊어버렸다가 나중에 깨닫게 되면 그 맹세를 어긴 것으로 말미암아 허물이 있게 된다. 그런 일이 있을 경우에는 자신의 허물을 하나님 앞에 자복하고 그것을 용서받기 위해 속건제를 드려야 한다. 그때는 암컷인 어린 양이나 염소를 속죄제로 드려야 한다.

제사장은 그 동물로써 하나님께 속건제를 드려 그의 죄를 속하게 된다. 만일 그 사람이 어린양이나 염소를 바칠 만한 여력이 없다면 그 범과를 용서받기 위해 산비둘기 두 마리나 집비둘기 새끼 두 마리를 여호와 하나님께 가져가야 한다. 그 가운데 한 마리는 속죄제물로 삼고 다른 한 마리는 번제물을 삼게 된다.

제사장은 그 속죄제물로 선택된 것을 먼저 하나님께 드리되 그 머리를 목에서 비틀어 끊어야 한다. 그러나 그 새의 몸은 완전히 쪼개 분리해서는 안 되며 서로 붙어있도록 남겨 두게 된다. 제사장은 그 속죄제물의 피를 번제단 곁에 뿌리고 그 남은 피는 단 밑에 쏟아 부어 흘려야 한다. 그리고 나머지 한 마리는 제사장이 하나님 앞에서 규례에 따라 번제를 드려야 한다.

만일 그 사람이 산비둘기 두 마리나 집비둘기 두 마리를 바칠 힘에도 미치지 못한다면 그 허물을 속하기 위해 곡물을 바쳐야 한다. 즉 고운 가루 에바 십분의 일을 예물로 가져다가 속죄제물로 드릴 수 있다. 그 속죄제를 드릴 때는 예물로 준비한 가루 위에 기름을 붓거나 유향을 얹어서는 안 된다.

제사장은 그것을 기념물로서 한 움큼 취하여 번제단 위 여호와 하나님의 화제물 위에서 불살라야 한다. 이는 하나님께 곡물로 드리는 속죄제가 된다. 그때 불살라 드리고 남은 것은 다른 소제물과 마찬가지로 제사장에게 돌려져야 한다.

이와 같이 정해진 규례를 무시하고 아무런 생각없이 헛맹세를 한 사람의 죄를 속하기 위해서는 반드시 제사의례를 행해야 한다. 그렇게 함으로써 헛맹세로 말미암아 죄를 범한 그 사람이 용서받게 된다. 우리는 여기서 범죄한 자와 제사장의 역할이 분담되어 있다는 점을 알 수 있다. 또한 개인의 역량과 객관적인 형편에 따라 동물이나 새나 곡물을 제물로 바칠 수 있도록 허락된다는 사실을 보게 된다.

2. 속건제에 대하여 (14-19)

하나님께서는 모세에게, 성소와 연관하여 마련된 거룩한 성물에 대하여 실책을 범할 경우에는 여호와 하나님께 속건제를 드려야 한다는 사실을 말씀하셨다. 정해진 규례에 따라 제작된 모든 성물은 하나님께 속하게 되었다. 이는 그것들이 인간이 아닌 하나님의 소유라는 사실을 말해주고 있다.

그러므로 어느 누구도 감히 하나님의 성물을 아무렇게나 취급해서는 안 된다. 만일 그런 자가 있다면 그는 하나님을 멸시하는 것과 마찬가지다. 설령 전혀 의도하지 않은 상태에서 그 사람이 성물에 대해 경거망동한 행동을 했다고 할지라도 하나님의 말씀을 어긴 죄가 발생하게 된다.

따라서 어떤 사람이 성물에 대해 그릇되게 행했다면 하나님 앞에서 그것을 위한 속죄를 해야만 한다. 그것으로 인해 속건제를 드릴 경우에는 규례에 따라 행해야 한다. 즉 모세의 율법이 정한 가치에 따라 성소의 세겔로 계산된 은에 상당하는 흠 없는 수양을 끌고 와서 속건제를 드려야 하는 것이다.

여기서 드러나는 속건제의 두드러진 특색 가운데 하나는 하나님께 바쳐야 할 제물에 보상을 위한 가격이 매겨지고 있다는 점이다. 또 다른 특색은, 성물을 잘못 취급하여 범죄한 실책에 대한 것을 갚되 원래의 것에 오분의 일을 더해 제사장에게 주어야 한다는 사실이다. 그런 모든 과정을

거쳐 제사장은 그 속건제의 수양을 바침으로써 그의 범과를 속해 용서받
게 된다.

그리고 만일 누구든지 여호와 하나님의 금령 가운데 하나를 부지중에
범하게 된다면 그것이 저의 허물이 되어 벌을 받게 된다. 그 경우에도 모세
의 율법이 정한 값어치에 따라 흠 없는 수양을 속건 제물로 제사장에게 가
져와야 한다. 제사장은 제사를 통해 그 사람이 부지중에 범한 허물을 속함
으로써 사함을 받게 된다.

우리는 여기서 인식하지 못한 상태라 할지라도 어떤 사람이 하나님의
금령 가운데 하나를 어기게 되면 그것이 하나님 앞에 악을 범한 것이 된다
는 사실을 보게 된다. 즉 그것은 자신이나 이웃 혹은 이스라엘 민족의 정결
을 해칠 뿐 아니라 하나님에 대항하는 죄가 되는 것이다. 그러므로 범죄자
는 제사장의 사역과 규례에 따라 하나님께 속건제를 드리지 않으면 안 된
다.

제6장

속건제, 번제, 소제, 속죄제 : 제사음식에 관한 규례 (레 6:1-30)

1 여호와께서 모세에게 일러 가라사대

2 누구든지 여호와께 신실치 못하여 범죄하되 곧 남의 물건을 맡거나 전당 잡거나 강도질하거나 늑봉하고도 사실을 부인하거나

3 남의 잃은 물건을 얻고도 사실을 부인하여 거짓 맹세하는 등 사람이 이 모든 일 중에 하나라도 행하여 범죄하면

4 이는 죄를 범하였고 죄가 있는 자니 그 빼앗은 것이나 늑봉한 것이나 맡은 것이나 얻은 유실물이나

5 무릇 그 거짓 맹세한 물건을 돌려 보내되 곧 그 본물에 오분 일을 더하여 돌려 보낼 것이니 그 죄가 드러나는 날에 그 임자에게 줄 것이요

6 그는 또 그 속건제를 여호와께 가져 올찌니 곧 녀의 지정한 가치 대로 떼 중 흠 없는 수양을 속건 제물을 위하여 제사장에게로 끌어 올 것이요

7 제사장은 여호와 앞에서 그를 위하여 속죄한즉 그는 무슨 허물이든지 사함을 얻으리라

8 여호와께서 모세에게 일러 가라사대

9 아론과 그 자손에게 명하여 이르라 번제의 규례는 이러하니라 번제물은 단 윗 석쇠 위에 아침까지 두고 단의 불로 그 위에서 꺼지지 않게 할 것이요

10 제사장은 세마포 긴 옷을 입고 세마포 고의로 하체를 가리우고 단 위에서 탄 번제의 재를 가져다가 단 곁에 두고

11 그 옷을 벗고 다른 옷을 입고 그 재를 진 바깥 정결한 곳으로 가져갈 것이요

12 단 위에 불은 항상 피워 꺼지지 않게 할찌니 제사장은 아침마다 나무를 그 위에 태우고 번제물을 그 위에 벌여 놓고 화목제의 기름을 그 위에 사를찌며

13 불은 끊이지 않고 단 위에 피워 꺼지지 않게 할찌니라

14 소제의 규례는 이러하니라 아론의 자손은 그것을 단 앞 여호와 앞에 드리되

15 그 소제의 고운 기름 가루 한 움큼과 소제물 위의 유향을 다 취하여 기념물로 단 위에 불살라 여호와 앞에 향기로운 냄새가 되게 하고

16 그 나머지는 아론과 그 자손이 먹되 누룩을 넣지 말고 거룩한 곳 회막 뜰에서 먹을찌니라

17 그것에 누룩을 넣어 굽지 말라 이는 나의 화제 중에서 내가 그들에게 주어 그 소득이 되게 하는 것이라 속죄제와 속건제같이 지극히 거룩한즉

18 무릇 아론 자손의 남자는 이를 먹을찌니 이는 여호와의 화제 중에서 그들의 대대로 영원한 소득이 됨이라 이를 만지는 자마다 거룩하리라

19 여호와께서 모세에게 일러 가라사대

20 아론과 그 자손이 기름 부음을 받는 날에 여호와께 드릴 예물은 이러하니라 고운 가루 에바 십분 일을 항상 드리는 소제물로 삼아 그 절반은 아침에, 절

반은 저녁에 드리되

21 그것을 기름으로 반죽하여 번철에 굽고 기름에 적시어다가 썰어서 소제로 여호와께 드려 향기로운 냄새가 되게 하라

22 이 소제는 아론의 자손 중 기름 부음을 받고 그를 이어 제사장 된 자가 드릴 것이요 영원한 규례로 여호와께 온전히 불사를 것이니

23 무릇 제사장의 소제물은 온전히 불사르고 먹지 말찌니라

24 여호와께서 모세에게 일러 가라사대

25 아론과 그 아들들에게 고하여 이르라 속죄제의 규례는 이러하니라 속죄제 희생은 지극히 거룩하니 여호와 앞 번제 희생을 잡는 곳에서 그 속죄제 희생을 잡을 것이요

26 죄를 위하여 제사드리는 제사장이 그것을 먹되 곧 회막 뜰 거룩한 곳에서 먹을 것이며

27 무릇 그 고기에 접촉하는 자는 거룩할 것이며 그 피가 어떤 옷에든지 묻었으면 묻은 그것을 거룩한 곳에서 빨 것이요

28 그 고기를 토기에 삶았으면 그 그릇을 깨뜨릴 것이요 유기에 삶았으면 그 그릇을 닦고 물에 씻을 것이며

29 그 고기는 지극히 거룩하니 제사장의 남자마다 먹을 것이니라

30 그러나 피를 가지고 회막에 들어가 성소에서 속하게 한 속죄제 희생의 고기는 먹지 못할찌니 불사를찌니라

1. 이웃에 대한 범죄와 속건제 (1-7)

하나님의 자녀가 경건하고 신실한 자세를 유지해야 하는 것은 지극히 당연하다. 모든 인간은 잠시도 하나님의 눈길을 피할 수 없다. 그러므로 교회에 속한 성도들은 언제 어디서든지 자기와 함께 계시는 하나님을 기억하며 살아가게 된다. 만일 하나님의 자녀라 주장하는 어떤 사람이 이웃에 대해 신실하지 못한 행동을 되풀이하면서도 아무런 거리낌이 없다면 저의 신앙을 의심하지 않을 수 없다.

하나님께서는 모세에게 그런 악한 자들에 연관된 말씀을 하셨다. 어떤 사람이 다른 사람의 물건을 맡거나 전당잡거나 강도질하거나 착취하고도 그 사실을 부인한다면 하나님을 아는 자라 할 수 없다. 또한 남이 잃어버린 물건을 주워 가지고 있으면서도 그것을 부인하며 거짓 맹세를 하는 것은 악한 행위다. 이와 같은 모든 행위는 인간뿐 아니라 하나님 앞에서 저지르는 범죄행위가 된다.

위에 언급된 것과 같은 악행을 저지른 자들은, 모세의 율법에 정해진 규례에 따라 처음의 것에 상당부분을 더해 원래의 임자에게 되돌려 주어야 한다. 즉 그 악행이 드러나게 될 경우에는 빼앗은 것이나 착취한 것이나 맡은 것이나 우연히 줍게 된 유실물이나 그 거짓 맹세한 물건을 임자에게 되돌려 보낼 때 원래의 값어치에 오분의 일을 더하여 돌려보내야 하는 것이다.

신명기에는 이에 연관하여 일반 백성들의 적극적인 선한 행동을 요구하는 내용이 기록되어 있다. 즉 언약의 자손들은 단순히 다른 사람의 것을 빼앗거나 강도질하거나 잃어버린 것을 가로채는 행위를 하지 않는 것에 그쳐서는 안 된다. 그들은 도리어 그와 연관된 어려움을 당하는 이웃을 위해 적극적인 도움을 주어야만 한다. 모세 율법에는 그에 대한 구체적인 내용이 기록되어 있다.

　"네 형제의 우양의 길 잃은 것을 보거든 못 본체 하지 말고 너는 반드시 끌어다가 네 형제에게 돌릴 것이요 네 형제가 네게서 멀거나 네가 혹 그를 알지 못하거든 그 짐승을 네 집으로 끌고 와서 네 형제가 찾기까지 네게 두었다가 그에게 돌릴찌니 나귀라도 그리하고 의복이라도 그리하고 무릇 형제의 잃은 아무 것이든지 네가 얻거든 다 그리하고 못 본체 하지 말 것이며 네 형제의 나귀나 소가 길에 넘어진 것을 보거든 못 본체 하지 말고 너는 반드시 형제를 도와서 그것을 일으킬찌니라"(신 22:1-4)

　신명기에 기록된 내용은 이웃의 것에 대해 적극적으로 지켜주고 보호해 주어야 할 의무가 성도들에게 있다는 사실을 말해주고 있다. 즉 남의 물건을 빼앗거나 자기의 것으로 착취하는 행위를 하지 않는 것으로 만족할 것이 아니라 물건이나 동물로 말미암아 어려움을 당한 이웃을 외면하지 말아야 한다. 만일 그에 대해 소홀한 자세를 가진다면 그것은 죄를 짓는 행위가 된다.

　우리가 여기서 기억해야 할 바는 그와 같은 악한 행위는 인간 당사자뿐 아니라 하나님께 범죄한 것이 된다는 사실이다. 일반적인 관점에서 본다면 어떤 사람에게 잘못한 일이 있다면 상당부분을 더해 변상해 줌으로써 문제가 해결되는 것으로 이해할 수 있다. 즉 일반적인 법 원리에서 볼 때 그것을 통해 자신이 범한 잘못에 대한 책임을 다한 것으로 볼 수도 있는 것이다.

　그러나 문제는 그와 같은 악행이 피해를 입게 된 당사자뿐 아니라 하나님께 대한 범죄가 된다는 점을 기억하지 않으면 안 된다는 사실이다. 하나님께 범한 죄는 인간들에게 적법하게 변상하거나 사과를 한다고 해서 모든 것이 끝나지 않는다. 또한 그에 대한 법적인 외형상의 징벌을 받았다고 해서 완전하게 종결되는 것도 아니다.

　그러므로 그런 악한 행위를 통해 하나님께 범죄한 자는 여호와 하나님 앞으로 속건제물을 가져와야 한다. 그것은 모세의 율법이 정한 값어치대로 흠 없는 수양을 속건제물로써 제사장에게 끌고 와야 하는 것이다. 제사장은 하나님 앞에서 그 사람을 위해 속죄하게 되며 그것을 통해 그의 모든 허물이 사함 받게 된다.

우리는 이 규례를 통해 우리 자신의 모습을 냉철하게 되돌아 볼 수 있어야 한다. 우리가 이웃에 대해 범죄하는 것은 단순히 인간들에 대한 범죄일 뿐 아니라 하나님에 대한 범죄행위가 된다. 설령 이웃에 대한 잘못을 깨닫게 되어 그것을 진정으로 뉘우치고 그에게 진정으로 사과한다고 할지라도 하나님께 범한 죄는 그대로 남아 있다.

따라서 어떤 악행을 범한 자가, 그것은 사람에 대한 잘못일 뿐 하나님 앞에서 범죄한 것은 아니라고 주장해서는 안 된다. 그와 같은 행위는 하나님의 율법을 어긴 행위로서 하나님께 범죄한 것이 되기 때문이다. 따라서 그 죄를 용서받기 위해서는 상대방 당사자뿐 아니라 하나님께 회개해야 한다. 물론 구약시대에는 그 모든 죄들이 제사장을 통해 속건제를 드림으로써 해결되었듯이, 우리 시대에는 예수 그리스도를 통해 해결된다.

2. 번제에 관한 규례 (8-13)

하나님께서는 모세에게 번제에 관한 규례를 말씀하셨다. 그것은 아론과 그의 자손 제사장들이 분명히 알고 있어야 할 내용이었다. 나아가 그것은 제사장들만 알아야 할 비밀에 해당되는 것이 아니라 제사를 드리게 되는 일반 백성들도 그에 관한 규례를 어느 정도 알고 있어야 한다.[14] 만일 백

---

14) 여기에는 오늘날의 교회에도 생각해 교훈이 들어 있다. 하나님의 말씀은 물론 신앙고백서와 교리문답, 그리고 교회 헌법 등에 대한 지식은 모든 교인들이 어느 정도 잘 이해하고 있어야 한다. 즉 목사나 신학교 교수들만 그에 관한 내용들을 알고 일반 성도들은 몰라도 되는 것이 아니다. 만일 교인들이 그에 대한 지식이 전혀 없다면 교회의 지도자들이 종교적인 횡포를 부린다고 해도 막을 길이 없게 된다.

성들이 그에 대해 전적으로 무지하다면 제사장이 규례를 어겨 잘못한다고 해도 아무런 대응을 할 수 없게 된다.

하나님께 바치는 번제물은 단위의 석쇠 위에 아침까지 두고 단의 불이 그 위에서 꺼지지 않게 해야만 한다. 제사장은 세마포 긴 옷을 입고 세마포로 만들어진 속옷으로 하체를 가리고 단 위에서 탄 번제의 재를 가져다가 단 곁에 두어야 한다. 그리고는 그 옷을 벗고 다른 옷으로 갈아입고 그 재를 진 바깥 정결한 곳으로 가져 나가야 한다. 제사장의 의상은 그것 자체로서 거룩하기 때문이다.

> "제사장의 의복은 거룩하므로 제사장이 성소에 들어갔다가 나올 때에 바로 바깥 뜰로 가지 못하고 수종드는 그 의복을 그 방에 두고 다른 옷을 입고 백성의 뜰로 나갈 것이니라 하더라" (겔 42:14)

이와 같이 제사장의 의상은 거룩한 사역과 장소에 따라 구별되어야 했다. 즉 때에 따라 제사장들이 갖추어 입어야 할 복식 규례는 준수되어야 한다. 그것은 하나님 앞에서 뿐 아니라 일반백성들에게도 선언적인 의미를 지니고 있기 때문이다.

또한 거룩한 직책을 맡은 제사장이 번제단 위의 불이 항상 꺼지지 않도록 보존해야 하는데 그 직무는 매우 중요하다. 그들은 아침마다 나무를 그 위에 태우고 번제물을 그 위에 벌여 놓고 화목제의 기름을 그 위에 살라야 한다. 번제단의 불을 꺼지지 않도록 유지하는 것은 제사장들에게 맡겨진 필수적인 사역이었다.

우리가 여기서 알 수 있는 점은 구약시대의 제사장들은 일반적으로 생각하듯 그다지 고귀하고 고상한 활동만을 한 사람들이 아니었다는 사실이다. 그들은 칼을 잡고 동물을 죽였으며 아침마다 번제단 위에 나무를 태우는 일을 감당했다. 동물을 잡을 때는 손에 많은 피를 묻히지 않을 수 없었다. 또한 번제단 위에 나무를 태울 때는 많은 그을음을 뒤집어쓰기도 했을 것이 틀림없다.

오늘날 우리는 이에 대해 주의 깊은 생각을 하지 않으면 안 된다. 이 모든 것들은 장차 오시게 될 메시아 사역과 밀접하게 연관되어 있으며, 동시에 우리 시대의 직분과도 연관이 된다. 교회의 목사나 장로, 집사 직분자들은 고귀하고 고상한 활동을 하는 자들이 아니다. 오히려 매우 힘들고 험한 일들을 감당해야 할 자들이다. 오늘날 우리 시대에는 손에 피를 묻히거나 얼굴에 그을음을 뒤집어쓰는 것은 아니지만 여전히 우리는 그와 같은 직분 사역을 감당해야 할 형편 가운데 놓여 있는 것이다.

3. 소제에 관한 규례 (14-23)

아론의 자손 제사장들은 하나님 앞에 곡물을 소제를 바칠 때도 모세를 통해 허락된 규례에 따라 드려야만 한다. 하나님께 바치게 되는 소제의 고운 가루 한 움큼과 소제물 위의 유향을 다 취하여 기념물로 번제단 위에 불살라 여호와 하나님 앞에 향기로운 냄새가 되게 해야 하는 것이다.

그리고 소제로서 불태우고 나서 남은 음식은 아론과 그의 자손 제사장들이 먹게 된다. 그때는 누룩을 넣지 말고 정해진 장소인 거룩한 곳 회막 뜰에서 그 음식을 먹어야 한다. 그들은 거기에 누룩을 넣어 굽는 것을 금하는 규례를 지켜야만 한다.

또한 하나님께서는 자신의 화제 가운데 소제의 일부를 제사장들에게 주어 그 소득이 되게 하셨다. 우리는 여기서 제사장들의 소득에 연관된 규례를 엿볼 수 있다. 우선 성전에서 봉사하는 저들의 사역이 일종의 노동으로 인정되고 있었음을 알게 된다. 그들은 일반 백성들이 하나님께 바치는 소제물 가운데 일부를 소득으로 삼아 그것으로써 저들의 가족이 먹게 되었다.

속죄제물과 속건제물은 여호와 하나님 앞에서 지극히 거룩한 음식이었

기 때문에 아론 자손의 남자들이 먹게 되었다. 즉 그것은 아무나 먹어서는
안 되는 특별한 음식으로서 제사장 가족이 먹었다. 그들 가운데 제사장 직
분을 감당하지 않는 가족들도 그 음식을 먹을 수 있었다.

우리가 알게 되는 사실은 그 소제물은 거룩했기 때문에 그것을 만지고
먹는 자도 거룩하게 되었다는 점이다. 이는 부정한 것에 닿는 것 자체가 사
람을 부정하게 만들듯이 거룩한 것에 닿는 자체로서 그 사람을 거룩하게
만든다는 사실을 말해주고 있다. 즉 사람 자체도 중요하거니와 그가 어디
에 접촉하느냐 하는 점도 매우 중요하다. 따라서 제사장 가문은 그것을 통
해 거룩성을 유지해야만 했던 것이다.

이를 통해 오늘날 우리는 과연 무엇을 만지며 무엇에 닿은 삶을 살고 있
는지 주의 깊게 되돌아 볼 필요가 있다. 우리 시대에는 그것이 영적이며 정
신적인 면에 연관지어야 하겠지만 중요한 교훈적 의미를 남기고 있는 것
은 틀림없다. 즉 인간들이 예수 그리스도와 그에 연관된 것에 닿게 되면 거
룩하게 되지만 세상의 오염된 것들에 접촉이 되면 부정하게 될 수밖에 없
다.

우리는 또한 소제물들 가운데 남은 음식은 제사장 가문인 아론의 자손
들을 위한 대대의 소득이 되었다는 사실을 기억해야 한다. 소제물 자체는
아론 자손 제사장들과 남자들이 먹을 수 있었지만, 아론의 후손이라 할지
라도 여성들에게는 그것이 제한적이었던 것으로 보인다(레 6:18). 하나님께
서는 여기서 남성과 여성이 구별된다는 사실을 분명히 보여주고 계신다.

또한 하나님께서는 모세에게 아론의 자손 제사장들의 위임식에 연관된
규례를 주셨다. 그들은 기름부음을 받아 구별되는 날 여호와 하나님께 예
물을 드려야 한다. 그것은 고운 가루 에바 십분의 일 즉 한 오멜(출 16:36)[15]

---

15) 한 오멜은 이스라엘 백성이 하루 먹는 식량에 해당되는 양이었다(출 16:16).
하나님께서는 법궤 안에 만나 한 오멜을 담아 보관하도록 요구하셨다(출 16:
32,33).

을 바쳐야 하는데, 날마다 드리는 상번제의 소제물로 삼아 그 절반은 아침
에 드리고 나머지 절반은 저녁에 드려야 한다. 그때는 그것을 기름으로 반
죽하여 번철에 굽고 기름에 적셨다가 썰어서 소제로 하나님께 드림으로써
향기로운 냄새가 되도록 해야 한다.

이와 같은 소제는 아론의 자손들 가운데 기름부음을 받고 그를 계승해
제사장이 된 자들이 드려야 할 제사이다. 그 제사는 이스라엘 민족 가운데
유지되어야 할 영원한 규례로써 하나님께 온전히 불살라 드려야 한다. 그
것은 남김없이 다 불태워서 제사장은 물론 어느 누구도 먹어서는 안 된다.

4. 속죄제에 관한 율례 (24-30)

하나님께서는 모세에게 아론과 그의 후손 제사장들이 지켜야 할 속죄제
규례에 대해 말씀하셨다. 속죄제 희생은 하나님 앞에서 지극히 거룩한 것
이다. 그러므로 그 동물은 반드시 정해진 장소인 번제 희생을 잡는 곳에서
잡아야 한다.

제사장은 범죄한 사람의 죄를 속하기 위해 하나님께 제사를 드리고 나
서 그것을 먹어야 한다. 그 음식을 먹는 장소는 지정되어 있었으므로 아무
곳에서나 임의로 먹어서는 안 된다. 그 규례를 어기게 되면 모든 제사가 무
효화될 뿐 아니라 도리어 하나님께 저항하는 악한 행위가 된다.

따라서 그 음식은 반드시 회막 뜰에 마련된 거룩한 곳에서 먹어야만 한
다. 이는 거룩성에 대한 제사장과 제물의 일치성을 드러내 보여주고 있는
것으로 이해할 수 있다. 즉 하나님께 바쳐지는 그 희생제물을 먹음으로써
그와 연관하여 하나님을 섬기는 제사장과의 관계성을 드러내게 되는 것
이다.

또한 그 희생제물에 접촉하는 사람은 거룩하게 된다. 그러므로 만일 그
동물의 피가 어떤 사람의 옷에 묻게 되면 그것을 거룩한 장소에서 빨아야

한다. 즉 그 피를 밖으로 나가지 못하게 해야 하는 것이다. 이는 회막 뜰 울타리 밖에 있는 자들은 속죄제물의 피를 만질 수도 볼 수도 없다는 사실을 말해주고 있다.

그리고 그 희생제물의 고기를 흙으로 만든 토기에 삶았다면 그 그릇을 깨뜨려야 한다. 그리고 놋으로 된 유기鍮器에 삶았다면 그 그릇을 닦고 물에 씻어야 한다. 이는 희생제물의 어떤 것도 다른 것에 남겨 두어서는 안 된다는 의미를 지니고 있다. 따라서 지극히 거룩한 그 고기는 정해진 장소에서 제사장들이 먹을 수 있었던 것이다.

그렇지만 제사장이라 할지라도 모든 희생제물을 다 먹을 수 있었던 것은 아니다. 피를 가지고 회막 안으로 들어가 성소에서 죄를 속하게 한 속죄제물의 고기를 먹어서는 안 된다. 그 동물의 모든 고기는 반드시 불살라 태워야만 했던 것이다.

제7장

속건제와 화목제, 금령과 제사장의 분깃 (레 7:1-38)

1 속건제의 규례는 이러하니라 이는 지극히 거룩하니

2 번제 희생을 잡는 곳에서 속건제의 희생을 잡을 것이요 제사장은 그 피를 단 사면에 뿌릴 것이며

3 그 모든 기름을 드리되 곧 그 기름진 꼬리와 내장에 덮인 기름과

4 두 콩팥과 그 위의 기름 곧 허리 근방에 있는 것과 간에 덮인 꺼풀을 콩팥과 함께 취하고

5 제사장은 그것을 다 단 위에 불살라 여호와께 화제로 드릴 것이니라 이는 속건제요

6 지극히 거룩하니 이것을 제사장의 남자마다 먹되 거룩한 곳에서 먹을찌며

7 속건제나 속죄제는 일례니 그 제육은 속하는 제사장에게로 돌아갈 것이요

8 사람의 번제를 드리는 제사장 곧 그 제사장은 그 드린 번제물의 가죽을 자기가 얻을 것이며

9 무릇 화덕에 구운 소제물과 솥에나 번철에 만든 소제물은 그 드린 제사장에게로 돌아갈 것이니

10 무릇 소제물은 기름 섞은 것이나 마른 것이나 아론의 모든 자손이 평균히 분배할 것이니라

11 여호와께 드릴 화목제 희생의 규례는 이러하니라

12 만일 그것을 감사하므로 드리거든 기름 섞은 무교병과 기름 바른 무교전병과 고운 가루에 기름 섞어 구운 과자를 그 감사 희생과 함께 드리고

13 또 유교병을 화목제의 감사 희생과 함께 그 예물에 드리되

14 그 전체의 예물 중에서 하나씩 여호와께 거제로 드리고 그것을 화목제의 피를 뿌린 제사장들에게로 돌릴찌니라

15 감사함으로 드리는 화목제 희생의 고기는 드리는 그 날에 먹을 것이요 조금이라도 이튿날 아침까지 두지 말 것이니라

16 그러나 그 희생의 예물이 서원이나 자원의 예물이면 그 희생을 드린 날에 먹을 것이요 그 남은 것은 이튿날에도 먹되

17 그 희생의 고기가 제 삼일까지 남았으면 불사를찌니

18 만일 그 화목제 희생의 고기를 제 삼 일에 조금이라도 먹으면 그 제사는 열납되지 않을 것이라 드린 자에게도 예물답게 못되고 도리어 가증한 것이 될 것이며 그것을 먹는 자는 죄를 당하리라

19 그 고기가 부정한 물건에 접촉되었으면 먹지 말고 불사를 것이라 그 고기는 깨끗한 자만 먹을 것이니

20 만일 몸이 부정한 자가 여호와께 속한 화목제 희생의 고기를 먹으면 그 사람은 자기 백성 중에서 끊쳐질 것이요

21 만일 누구든지 부정한 것 곧 사람의 부정이나 부정한 짐승이나 부정하고 가증한 아무 물건이든지 만지고 여호와께 속한 화목제 희생의 고기를 먹으면 그 사람도 자기 백성 중에서 끊쳐지리라

22 여호와께서 모세에게 일러 가라사대

23 이스라엘 자손에게 고하여 이르라 너희는 소나 양이나 염소의 기름을 먹지 말 것이요

24 스스로 죽은 것의 기름이나 짐승에게 찢긴 것의 기름은 달리는 쓰려니와 결단코 먹지 말찌니라

25 사람이 여호와께 화제로 드리는 희생의 기름을 먹으면 그 먹는 자는 자기 백성 중에서 끊쳐지리라

26 너희의 모든 사는 곳에서 무슨 피든지 새나 짐승의 피를 먹지 말라

27 무슨 피든지 먹는 사람이 있으면 그 사람은 다 자기 백성 중에서 끊쳐지리라

28 여호와께서 모세에게 일러 가라사대

29 이스라엘 자손에게 고하여 이르라 화목제의 희생을 여호와께 드리려는 자는 그 화목제 희생 중에서 그 예물을 취하여 여호와께 가져오되

30 여호와의 화제는 그 사람이 자기 손으로 가져올찌니 곧 그 제물의 기름과 가슴을 가져올 것이요 제사장은 그 가슴을 여호와 앞에 흔들어 요제를 삼고

31 그 기름은 단 위에 불사를 것이며 가슴은 아론과 그 자손들에게 돌릴 것이며

32 또 너희는 그 화목제 희생의 우편 뒷다리를 제사장에게 주어 거제를 삼을 찌니

33 아론의 자손 중 화목제 희생의 피와 기름을 드리는 자가 그 우편 뒷다리를 자기의 소득으로 삼을 것이라

34 내가 이스라엘 자손의 화목제 중에서 그 흔든 가슴과 든 뒷다리를 취하여 제사장 아론과 그 자손에게 주었나니 이는 이스라엘 자손에게 받을 영원한 소득이니라

35 이는 여호와의 화제 중에서 아론에게 돌릴 것과 그 자손에게 돌릴 것이니 그들을 세워 여호와의 제사장의 직분을 행하게 한 날

36 곧 그들에게 기름 부은 날에 여호와께서 명하사 이스라엘 자손 중에서 그들에게 돌리게 하신 것이라 대대로 영원히 받을 소득 이니라

37 이는 번제와 소제와 속죄제와 속건제와 위임제와 화목제의 규례라

38 여호와께서 시내광야에서 이스라엘 자손에게 그 예물을 여호와께 드리라 명하신 날에 시내 산에서 이같이 모세에게 명하셨더라

1. 속건제에 관한 규례 (1-10)

속건제는 지극히 거룩하므로 정해진 하나님의 규례에 따르지 않으면 안 된다. 번제 희생을 위해 바칠 동물을 죽일 때도 아무데서나 죽여서는 안 되며 반드시 정해진 장소에서 속건제를 위해 바쳐지게 될 그 동물을 잡아야 한다. 그리고 제사장은 그 동물을 죽인 후 피를 번제단 사면에 뿌려야만 한다.

또한 제사장은 그 희생제물의 모든 기름을 속건제로 드려야 한다. 그때 기름진 꼬리와 내장에 덮인 기름과 두 콩팥과 그 위의 기름 곧 허리 근방에 있는 것과 간에 덮인 꺼풀을 콩팥과 함께 취해야 한다. 그것들을 전부 번제단 위에서 불살라 여호와 하나님께 화제로 드려야 한다.

그리고 지극히 거룩한 제물인 그 고기를 모든 제사장들이 먹되 반드시 지정된 거룩한 장소에서 먹어야 한다. 이는 그 음식이 다른 데로 나가는 것을 방지하는 의미를 지니고 있다. 만일 제사장들 이외에 다른 사람이 그 음식을 먹게 되면 하나님의 규례를 어겨 범죄하는 것이 된다.

속건제는 넓은 의미에서 볼 때 속죄제의 일례로 볼 수 있다. 그 제물의 고기는 제사장에게 돌아가도록 되어 있었다. 또한 하나님께 제사를 지내고자 하는 어떤 사람의 번제물을 맡아서 번제를 드리는 제사장은 그 바쳐진 번제물의 가죽을 얻게 된다.

그리고 화덕에 구운 소제물과 솥에 삶거나 번철에 부쳐 만든 소제물은 그것을 하나님께 드리는 사역을 감당하는 제사장에게 돌아간다. 그 외에 남은 소제물들은 기름 섞은 것이나 마른 것이나 아론의 모든 자손에 균등하게 분배되어야 한다. 이는 인간들이 일상적으로 먹는 음식과 연관성이 있게 만들어졌다.

또한 우리는 여기서 제사장들의 역할이 나누어져 있었다는 사실을 알 수 있다. 동물을 잡아 제사를 지낼 때도 제사장들이 각기 담당한 분야가 따로 있었다. 이는 서로간에 협력과 협조가 이루어졌음을 보여준다. 그리고 제물의 일부를 제사장들이 가져갈 때도 각자의 사역에 따라 차이가 났음을 알 수 있다.

이는 물론 우리 시대의 다양한 직분과 더불어 생각해 보아야 할 문제이다. 이는 목사, 장로, 집사 직분에 따라 맡겨진 고유한 사역이 있다는 사실을 의미한다. 하지만 그것이 우리 시대에 흔히 말하는 소위 목회자들의 능력에 따라 생활비를 차등 지급하는 근거가 되는 것이라 말할 수는 없다.

2. 화목제에 관한 규례 (11-21)

하나님께서는 모세에게 화목제에 관련된 규례를 말씀하셨다. 만일 감사함으로 인해 하나님께 화목제물을 드리려면 기름 섞은 무교병(unleavened cakes)과 기름 바른 무교전병(unleavened wafers)과 고운 가루에 기름 섞어 구운 과자를 그 감사 희생과 함께 드려야 한다. 또한 유교병을 화목제의 감사 희생과 함께 그 예물을 드릴 때는 그 전체의 예물들 가운데서 하나씩 여호와 하나님께 거제舉祭로 드려야 한다. 그리고 그것을 화목제의 피를 뿌린 제사장들에게 주어야 한다.

우리가 여기서 알 수 있는 것 가운데 하나는 누룩 있는 유교병이라 해서 하나님께서 무조건 싫어하시거나 내치는 것은 아니라는 사실이다. 그것은 부정한 것과는 다른 의미를 지니고 있었기 때문이다. 유교병은 인간들이 제사 드릴 때 잘못 사용하면 위태로운 것이 되었다. 그러나 하나님께서 원하실 때는 그것이 제물로 사용되기도 했다.

하나님께 감사함으로 드리는 화목제 희생의 고기는 제사를 드리는 당일에 먹어야 하며 조금이라도 이튿날까지 남겨두어서는 안 된다. 그것을 조금이라도 아까워할 필요가 없다. 그러나 그 희생의 예물이 서원이나 자원하는 예물이라면 그 희생의 고기를 드린 당일 날 먹을 수 있을 뿐 아니라 그 남은 고기는 이튿날에도 먹을 수 있다. 하지만 그 고기가 셋째 날까지 남게 된다면 먹지 말고 전부 불살라야 한다.

만일 그 화목제 희생의 고기를 셋째 날에 조금이라도 먹게 되면 그 제사는 하나님께 받아들여지지 않는다. 그것은 유효한 제사행위가 될 수 없으며 그것을 드린 자에게는 그 예물을 드린 것이 허사가 된다. 나아가 그것은 도리어 하나님 보시기에 가증스런 것이 될 따름이다. 따라서 그 음식을 먹는 자에게는 하나님께 죄를 범하는 것이 된다.

우리가 여기서 보게 되는 중요한 점은 화목제의 효력에 연관된 소급적 의미에 관한 것이다. 즉 이미 하나님께 올바르게 드려진 제사라 할지라도 나중에 제사장들의 행위에 따라 그것이 전적으로 무효화 될 수 있다. 나아가 제사드릴 당시의 시점에서는 하나님께서 기쁘게 받으셨다고 하더라도, 제사장들이 하나님의 규례를 벗어나게 되면 앞서 받으신 모든 것들을 토해내신다.

이에 대해서는 오늘날 우리 역시 매우 주의 깊게 생각해 보아야 할 문제이다. 예를 들어 우리가 오래 전에 하나님을 위해 진심으로 순종하여 어떤 일을 했다고 하더라도 오랜 세월이 지난 후에 그와 연관된 하나님의 계명을 무시하거나 어기게 되면 앞의 모든 행위는 아무런 의미가 없어지게 된다. 즉 청년의 때 아무리 열성적으로 하나님을 섬겼다고 할지라도 노년에 하나님의 법을 버린다면 젊은 시절의 것들이 공로로 남지 않는다. 그것은 도리어 하나님 보시기에 가증한 것이 되고 마는 것이다.

또한 하나님께 바쳐질 화목제물이 부정한 물건에 접촉하게 되면 먹지 말고 불살라야 한다. 이에 대해서는 고기에 대해서 뿐 아니라 그것을 먹는 사람들도 그렇다. 그 고기를 먹게 될 사람은 부정한 상태에 놓여 있어서는 안 되며 오직 정결하고 깨끗한 사람만 규례에 따라 그 고기를 먹을 수 있다.

만일 몸이 부정한 자가 여호와 하나님께 속한 화목제 희생의 고기를 먹으면 그 사람은 이스라엘 민족 가운데서 끊어지게 된다. 나아가 누구든지 부정한 것 곧 사람의 부정이나 부정한 짐승이나 가증한 어떤 물건을 만지고 나서 하나님께 속한 화목제 희생의 고기를 먹어서도 안 된다. 부정하게 된 사람이 규례를 어기고 그 고기를 먹는다면 언약의 민족 가운데 살아갈 수 없다.

이는 사실 오늘날 우리에게 매우 중요한 교훈을 주고 있다. 어리석은 사람들은 자신의 부정한 상태에서 거룩한 것에 닿으면 거룩하게 되리라고 생각하지만 결과는 오히려 정반대이다. 거룩해지기는 커녕 더욱 부정해진다. 그것은 일시적으로 부정해지는 것이 아니라 언약의 백성으로부터 끊어지는 엄벌을 받게 되는 것이다.

3. 이스라엘 민족에게 주어진 금령 (22-27)

하나님께서는 모세에게 이스라엘 민족으로 하여금 소나 양이나 염소의 기름을 먹지 말도록 했다. 또한 스스로 죽은 동물들의 기름이나 다른 짐승에 의해 찢겨 죽은 동물의 기름은 다른 용도로 사용할 수는 있다. 그렇지만 사람들이 그 기름을 먹는 행위는 엄격하게 금지되었다.

누구든지 여호와 하나님께 화제로 드리는 동물의 기름을 먹는 것은 이스라엘 백성들에게 허락되지 않았다. 만일 그 규례를 어기고 그것을 먹는다면 자기 백성들 중에서 끊어질 수밖에 없다. 나아가 그들은 동물의 기름뿐 아니라 피를 먹어서도 안 된다.

이스라엘 백성은 어디에 살든지간에 동물이나 새의 어떤 피를 먹는 것은 금지되었다. 무슨 피든지 사람이 그것을 먹으면 자기 백성 중에서 끊어지게 된다. 이는 주님께서 이땅에 오실 때까지 이스라엘 자손이 지켜야 할 규례였다.

4. 제사장의 분깃 (28-38)

이스라엘 자손들 가운데 여호와 하나님께 화목제를 드리려는 자는 그 화목제 희생 중에서 예물을 취해 하나님 앞으로 가져와야 한다. 여호와 하나님의 화제는 그 사람이 자기 손으로 직접 가져와야 한다. 곧 그 제물의 기름과 가슴을 가져와야 하며 제사장은 그 가슴을 하나님 앞에서 흔들어 요제搖祭를 지내야 한다.

그리고 그 기름은 번제단 위에서 불살라야 하며 가슴은 아론과 그 자손들에게 주어야 한다. 또한 화목제 희생의 오른편 뒷다리를 제사장에게 주어 거제를 삼도록 해야 한다. 아론의 자손들 가운데 화목제 희생의 피와 기름을 드리는 자는 그 오른편 뒷다리를 자기의 소득으로 삼게 된다.

이처럼 하나님께서는 이스라엘 자손의 화목제 중에서 요제로 흔든 가슴과 거제로 든 뒷다리를 취하여 제사장 아론의 자손에게 주셨다. 그것은 그 동물을 바친 사람이 준 것이 아니라 하나님께서 저들에게 소득으로 주신 것이다. 이는 아론의 자손들이 제사장 직분을 받을 때 이미 하나님께서 저들의 소득으로 돌리고자 하신 것들이다.

이에 대해서는 번제와 소제와 속죄제와 위임제와 화목제 등 모든 규례에 나타나고 있다. 이는 아론의 자손 제사장 가문에 대한 하나님의 특별한 배려였다. 이 모든 내용들은 하나님께서 모세를 통해 명하신 규례에 속하는 것이었다.

우리는 여기서 구속사와 직접 연관된 의미 이외에 또 하나의 매우 소중한 교훈을 얻게 된다. 오늘날 우리 시대 교회의 교사로 세운 목사의 생활비는 교인들이 모아서 주는 것 이상의 의미를 지닌다. 원리적인 측면에서 볼 때 그것은 사역자들의 생존을 위해 하나님께서 허락하시는 특별한 배려로 이해하는 것이 바람직하다. 그래야만 교사인 목사가 교인들의 눈치가 아니라 하나님의 명령에 따라 말씀사역을 할 수 있게 된다.

제8장

제사장의 위임식 규례 (레 8:1-36)

1 여호와께서 모세에게 일러 가라사대

2 너는 아론과 그 아들들과 그 의복과 관유와 속죄제의 수송아지와 수양 둘과 무교병 한 광주리를 이끌고

3 온 회중을 회막문에 모으라

4 모세가 여호와께서 자기에게 명하신 대로 하매 회중이 회막문에 모인지라

5 모세가 회중에게 이르되 여호와께서 행하라고 명하신 것이 이러하니라 하고

6 아론과 그 아들들을 데려다가 물로 그들을 씻기고

7 아론에게 속옷을 입히며 띠를 띠우고 겉옷을 입히며 에봇을 더하고 에봇의 기묘하게 짠 띠를 띠워서 에봇을 몸에 매고

8 흉패를 붙이고 흉패에 우림과 둠밈을 넣고

9 그 머리에 관을 씌우고 그 관 위 전면에 금패를 붙이니 곧 거룩한 관이라 여호와께서 모세에게 명하심과 같았더라

10 모세가 관유를 취하여 장막과 그 안에 있는 모든 것에 발라 거룩하게 하고

11 또 단에 일곱 번 뿌리고 또 그 단과 그 모든 기구와 물두멍과 그 받침에 발라 거룩하게 하고

12 또 관유로 아론의 머리에 부어 발라 거룩하게 하고

13 모세가 또 아론의 아들들을 데려다가 그들에게 속옷을 입히고 띠를 띠우며 관을 씌웠으니 여호와께서 모세에게 명하심과 같았더라

14 모세가 또 속죄제의 수송아지를 끌어오니 아론과 그 아들들이 그 속죄제 수송아지 머리에 안수하매

15 모세가 잡고 그 피를 취하여 손가락으로 그 피를 단의 네 귀퉁이 뿔에 발라 단을 깨끗하게 하고 그 피는 단 밑에 쏟아 단을 속하여 거룩하게 하고

16 또 내장에 덮인 모든 기름과 간 꺼풀과 두 콩팥과 그 기름을 취하여 단 위에 불사르고

17 그 수송아지 곧 그 가죽과 고기와 똥은 진 밖에 불살랐으니 여호와께서 모세에게 명하심과 같았더라

18 또 번제의 수양을 드릴째 아론과 그 아들들이 그 수양의 머리에 안수하매

19 모세가 잡아 그 피를 단 주위에 뿌리고

20 그 수양의 각을 뜨고 그 머리와 각뜬 것과 기름을 불사르고

21 물로 내장과 정갱이들을 씻고 그 수양의 전부를 단 위에 불사르니 이는 향기로운 냄새를 위하여 드리는 번제로 여호와께 드리는 화제라 여호와께서 모세에게 명하심과 같았더라

22 또 다른 수양 곧 위임식의 수양을 드릴째 아론과 그 아들들이 그 수양의 머리에 안수하매

23 모세가 잡고 그 피를 취하여 아론의 오른 귓부리와 오른손 엄지가락과 오른발 엄지가락에 바르고

24 아론의 아들들을 데려다가 그 오른 귓부리와 오른손 엄지가락과 오른발 엄지가락에 그 피를 바르고 또 그 피를 단 주위에 뿌리고

25 그가 또 그 기름과 기름진 꼬리와 내장에 덮인 모든 기름과 간 꺼풀과 두 콩팥과 그 기름과 우편 뒷다리를 취하고

26 여호와 앞 무교병 광주리에서 무교병 한 개와 기름 섞은 떡 한 개와 전병 한 개를 취하여 그 기름 위에와 우편 뒷다리 위에 놓아

27 그 전부를 아론의 손과 그 아들들의 손에 두어 여호와 앞에 흔들어 요제를 삼게 하고

28 모세가 그것을 그들의 손에서 취하여 단 윗 번제물 위에 불사르니 이는 향기로운 냄새를 위하여 드리는 위임식 제사로 여호와께 드리는 화제라

29 이에 모세가 그 가슴을 취하여 여호와 앞에 흔들어 요제를 삼았으니 이는 위임식 수양의 모세의 응식이라 여호와께서 모세에게 명하심과 같았더라

30 모세가 관유와 단 위의 피를 취하여 아론과 그 옷과 그 아들들과 그 아들들의 옷에 뿌려서 아론과 그 옷과 그 아들들과 그 아들들의 옷을 거룩하게 하고

31 아론과 그 아들들에게 이르되 내게 이미 명하시기를 아론과 그 아들들은 먹으라 하셨은즉 너희는 회막문에서 그 고기를 삶아 위임식 광주리 안의 떡과 아울러 그 곳에서 먹고

32 고기와 떡의 나머지는 불사를찌며

33 위임식은 칠 일 동안 행하나니 위임식이 마치는 날까지 칠 일 동안은 회막문에 나가지 말라

34 오늘날 행한 것은 여호와께서 너희를 위하여 속하게 하시려고 명하신 것이니

35 너희는 칠 주야를 회막문에 거하여 여호와의 부탁을 지키라 그리하면 사망을 면하리라 내가 이같이 명령을 받았느니라

36 아론과 그 아들들이 여호와께서 모세로 명하신 모든 일을 준행하니라

1. 모세와 회중과 아론과 그 아들들 (1-5)

하나님께서는 모세를 부르셨다. 아론과 그의 아들들을 불러 제사장 위임을 위한 의례를 행하도록 명령하시기 위해서였다. 우리가 이를 통해 먼저 깨달아야 할 사실은 모세가 모든 제사장들의 근원적 역할을 한다는 사실이다. 즉 아론 계열의 제사장들이 단독적인 위치에 있었던 것이 아니라는 것이다.

우선 모세가 감당해야 할 사역은 아론과 그의 아들들을 하나님 앞으로 부르는 일이었다. 그리고 저들에게 입힐 예복들을 준비해야 한다. 또한 제사장과 의복과 성물들을 거룩하게 할 관유(anointing oil)를 준비해야 한다. 그런 다음 첫 제사로서 속죄제를 위한 수송아지와 수양 두 마리와 무교병 한 광주리를 준비해야 한다.

그와 더불어 모세가 해야 할 일은 이스라엘 회중을 성막 앞으로 불러 모으는 일이다. 온 회중은 모세의 명령에 따라 회막문 앞에 모이게 되었다. 모세는 백성들을 향해 하나님께서 자기에게 명령하신 모든 일들을 이제 시행하리라는 선포를 했다.

우리가 여기서 알 수 있는 사실은, 그때 행해지는 절차들 가운데 어느 것 하나 개인적인 판단이나 단독으로 진행되는 일이 없다는 점이다. 모세도 회중이 없는 상태에서 혼자 모든 것을 시행할 수 없었으며 아론과 그의 아들들도 모세와 회중 없이는 아무 것도 할 수 없었다. 나아가 그들 모두가 있다 하더라도 하나님께서 지시하신 예복과 바쳐질 제물이 없다면 하나님의 뜻을 이루지 못한다.

나아가 성막과 그에 연관된 모든 성물들이 없다면 아무것도 되지 않는다. 그러므로 하나님께서는 자신의 구원 사역을 위해 모든 것들을 친히 완벽하게 준비하셨다. 그것들을 통해 장차 이땅에 보내실 메시아에 연관된 예언적인 의미를 드러내 보여주시는 가운데 언약을 반포하셨던 것이다.

2. 정결례와 착복의례 (6-9)

모세는 이스라엘 온 회중이 지켜보고 있는 가운데 아론과 그의 아들들을 여호와 하나님 앞으로 데리고 왔다. 모세는 하나님의 모든 명령을 직접 수행하는 자였다. 그리고 거기 모인 모든 회중은 그에 대한 증인이자 참여자로서 소중한 역할을 감당하게 되었다.

우선 모세는 아론과 그 아들들의 몸을 깨끗이 씻어 정결하게 했다. 이는 아론을 비롯한 제사장이 될 자들이 스스로 자신의 신체를 씻은 것이 아니라 하나님의 사람 모세가 직접 씻겨 주어야 했다. 즉 그 절차는 자발적인 의사에 따라 행해진 의례가 아니라 하나님께서 주도하시는 일이었던 것이다.

여기서 우리는 예수님께서 제자들의 발을 씻겨주신 사실을 기억하게 된다. 예수님께서는 그 과정을 통해 제자들의 몸을 정결케 하는 의식을 행했다(요 13장, 참조). 우리가 여기서 알 수 있는 점은 제자들이 스스로 자신의 몸을 깨끗이 씻음으로써 정결케 한 것이 아니었다는 사실이다. 그것은 제자들을 위한 전적인 예수님의 사역이었다.

아론과 그의 자손들을 이스라엘 민족을 위한 제사장으로 위임하는 과정에서도 모세가 저들의 몸을 정결케 했다. 아론과 그의 아들들이 제사장으로 위임받기 위해서는 모세에 의해 깨끗이 씻음 받지 않으면 안 되었다. 그것은 아론과 그의 아들들이 자발적으로 행할 수 있는 일이 아니었던 것이다.

그리고 모세는 그들의 몸을 정결케 한 후에 직접 저들에게 제사장의 특별한 예복을 입혀 주었다. 여기서도 그들은 스스로 그 의복을 취해 입은 것이 아니라 하나님의 사람 모세가 입혀주는 것에 순종했다. 그 예복은 하나님께서 직접 색상과 무늬와 모양을 제정해 지으신 거룩한 옷이었다.

모세는 저들에게 속옷을 입히고 띠를 매어주고 겉옷을 입혔다. 그리고 그 위에 에봇을 더하여 정교하게 짠 띠를 매 주었다. 그 다음에는 가슴에 판결흉패를 붙이고 그 안에 우림과 둠밈을 넣었다. 그후 머리에 관을 씌우고 그 관 위 앞면에 "여호와께 성결"이라는 거룩한 글귀가 새겨진 금패를 붙였다.

모세는 하나님의 명령에 따라 제사장들을 위해 예비된 의상과 부착물들을 직접 입히고 달아주었다. 그렇게 되자 아론과 그의 아들들은 일반 백성들과는 구별되는 특별한 직무를 수행하는 제사장이 되었다. 그들은 하나님과 언약의 백성들 사이에서 중보자 역할을 하는 중요한 책무를 맡게 되었던 것이다.

우리는 여기서 그에 연관된 상황을 생각해 볼 수 있어야 한다. 만일 아론과 그의 아들들이 모세가 씻겨주기 전에 저들 스스로 자신의 몸을 씻었다면 어떠했을까? 그리고 그들이 모세가 예복을 입혀주고 각종 부착물을 달아주기 전에 서둘러 그렇게 했다면 어떻게 되었을까? 분명한 점은 모세가 시행하지 않은 상태에서 스스로 몸을 씻거나 예복을 서둘러 입었다면 그것은 하나님에 대한 저항행위가 되어 불법을 저지르는 것이 된다는 사실이다.

이에 대해서는 오늘날 우리도 그로부터 동일한 교훈을 얻을 수 있다. 예수님께서 죄에 물든 우리의 몸을 친히 씻어주시고 정결한 옷을 입혀주신다. 인간들은 자기 스스로 그렇게 할 수 없을 뿐더러 그렇게 하려 해서도 안 된다. 그의 도우심을 힘입어 구별된 지위에 놓이게 된 후에는 그에게 감사하며 순종할 수 있을 따름이다.

3. 성막과 성물과 제사장에 대한 정결의례 (10-13)

모세는 제사장들에게 예복을 비롯한 모든 부착물을 달아준 다음 관유를 취해 장막과 그 안에 있는 모든 물건들에 발라 거룩하게 했다. 물건 자체로서 이미 구별되어 있었지만 하나님의 율례에 따라 관유를 바름으로써 거룩하게 된 것이다. 거룩한 하나님을 대하기 위해서는 저들도 거룩하게 되지 않으면 안 된다.

그 다음에는 번제단에 거룩한 관유를 일곱 번 뿌리고 또 그 단과 그 모든 기구들과 물두멍과 그 받침에도 발라 거룩하게 했다. 그리고는 아론의 머리에도 관유를 부어 발라 거룩하게 되도록 했다. 그런 후에는 아론의 아들들을 앞으로 데려와 저들에게 속옷을 입히고 띠를 띠우며 관을 씌워 주었다. 이는 앞의 기록과 중복된 내용이지만 단일한 의미로서 다시금 강조되고 있다.

우리가 분명히 알 수 있는 사실은 하나님께서 친히 그 모든 의례를 주도하고 계신다는 사실이다. 그리고 모세는 하나님께서 자기에게 명하신 대로 순종했다. 그렇게 하여 제사장과 각종 성물들을 거룩하게 함으로써 하나님께 드릴 성전제사를 위한 모든 것들이 완벽하게 준비되었던 것이다.

4. 모세가 주도한 처음 드려진 성막제사 (14-36)

모세는 제사장들과 저들의 예복 및 성막을 비롯한 모든 성물들을 거룩하게 한 후 속죄제의 수송아지를 하나님 앞으로 끌고 왔다. 그 송아지는 모세의 손에 의해 죽어야 할 동물이다. 모세가 송아지를 끌고 나오자 아론과 그 아들 제사장들이 그 수송아지의 머리에 손을 얹어 안수했다.

규례에 따라 언약의 백성들을 위한 제사장이 된 아론과 그의 아들들이 수송아지에게 안수한 것은 모든 죄를 그 동물에게 전가시키는 것을 의미한다. 이는 또한 그들이 죄를 희생제물에게 뒤집어씌움으로써 거룩하게 된 사실을 말해 주고 있다. 그와 동시에 거기에는 이스라엘 민족 공동체의 죄 사함에 연관된 의미가 시사되고 있다.

모세는 아론 지파 제사장들이 안수한 그 수송아지를 잡고 그 피를 취해 손가락으로 번제단의 네 귀퉁이 뿔에 발라 단을 거룩하게 했다. 그리고 남은 피는 단 밑에 쏟아 부어 속함으로써 단을 거룩하게 했다. 그리고는 동물의 내장에 덮인 모든 기름과 간 꺼풀과 두 콩팥과 그 기름을 취하여 번제단 위에서 불살랐다. 또한 그 수송아지의 가죽과 고기와 똥은 진 밖으로 가지고 나가 불살랐다.

우리가 여기서 주목해야 할 바는 인간들이 보기에 별 값어치 없어 보이는 내장들은 하나님께 번제로 바치고, 값져 보이는 고기와 가죽은 똥과 함께 진밖에 버려 불살랐다는 점이다. 이는 인간들이 그 이유에 대해 구체적으로 알기는 쉽지 않다. 하지만 분명한 점은 하나님께서 모세에게 그렇게 하도록 명하셨다는 사실이다.

물론 우리가 그에 대해 무리하지 않은 추론을 해 볼 수는 있다. 인간의 몸을 입고 예루살렘 성 밖에서 십자가에 달려 돌아가신 예수님의 몸과 더불어 생각해 볼 수 있으나 거기에는 한계가 따른다. 하지만 명백한 사실은 하나님께서는 그것을 통해 자신의 생각과 뜻은 인간들의 이성적 판단과 같지 않다는 점을 보여주신 점이다.

또한 모세는 수양을 잡아 하나님께 번제로 드렸다. 그때도 제사장인 아론과 그의 아들들은 그 수양의 머리 위에 손을 얹어 안수했다. 그리고 모세는 그 동물이 흘린 피를 취해 번제단 주위에 뿌렸다. 그후 제물이 된 수양의 몸을 각 뜨고 머리와 기름과 함께 단 위에서 불살랐다.

그리고는 내장과 정강이들을 물로 깨끗이 씻고 그 수양의 전부를 번제단 위에 불살랐다. 그것은 하나님께 향기로운 냄새로 드리는 번제로서 하나님을 위한 화제가 되었다. 그와 같은 제사는 하나님께서 모세에게 명하신 것이었다.

또한 모세는 다른 수양을 제사장 위임식의 제물로 드렸다. 그때도 제사장 아론과 그의 아들들은 그 수양의 머리에 손을 얹어 안수했다. 그후 모세는 그 동물을 죽이고 피를 취해 아론의 오른쪽 귓부리와 오른편 엄지손가락과 엄지발가락에 바르고 아론의 아들들에게도 동일한 절차를 통한 의례를 행했다.

그후에 모세는 그 제물의 피를 번제단 주위에 뿌렸다. 또한 그 동물의 기름과 기름진 꼬리와 내장에 덮인 모든 기름과 간 꺼풀과 두 콩팥과 그 기름과 오른편 뒷다리를 취했다. 그리고 여호와 하나님 앞에 놓여있는 무교병 광주리에서 무교병 한 개와 기름 섞은 떡 한 개와 전병(wafer) 한 개를 취해 그 기름 위에와 우편 뒷다리 위에 놓도록 했다. 그 다음에는 그것을 아론과 그 아들들의 손에 두어 여호와 앞에서 흔들어 요제를 삼게 했다.

모세는 그후 저들의 손에서 다시 그것들을 취해 단 위의 번제물 위에 불살랐다. 그것은 하나님께 드리는 향기로운 냄새로서 위임식 제사를 위한 화제가 되었다. 그리고는 모세가 그 동물의 가슴을 취해 여호와 하나님 앞에 흔들어 요제를 삼았다. 이 모든 과정은 하나님께서 위임식 제물에 연관해 모세에게 맡기신 의례였다.

또한 모세는 거룩한 관유와 번제단 위의 피를 취하여 아론과 그의 아들들과 저들의 예복에 뿌려서 저들과 저들의 옷을 거룩하게 했다. 그리고는 아론의 아들들에게 하나님의 명령에 따라 회막문에서 그 고기를 삶아 위임식 광주리 안에 담긴 떡과 아울러 그곳에서 먹도록 했다. 그리고 먹고 남은 모든 고기와 떡은 불살라야 했다.

제사장을 세우는 위임식 의례는 칠일 동안 거행되었다. 그 동안은 저들로 하여금 회막문 앞에서 떠나는 것이 허용되지 않았다. 그것은 하나님의 준엄한 명령이었다. 만일 그들이 여호와 하나님의 요구에 불순종한다면 죽음을 면하지 못한다. 그 의미를 깨달아 알고 있던 아론과 그 아들들은 하나님께서 모세를 통해 명령하신 모든 말씀에 온전히 순종함으로써 위임식 의례를 행할 수 있었다.

제9장

아론의 첫 제사장 직무수행과
하나님의 영광 (레 9:1-24)

1 제 팔 일에 모세가 아론과 그 아들들과 이스라엘 장로들을 불러다가

2 아론에게 이르되 흠 없는 송아지를 속죄제를 위하여 취하고 흠없는 수양을 번제를 위하여 취하여 여호와 앞에 드리고

3 이스라엘 자손에게 고하여 이르기를 너희는 수염소를 속죄제를 위하여 취하고 또 송아지와 어린양의 일년 되고 흠 없는 것을 번제를 위하여 취하고

4 또 화목제를 위하여 여호와 앞에 드릴 수소와 수양을 취하고 또 기름 섞은 소제물을 가져오라 하라 오늘 여호와께서 너희에게 나타나실 것임이니라 하매

5 그들이 모세의 명한 모든 것을 회막 앞으로 가져오고 온 회중이 나아와 여호와 앞에 선지라

6 모세가 가로되 이는 여호와께서 너희에게 하라고 명하신 것이니 여호와의 영광이 너희에게 나타나리라

7 그가 또 아론에게 이르되 너는 단에 나아가 네 속죄제와 네 번제를 드려서 너를 위하여, 백성을 위하여 속하고 또 백성의 예물을 드려서 그들을 위하여 속하되 무릇 여호와의 명대로 하라

8 이에 아론이 단에 나아가 자기를 위한 속죄제 송아지를 잡으매

9 아론의 아들들이 그 피를 아론에게 받들어 주니 아론이 손가락으로 그 피를 찍어 단 뿔들에 바르고 그 피는 단 밑에 쏟고

10 그 속죄제 희생의 기름과 콩팥과 간 꺼풀을 단 위에 불사르니 여호와께서 모세에게 명하심과 같았고

11 그 고기와 가죽은 진 밖에서 불사르니라

12 아론이 또 번제 희생을 잡으매 아론의 아들들이 그 피를 그에게로 가져오니 그가 그 피를 단 주위에 뿌리고

13 그들이 또 번제의 희생 곧 그 각과 머리를 그에게로 가져오매 그가 단 위에 불사르고

14 또 내장과 정갱이는 씻어서 단 윗 번제물 위에 불사르니라

15 그가 또 백성의 예물을 드리되 곧 백성을 위한 속죄제의 염소를 취하여 잡아 전과 같이 죄를 위하여 드리고

16 또 번제 희생을 드리되 규례대로 드리고

17 또 소제를 드리되 그 중에서 한 움큼을 취하여 아침 번제물에 더하여 단 위에 불사르고

18 또 백성을 위하는 화목제 희생의 수소와 수양을 잡으매 아론의 아들들이 그 피를 그에게로 가져오니 그가 단 주위에 뿌리고

19 그들이 또 수소와 수양의 기름과 기름진 꼬리와 내장에 덮인 것과 콩팥과 간 꺼풀을 아론에게로 가져다가

20 그 기름을 가슴들 위에 놓으매 아론이 그 기름을 단 위에 불사르고

21 가슴들과 우편 뒷다리를 그가 여호와 앞에 요제로 흔드니 모세의 명한 것과 같았더라

22 아론이 백성을 향하여 손을 들어 축복함으로 속죄제와 번제와 화목제를 필하고 내려오니라

23 모세와 아론이 회막에 들어갔다가 나와서 백성에게 축복하매 여호와의 영광이 온 백성에게 나타나며

24 불이 여호와 앞에서 나와 단 위의 번제물과 기름을 사른지라 온 백성이 이를 보고 소리지르며 엎드렸더라

1. 모세의 제사장 직무수행 명령 (1-4)

칠일간의 제사장 위임의례가 있은 후 모세는 아론과 그의 아들들과 이
스라엘 장로들을 불러모았다. 그리고 그 자리에서 아론에게 공적으로 제
사장 직무를 행하도록 요구했다. 우리는 맨 처음의 제사장 직무가 모세의
사역에 연관되어 있었다는 사실을 기억해야 할 필요가 있다.

아론은 모세의 명령에 따라 하나님께 속죄제를 지내기 위해 흠 없는 수
송아지를 취했다. 그리고 제사장으로서 수양을 취해 규례에 따라 여호와
하나님께 번제로 바치게 되었다. 그것을 통해 제사장이 된 아론의 사역이
시작되었던 것이다.

또한 모세는 이스라엘 자손에게 속죄제 희생을 위해 수염소를 취하고,
번제를 지내기 위해서 흠 없는 송아지와 일 년 된 어린양을 취하도록 요구
했다. 그리고 화목제를 위해 여호와 하나님 앞에 바치게 될 제물로서 수소
와 수양을 취하고 기름을 섞은 소제물을 가져오도록 명했다.

모세는 백성들에게 그 날 여호와 하나님께서 저들에게 나타나 보이시리
라는 사실을 선포했다. 아론과 모든 이스라엘 자손들은 하나님이 직접 임
재하신다는 모세의 말을 듣고 그것을 준비하지 않을 수 없었다. 그렇게 하
여 메시아가 오시기까지 제사를 담당해야 할 아론 지파 제사장들의 구체
적인 사역이 준비되었던 것이다.

2. 여호와 하나님의 영광에 대한 약속 및
아론과 백성을 위한 속죄제 (5-7)

제사장 아론과 이스라엘의 장로들은 모세가 저들에게 명령한 것들을 회
막문 앞으로 가져왔다. 그리고는 온 회중이 엄숙한 자세로 여호와 하나님
앞에 섰다. 그러자 모세가 저들에게 선포했다. 이스라엘 자손이 하나님의

명령에 순종했으므로 그의 영광이 저들 가운데 나타나리라는 것이었다. 이는 모든 것을 명령하신 분은 하나님이시며 모세 자신이 아니라는 사실을 말해주고 있다.

그리고 나서 모세는 아론에게 속죄제를 위한 직무를 감당하도록 명령했다. 그것 역시 모세의 입을 통한 하나님의 명령으로 이해해야 한다. 이제 제사장 아론이 번제단에 나아가 아론 자신을 위하여 속죄제와 번제를 드리고, 전체 이스라엘 백성을 위하여 속죄제와 번제를 드려 저들의 죄를 속해야 했다. 그것은 여호와 하나님의 명령이기 때문에 순종하지 않을 수 없는 일이었다.

우리는 아론이 제사장 직무를 시작하면서 가장 먼저 자신과 이스라엘 백성을 위한 속죄제와 번제를 드려야 하는 의미를 생각해 보아야 한다. 그것은 제사장을 포함한 이스라엘 민족이 새로운 언약 속으로 들어가는 의미를 지니는 것으로 보인다. 첫 제사장인 아론과 당시 이스라엘 회중은 그 후에 따라오는 제사장들과 모든 이스라엘 백성들을 대표하는 성격을 지니고 있었던 것이다.

3. 제사장 아론의 자신을 위한 속죄제 (8-14)

제사장 아론은 먼저 번제단으로 나아가 자기를 위한 속죄제를 드리고자 송아지를 잡았다. 아론의 아들들이 그 피를 취해 아론에게 받들어 주자 아론은 손가락으로 그것을 찍어 단 사면의 뿔에 발랐다. 그리고 남은 피는 단 밑에 쏟아 부었으며 속죄제 희생제물의 기름과 콩팥과 간 꺼풀을 번제단 위에 불살랐다. 그것은 하나님께서 모세에게 주신 규례대로 진행되었다.

그후 아론은 제물의 고기와 가죽을 진 밖으로 가지고 나가 불살랐다. 우리는 이미 앞에서 모세의 사역을 통해 언급했듯이 사람들이 그다지 좋아

하지 않는 부위는 하나님께 번제단에서 태워 드렸다. 반면에 보통 사람들이 좋아하는 부위는 진 밖에서 불사르게 되었다. 우리는 그에 연관된 의미를 염두에 두고 있어야 한다.

　제사장 아론은 또한 번제 희생으로 바칠 동물을 잡았다. 아론의 아들들이 앞에서와 같이 동물의 피를 가져오자 그는 그 피를 번제단 주위에 뿌렸다. 그들이 또 번제의 희생을 각 뜬 것과 머리를 가져오게 되자 그것을 단 위에 불살라 태웠다.

　그리고 제사장은 제물로 바쳐진 동물의 내장과 정강이를 꺼내 정결하게 씻은 후 단 위의 번제물 위에 불살랐다. 제사에 관련된 모든 규례는 하나님께서 직접 제정해주신 것이었다. 즉 모든 제사 규례는 전적으로 하나님의 뜻에 따른 것일 뿐 인간들의 종교적인 의도가 조금이라도 들어가지 않았다.

4. 제사장 아론의 백성을 위한 속죄제 (15-21)

　제사장 아론은 자신을 위한 속죄제와 번제를 드린 다음 백성들을 위한 제사 직무를 수행했다. 그가 그 속죄제 예물을 하나님께 드리면서 염소를 취해 규례에 따라 죽였다. 그는 앞에서 자기를 위한 속죄제와 마찬가지로 백성의 죄를 속하기 위한 제물을 바치고 규례대로 번제를 드렸다.

　또한 아론은 하나님께 거룩한 소제를 드렸다. 그는 소제물 가운데서 한 움큼을 취해 아침 번제물에 더하여 단 위에 불살랐다. 또 그와 더불어 언약의 백성들을 위한 화목제 희생으로서 수소와 수양을 잡았다. 제사장이 된 아론의 아들들이 그 피를 가지고 오자 그는 그것을 받아 단 주변에 뿌렸다.

　그리고는 그들이 또 수소와 수양의 기름과 기름진 꼬리와 내장에 덮인 것과 콩팥과 간 꺼풀을 아론에게로 가져와서 그 기름을 가슴들 위에 놓았다. 그러자 아론이 그 기름을 단 위에 불살랐다. 또한 그는 동물의 가슴과 오른편 뒷다리를 여호와 하나님 앞에서 요제로 흔들었다. 그 모든 제사 방법과 절차를 통한 직무수행은 하나님께서 모세를 통해 명령하신 것과 같았다.

5. 모세와 아론의 축복과 여호와 하나님의 영광 (22-24)

제사장 아론이 이스라엘 백성을 향해 손을 들어 축복했다. 그렇게 함으로써 그의 처음 제사장 직무인 자신과 이스라엘 백성을 위한 속죄제와 번제와 화목제를 마치게 되었다. 그것은 전체 이스라엘 민족을 위한 대표성을 띠고 있었다.

그후 모세와 아론은 함께 회막 안으로 들어갔다가 나와서 백성들에게 축복했다. 그러자 여호와 하나님의 영광이 온 백성에게 나타나게 되었다. 하나님으로부터 불이 나와서 단 위에 놓여있는 번제물과 기름을 살랐다. 그것은 하나님의 임재를 보여주는 증거역할을 하게 되었다.

이스라엘 모든 백성은 그 놀라운 광경을 지켜보면서 소리를 지르고 그 앞에 엎드려졌다. 이를 통해 모세를 부르시고 아론과 그의 자손을 제사장으로 세우신 하나님의 권능과 영광이 나타났던 것이다. 이는 구속사적인 사건으로서 그후 이스라엘 민족의 성전 가운데 그 의미가 항상 드러났다.

제10장

하나님의 진노와
제사장의 올바른 직무수행 (레 10:1-20)

1 아론의 아들 나답과 아비후가 각기 향로를 가져다가 여호와의 명하시지 않은 다른 불을 담아 여호와 앞에 분향하였더니

2 불이 여호와 앞에서 나와 그들을 삼키매 그들이 여호와 앞에서 죽은지라

3 모세가 아론에게 이르되 이는 여호와의 말씀이라 이르시기를 나는 나를 가까이 하는 자 중에 내가 거룩하다 함을 얻겠고 온 백성 앞에 내가 영광을 얻으리라 하셨느니라 아론이 잠잠하니

4 모세가 아론의 아자비 웃시엘의 아들 미사엘과 엘사반을 불러 그들에게 이르되 나아와 너희 형제들을 성소 앞에서 진 밖으로 메어 가라 하매

5 그들이 나아와 모세의 명대로 그들을 옷 입은 채 진 밖으로 메어 내니

6 모세가 아론과 그 아들 엘르아살과 이다말에게 이르되 너희는 머리를 풀거나 옷을 찢지 말아서 너희 죽음을 면하고 여호와의 진노가 온 회중에게 미침을 면케 하라 오직 너희 형제 이스라엘 온 족속이 여호와의 치신 불로 인하여 슬퍼할 것이니라

7 여호와의 관유가 너희에게 있은즉 너희는 회막문에 나가지 말아서 죽음을 면할찌니라 그들이 모세의 명대로 하니라

8 여호와께서 아론에게 일러 가라사대

9 너나 네 자손들이 회막에 들어갈 때에는 포도주나 독주를 마시지 말아서 너희 사망을 면하라 이는 너희 대대로 영영한 규례라

10 그리하여야 너희가 거룩하고 속된 것을 분별하며 부정하고 정한 것을 분별하고

11 또 여호와가 모세로 명한 모든 규례를 이스라엘 자손에게 가르치리라

12 모세가 아론과 그 남은 아들 엘르아살에게와 이다말에게 이르되 여호와께 드린 화제 중 소제의 남은 것은 지극히 거룩하니 너희는 그것을 취하여 누룩을 넣지 말고 단 곁에서 먹되

13 이는 여호와의 화제 중 네 응식과 네 아들의 응식인즉 너희는 그것을 거룩한 곳에서 먹으라 내가 명령을 받았느니라

14 흔든 가슴과 든 뒷다리는 너와 네 자녀가 너와 함께 정결한 곳에서 먹을찌니 이는 이스라엘 자손의 화목제 희생 중에서 네 응식 과 네 자손의 응식으로 주신 것임이니라

15 그 든 뒷다리와 흔든 가슴을 화제의 기름과 함께 가져다가 여호와 앞에 흔들어 요제를 삼을찌니 이는 여호와의 명령대로 너와 네 자손의 영원한 응식이니라

16 모세가 속죄제 드린 염소를 찾은즉 이미 불살랐는지라 그가 아론의 남은 아들 엘르아살과 이다말에게 노하여 가로되

17 이 속죄제 희생은 지극히 거룩하거늘 너희가 어찌하여 거룩한 곳에서 먹지 아니하였느뇨 이는 너희로 회중의 죄를 담당하여 그들을 위하여 여호와 앞에 속하게 하려고 너희에게 주신 것이니라

18 그 피를 성소에 들여오지 아니하였으니 그 제육은 너희가 나의 명한 대로 거룩한 곳에서 먹었어야 할 것이니라

19 아론이 모세에게 이르되 오늘 그들이 그 속죄제와 번제를 여호와께 드렸어도 이런 일이 내게 임하였거늘 오늘 내가 속죄 제육을 먹었더면 여호와께서 어찌 선히 여기셨으리요

20 모세가 그 말을 듣고 좋게 여겼더라

1. 잘못 드려진 제사 (1-2)

제사장들이 직무를 시작한 지 아직 그리 오래되지 않은 시점에서 매우 심각한 문제가 발생하게 되었다. 아론의 아들 제사장 나답(Nadab)과 아비후(Abihu)가 각기 향로를 가져다가 하나님께서 원하지 않는 행동을 했기 때문이다. 그들은 율법이 허락하지 않은 금지된 불을 담아 하나님 앞에 분향함으로써 하나님을 욕되게 했다.

이제 막 제사장이 된 그들이 왜 그런 어처구니 없는 행동을 했을까? 우리는 이에 대한 몇 가지 가능성을 생각해 볼 수 있다. 그것은 우선 게으르거나 신중하지 않아서 그렇게 했을 가능성이 있다. 이는 곧 율법에 대한 무지로 인해 그와 같은 심각한 악행이 발생한 것으로 보는 것이다.

그리고 또 다른 하나는 그것이 의도된 행동이었을 수 있다는 점이다. 이는 위의 경우와 정반대가 될 수 있다. 그들 형제는 서로 더 나은 제사를 드리기 위해 경쟁적으로 행동했을지도 모른다. 그들은 모세를 통해 전해진 하나님의 규례를 무시하고 개인적인 눈에 좋아 보이는 것을 골랐을 수 있다. 즉 인간들의 취향에 만족스러워할 만한 것들을 선택했을 수 있는 것이다.

어쨌거나 위의 두 가지 가운데 어느 경우라 할지라도 그것은 하나님의 율법에 저항하는 무서운 범죄행위가 된다.[16] 그러므로 하나님으로부터 불이 나와 저들을 심판함으로써 죽여 버렸다. 이는 그후 이스라엘 민족 가운데 세워지게 될 모든 제사장들을 향한 강력한 경고의 메시지가 되었다. 나

---

16) 우리가 이를 통해 얻게 되는 교훈은, 하나님을 섬기는 신앙은 말씀을 통한 순수성을 지켜야 한다는 사실이다. 거기에는 인간의 이성과 경험에 따른 취향이 배제되어야 한다. 그리고 하나님을 섬기는 데 있어서 불필요한 경쟁을 할 필요가 없다. 예를 들어, 자녀들이 부모를 섬기면서 경쟁적으로 효도할 필요가 없다. 경쟁적인 효도를 한다는 것은 다른 이기적인 목적이 있거나 질투에 의한 것이기 때문이다. 하나님을 섬기는 자세도 그와 다르지 않아야 한다.

아가 그 사실을 알게 된 백성들은 두려워하지 않을 수 없었다. 따라서 그후의 모든 제사장들은 당시의 사건을 기억하고 반면교사反面敎師로 삼지 않으면 안 되었다.

우리는 여기서 하나님의 율법과 계명에 대한 무지가 얼마나 위험한가 하는 것을 생각하게 된다. 그리고 잘못된 종교적 의욕이 얼마나 처참한 상황을 몰고 오는가 하는 점을 떠올려 보게 된다. 타락한 인간들의 모든 종교적인 욕망은 하나님을 욕되게 할 따름이다. 우리는 오직 하나님의 말씀을 듣고 그에 올바르게 순종하는 것밖에 달리 방법이 없다는 사실을 깨달아야 한다.

2. 하나님의 엄격한 뜻 (3-7)

하나님께서는 불경한 방법으로 제사를 드리려한 나답과 아비후를 죽이신 다음 모세를 통해 자신의 뜻을 전하셨다. "나는 나를 가까이 하는 자 중에 내가 거룩하다 함을 얻겠고 온 백성 앞에 내가 영광을 얻으리라 하셨느니라"(레 10:3). 이 말씀은 매우 중요한 의미를 담고 있다. 이는 나답과 아비후가 드린 제사는 저들의 바람이나 의도와 상관없이 하나님을 멀리하는 행동이었다는 사실을 말해주고 있기 때문이다.

그들은 인위적인 방법으로 제사하는 것이 하나님 앞으로 나아가는 길이라 생각하고 있었다. 그렇지만 그것은 실상 진정한 제사를 방해하는 역할을 하게 되었다. 그와 같은 행동은 제사장 자신들뿐만 아니라 이스라엘 백성으로 하여금 하나님 앞으로 나아가는 것을 차단하는 악한 역할을 했을 따름이다.

이는 인간들이 원했던 의도와는 전혀 다른 결과를 가져오게 된 사실을 보여준다. 오늘날 우리도 이와 동일한 원리를 소유하고 있다. 인간들이 하나님을 위해 무엇을 한다고 하지만 그것 자체로서 하나님께 영광이 될 수 있는 것은 아니다. 그것이 무지로 인한 것이든 과욕에 의한 것이든 마찬가지다. 이는 특히 하나님의 말씀을 가르치는 교회의 교사에게는 직접 적용되는 문제이다.

교회의 교사인 목사가 잘못되면 그것으로 말미암아 하나님께 나아가는 길이 막히게 된다. 나아가 그것은 교회 공동체로 하여금 하나님 앞으로 나아가는 길을 차단하는 역할을 한다. 이는 그야말로 엄청난 일이 아닐 수 없다. 우리 시대 목사가 되려고 하는 사람들이나, 아론의 경우처럼 자식이 목사가 되기를 원하는 자들은 그에 대한 의미를 더욱 마음속 깊이 새기지 않으면 안 된다.

이제 막 제사장이 된 사랑하는 아들을 둘씩이나 한꺼번에 잃은 아론의 마음은 과연 어떠했을까? 아론에게 있어서 나답과 아비후 두 아들은 하나님으로부터 특별한 사명을 부여받은 자랑스러운 아들이었을 것이 틀림없다. 아론은 자기와 자기 아들들이 하나님을 섬기는 제사장이 된 사실을 두고 가슴 뿌듯하게 여겼을 것이다. 그런 귀한 자식들이 둘씩이나 하나님의 심판에 의해 죽임을 당한 것은 엄청난 충격이 아닐 수 없었다.

나답과 아비후가 죽었을 때 모세는 자기의 사촌들인 미사엘(Mishael)과 엘사반(Elzaphan)을 불러 저들의 죽은 시체를 진 바깥으로 매고 나가도록 명했다. 그 광경을 지켜보는 아론과 그의 남은 아들들의 마음은 상상하기 어려울 정도로 아팠을 것이 분명하다. 아론의 아내 곧 죽은 자들의 어미를 비롯한 성경에 기록되지 않은 다른 가족들 역시 그런 마음을 가지지 않을 수 없었을 것이다.

그런데 모세는 아론의 가족을 비롯한 모든 사람들에게 죽은 자들을 위해 슬퍼하지 말도록 요구했다. 특히 아론과 그의 아들이자 죽은 자들의 형제인 엘르아살(Eleazar)과 이다말(Ithamar)에게는 머리를 풀거나 옷을 찢는 행위를 하지 못하도록 했다. 그로 말미암아 슬픈 기색이나 표현을 하지 말라는 것이었다. 만일 그렇게 하면 저들에게 또 다시 하나님의 진노로 말미암은 심판이 임하게 될지 모른다. 하나님께서 하신 일을 슬퍼하게 되면 그의 진노가 온 회중에게 미칠 우려가 있다는 것이었다.

그 사건 때문에 사람들이 슬퍼한다는 것은 하나님의 심판이 잘못된 것처럼 되어버릴 수 있다. 이스라엘 민족이 슬퍼해야 하는 까닭은 저들의 죽음 때문이 아니라 불로써 저들을 치신 하나님의 이름이 더럽혀진 사실 때문이어야 한다. 그러므로 여호와 하나님의 관유 즉 거룩하게 하는 기름으로써 구별된 자들은 성막문을 떠나서는 안 된다. 만일 그곳을 떠나게 되면 죽음의 심판을 면치 못하게 된다.

우리는 여기서 죄악에 대해 엄격하신 하나님을 보게 된다. 여호와 하나님께서는 자신의 심판에 의해 죽은 인간들을 위해서 슬퍼하는 것을 자기에 대한 저항행위로 간주하신다. 교회에 속한 성도들은 이 의미를 명확하게 이해하지 않으면 안 된다. 우리는 타락한 세상과 악한 인간들 위에 하나님의 궁극적인 심판이 임하기를 소망하며 그것을 감사하게 여길 수 있어야 하는 것이다.

3. 항상 긴장해야 할 제사장들 (8-11)

하나님께 제사를 드리는 제사장들은 잠시도 긴장의 끈을 늦추어서는 안 된다. 특히 회막문 안으로 들어갈 때는 더더욱 그렇다. 따라서 하나님께서는 아론에게 그점을 강조해 말하고 있다. "회막에 들어갈 때 포도주나 독주를 마시지 말라"(레 10:9). 술을 마시게 되면 불필요하게 죄성이 작용해 만용을 부리거나 판단력이 흐려질 수 있게 된다.

이 본문 가운데는, 제사장들의 일반적인 경우에 있을 법한 술에 관한 태도를 말하는 것이 아니라 회막에 들어갈 때에 특별히 초점이 모아져 있다. 하나님께서는 자신의 성전을 어지럽히거나 더럽히는 자들을 결코 용납하시지 않는다. 만일 그런 일이 발생한다면 저들은 하나님의 심판을 받아 죽을 수밖에 없게 된다.

그런데 우리는 왜 하나님께서 이 시점에서 그 말씀을 강조하셨을까 하
는 점을 생각해 보게 된다. 즉 당시에는 아직 그와 같은 행동을 하는 제사
장들이 있었을 것 같아 보이지 않기 때문이다. 따라서 이는 당대뿐 아니라
이스라엘 전 역사에 해당되는 의미로서 주어진 하나님의 말씀이다.

하나님께서는 여기서 그것이 이스라엘 민족 대대로 영영한 규례가 된다
는 사실을 강조해 말씀하셨다. 그것은 저들이 거룩하고 속된 것을 분별해
야 하며 부정하고 정한 것을 분별하는 직분을 감당해야 하는 것과 연관되
어 있다. 그리고 하나님께서 모세를 통해 명하신 모든 규례를 이스라엘 자
손들에게 가르치는 교사의 역할을 해야 하기 때문이다.

하나님을 섬기는 특별한 위치에 있는 제사장들이 포도주와 독주에 인
박이는 일은 결코 있어서는 안 된다. 신약시대에도 그와 별반 다르지 않다.
사도바울은 술 취하지 말고 성령에 충만하라는 요구를 하고 있다(엡 5:18).
이 외에도 술 취하는 것은 죄라고 규정한 내용이 신약성경 여러 곳에 나타
난다(고전 5:11; 6:10; 갈 5:21).

4. 모세의 되풀이 되는 명령 (12-15)

모세는 나답과 아비후가 죽은 후 아론과 그의 남은 아들들인 엘르아살
과 이다말에게 여호와 하나님께 드린 화제물에 관한 규례를 확인했다. 그
가운데 소제의 남은 음식은 지극히 거룩하므로 저들이 그것을 취하여 누
룩을 넣지 말고 번제단 곁에서 먹어야 한다는 사실을 말했다. 그것은 화제
가운데 제사장들이 먹을 수 있는 음식으로서 거룩한 곳에서 먹어야 했다.
그것은 하나님께서 모세를 통해 명령한 것이었다.

또한 요제를 드리면서 하나님 앞에서 흔들어 제사를 드렸던 동물의 가슴
과, 거제로서 높이 쳐들어 제사를 드렸던 뒷다리는 제사장들과 그의 자녀

들이 함께 정결한 곳에서 먹어야 한다. 그것은 이스라엘 민족의 화목제 희
생물 가운데 제사장들과 저들의 자손이 먹는 음식으로 주어졌기 때문이다.

그리고 제사장은 그와 더불어 거제로 드린 뒷다리와 요제로 드린 가슴
을 화제의 기름과 함께 가져다가 여호와 하나님 앞에 흔들어 요제를 삼아
야 한다. 그것은 여호와의 명령대로 모든 제사장과 그의 자손들에게 허락
된 영원한 소득이다. 이 규례는 이스라엘 민족 가운데서 영원히 행해져야
했다.

5. 제사장들에 대한 모세의 진노와 아론의 선한 반응 (16-20)

모세가 속죄제로 드렸던 염소의 고기를 찾았다. 하지만 그때는 아론의
남은 아들들인 제사장 엘르아살과 이다말이 그것을 이미 불사른 뒤였다.
그 사실을 알게 된 모세는 저들에게 심하게 분노했다. 그 이유는 지극히 거
룩한 속죄제 희생을 왜 거룩한 곳에서 먹지 않고 불살라 태워버렸느냐는
것이었다. 그것은 여호와 하나님께서 이스라엘 백성의 죄를 담당하는 의
례와 더불어 저들에게 주신 음식이었기 때문이다.

그들은 또한 그 희생제물의 피를 성소에 가지고 들어가서는 안 되었다.
그리고 제물의 고기는 제사장들이 모세의 명한 거룩한 장소에서 먹어야만
했다. 제사장들이 희생제물의 고기를 먹는 것은 개인이 자유롭게 판단할
수 있는 사항이 아니라 반드시 그렇게 해야만 하는 필수적인 요건이었다.

그로 말미암아 화가 난 모세의 말을 들은 아론이 그렇게 하게 된 배경과
함께 변명을 했다. "오늘 그들이 그 속죄제와 번제를 여호와께 드렸어도
이런 일이 내게 임하였거늘 오늘 내가 속죄 제육을 먹었더면 여호와께서
어찌 선히 여기셨으리요"(레 10:19). 아론이 한 이 말은 과연 무슨 의미를 지
니고 있는가?

아론은 자기의 부족한 자식들이 하나님의 규례를 제대로 알지 못하고

제사를 지내다가 견디기 힘든 고통을 당했는데, 여전히 부족한 자기와 아들 제사장들이 그것을 먹는 행위만 한다고 한들 하나님께서 저들을 기쁘시게 받으실 것이냐는 말이었다. 즉 겉으로 드러나는 형식이 아니라 하나님을 경외하는 내용이 더욱 중요하다고 말했던 것이다. 모세가 아론의 그 말을 듣고 좋게 여겼다. 그가 그 말을 바람직한 것으로 받아들인 까닭은 아론이 하나님 앞에서 진정으로 겸손한 자세를 취했기 때문인 것으로 보인다.

우리가 여기서 얻어야 할 중요한 교훈 가운데 하나는, 하나님께서 제사장들에게 주신 희생제물의 음식에는 이스라엘 자손을 위한 것이라는 의미가 내포되어 있다는 점이다. 즉 그 거룩한 음식은 단순히 제사장들을 배불리기 위한 목적만으로 주어진 것이 아니었다(레 10:17). 하나님께서는 이스라엘 민족의 속죄를 위한 방편으로써 민족의 대표성을 띤 저들에게 특별한 음식을 주셨던 것이다.

이 말씀은 신약시대 교회에도 여전히 그 원리가 적용되어야 하는 것으로 보인다. 이는 목회자의 생활비에 관한 것이다. 즉 우리 시대 교회가 세운 교사인 목사들에게 생활비를 지급하면서 일상적인 삶을 보장하는 것은, 목사 개인과 그 가족을 위해서가 아니라 전체 교인들을 위해서라는 것과 마찬가지 의미를 지닌다.[17] 따라서 교회가 목사의 생활을 전적으로 책임지는 것은 목사 자신을 위해서라기보다 교회 즉 모든 성도들을 위해서라는 생각을 해야만 하는 것이다.

---

17) 우리 시대에 목사가 교회로부터 경제적인 생활을 보장받는 것은 교회론적으로 보아 매우 바람직한 일이다. 목사는 개인적으로 아무리 경제적인 여유가 있다고 할지라도 교회가 지급하는 생활비를 받지 않으면 곤란하다. 액수가 많고 적고는 개체 교회의 형편에 따른 것이므로 그다지 문제가 되지 않을 수도 있다. 하지만 중요한 것은 목사가 교회로부터 생활을 보장받음으로써 자의로 목회하지 않게 된다는 것이다. 만일 목사가 교회의 재정적 지원을 받지 않고 자비량한다면 교회의 의사보다 자신의 개인적인 의사를 앞세울 우려가 있다는 사실을 기억해야 한다.

제11장

정하고 부정한 것과
먹을 생물과 먹지 못할 생물 (레 11:1-47)

1 여호와께서 모세와 아론에게 고하여 그들에게 이르시되

2 이스라엘 자손에게 고하여 이르라 육지 모든 짐승 중 너희의 먹을 만한 생물은 이러하니

3 짐승 중 무릇 굽이 갈라져 쪽발이 되고 새김질하는 것은 너희가 먹되

4 새김질하는 것이나 굽이 갈라진 짐승 중에도 너희가 먹지 못할 것은 이러하니 약대는 새김질은 하되 굽이 갈라지지 아니하였으므로 너희에게 부정하고

5 사반도 새김질은 하되 굽이 갈라지지 아니하였으므로 너희에게 부정하고

6 토끼도 새김질은 하되 굽이 갈라지지 아니하였으므로 너희에게 부정하고

7 돼지는 굽이 갈라져 쪽발이로되 새김질을 못하므로 너희에게 부정하니

8 너희는 이 고기를 먹지 말고 그 주검도 만지지 말라 이것들은 너희에게 부정하니라

9 물에 있는 모든 것 중 너희의 먹을 만한 것은 이것이니 무릇 강과 바다와 다른 물에 있는 것 중에 지느러미와 비늘 있는 것은 너희가 먹되

10 무릇 물에서 동하는 것과 무릇 물에서 사는 것 곧 무릇 강과 바다에 있는 것으로서 지느러미와 비늘 없는 것은 너희에게 가증한 것이라

11 이들은 너희에게 가증한 것이니 너희는 그 고기를 먹지 말고 그 주검을 가증히 여기라

12 수중 생물에 지느러미와 비늘 없는 것은 너희에게 가증하니라

13 새 중에 너희가 가증히 여길 것은 이것이라 이것들이 가증한즉 먹지 말찌니 곧 독수리와 솔개와 어응과

14 매와 매 종류와

15 까마귀 종류와

16 타조와 다호마스와 갈매기와 새매 종류와

17 올빼미와 노자와 부엉이와

18 따오기와 당아와 올응과

19 학과 황새 종류와 대승과 박쥐니라

20 날개가 있고 네 발로 기어다니는 곤충은 너희에게 가증하되

21 오직 날개가 있고 네 발로 기어다니는 모든 곤충 중에 그 발에 뛰는 다리가 있어서 땅에서 뛰는 것은 너희가 먹을찌니

22 곧 그 중에 메뚜기 종류와 베짱이 종류와 귀뚜라미 종류와 팟종이 종류는 너희가 먹으려니와

23 오직 날개가 있고 기어다니는 곤충은 다 너희에게 가증하니라

24 이런 유는 너희를 부정케 하나니 누구든지 이것들의 주검을 만지면 저녁까지 부정할 것이며

25 무릇 그 주검을 옮기는 자는 그 옷을 빨찌니 저녁까지 부정하리라

26 무릇 굽이 갈라진 짐승 중에 쪽발이 아닌 것이나 새김질 아니하는 것의 주검은 다 네게 부정하니 만지는 자는 부정할 것이요

27 네 발로 다니는 모든 짐승 중 발바닥으로 다니는 것은 다 네게 부정하니 그 주검을 만지는 자는 저녁까지 부정할 것이며

28 그 주검을 옮기는 자는 그 옷을 빨찌니 저녁까지 부정하리라 그것들이 네게 부정하니라

29 땅에 기는 바 기는 것 중에 네게 부정한 것은 이러하니 곧 쪽제비와 쥐와 도마뱀 종류와

30 합개와 육지 악어와 수궁과 사막 도마뱀과 칠면석척이라

31 모든 기는 것 중 이것들은 네게 부정하니 무릇 그 주검을 만지는 자는 저녁까지 부정할 것이며

32 이런 것 중 어떤 것의 주검이 목기에든지 의복에든지 가죽에든지 부대에든지 무론 무엇에 쓰는 그릇에든지 떨어지면 부정하여지리니 물에 담그라 저녁까지 부정하다가 정할 것이며

33 그것 중 어떤 것이 어느 질그릇에 떨어지면 그 속에 있는 것이 다 부정하여지나니 너는 그 그릇을 깨뜨리라

34 먹을 만한 축축한 식물이 거기 담겼으면 부정하여질 것이요 그같은 그릇의 마실 만한 마실 것도 부정할 것이며

35 이런 것의 주검이 물건 위에 떨어지면 그것이 모두 부정하여지리니 화덕이든지 질탕관이든지 깨뜨려 버리라 이것이 부정하여져서 너희에게 부정한 것이 되리라

36 샘물이나 방축물 웅덩이는 부정하여지지 아니하되 그 주검에 다닥치는 것만 부정하여질 것이요

37 이것들의 주검이 심을 종자에 떨어질찌라도 그것이 정하거니와

38 종자에 물을 더할 때에 그것이 그 위에 떨어지면 너희에게 부정하리라

39 너희의 먹을 만한 짐승이 죽은 때에 그 사체를 만지는 자는 저녁까지 부정할 것이며

40 그것을 먹는 자는 그 옷을 빨 것이요 저녁까지 부정할 것이며 그 주검을 옮기는 자도 그 옷을 빨 것이요 저녁까지 부정하리라

41 땅에 기어 다니는 모든 기는 것은 가증한즉 먹지 못할찌니

42 곧 땅에 기어다니는 모든 기는 것 중에 배로 밀어 다니는 것이나 네 발로 걷는 것이나 여러 발을 가진 것이라 너희가 먹지 말찌니 이는 가증함이니라

43 너희는 기는 바 기어다니는 것을 인하여 자기로 가증하게 되게 말며 또한 그것을 인하여 스스로 더럽혀 부정하게 되게 말라

44 나는 여호와 너희 하나님이라 내가 거룩하니 너희도 몸을 구별하여 거룩하게 하고 땅에 기는 바 기어다니는 것으로 인하여 스스로 더럽히지 말라

45 나는 너희의 하나님이 되려고 너희를 애굽 땅에서 인도하여 낸 여호와라 내가 거룩하니 너희도 거룩할찌어다

46 이는 짐승과 새와 물에서 움직이는 모든 생물과 땅에 기는 모든 기어다니는 것에 대한 규례니

47 부정하고 정한 것과 먹을 생물과 먹지 못할 생물을 분별한 것이니라

1. 정하고 부정한 동물 (1-8)

하나님께서는 모세와 아론을 통해 이스라엘 백성에게 정하고 부정한 동물에 관한 규례를 주셨다. 그것은 전적으로 하나님의 뜻에 달린 문제였다. 하나님께서는 다양한 생물들을 정하고 부정한 것으로 구별하심으로써 인간들 가운데서도 거룩한 자들과 그렇지 않은 자들을 분류하시겠다는 뜻을 보여주셨다.

언약의 자손인 이스라엘 백성은 개인의 입맛에 따라 아무 음식이나 먹어서는 안 된다. 즉 인간들의 취향에 따라 음식을 결정할 수 없다. 그것은 전적으로 하나님에 의해 결정된 것이었다. 이스라엘 백성이 먹을 수 있는 생물은 짐승들 가운데 굽이 갈라져 쪽발이 되고 새김질하는 동물들이었다.

또한 새김질하는 동물이나 굽이 갈라진 동물 중에도 먹지 못할 동물들이 있다. 낙타와 사반과 토끼는 새김질은 하지만 굽이 갈라지지 않았으므로 부정한 동물에 속한다. 그리고 돼지는 굽이 갈라져 쪽발임에도 불구하고 새김질을 하지 못하기 때문에 부정한 동물로 분류되었다. 그와 같은 동물들의 고기를 먹지 말아야 하는 것은 물론 그 죽은 시체를 만져서도 안 된다.

2. 정하고 부정한 물고기 (9-12)

물고기들 가운데서도 정하고 부정한 것들이 구분된다. 정한 고기는 먹을 수 있지만 부정한 것은 먹을 수 없다. 물에서 살아가는 물고기라 해서 하나님 보시기에 모두가 동등하지는 않았던 것이다.

강과 바다와 저수지 등 물속에서 살아가는 고기들 가운데 지느러미와 비늘이 있는 것들은 이스라엘 백성이 먹을 수 있도록 허용되었다. 그렇지만 지느러미와 비늘이 없는 것들은 가증한 물고기로 분류되었다. 그것은 물고기 스스로에게 어떤 귀책사유가 있었던 것이 아니라 태생적인 것이라 볼 수밖에 없다.

분명한 사실은 어떤 물고기는 하나님 보시기에 정한 것이었던데 반해, 다른 어떤 물고기들은 그렇지 않았다는 점이다. 정한 물고기는 사람들이 먹을 수 있고 만져도 괜찮았지만 부정한 물고기는 가증하기 때문에 그렇게 해서는 안 된다. 나아가 그 물고기들의 죽은 시체에 몸이 닿는 것조차도 가증한 일이었으므로 엄격하게 금지되었다.

3. 정하고 부정한 새 (13-19)

하늘을 날아다니는 공중의 새들 가운데도 정한 새와 부정한 새로 뚜렷이 구분되었다. 새들 가운데 비둘기를 비롯한 일부를 제외한 많은 종류의 새들은 부정한 것들이었다. 우리가 일반적으로 알고 있는 독수리, 솔개, 매, 까마귀, 타조, 갈매기, 올빼미, 부엉이, 따오기, 학, 황새, 박쥐 등이 그에 속한다.

그러므로 이스라엘 백성들은 그런 가증한 새들을 먹어서는 안 된다. 거룩한 하나님께 속한 언약의 자손이 그런 가증한 새들의 고기를 먹게 되면 부정하게 되기 때문이다. 누구든지 하나님의 율법을 어기고 그와 같은 것을 먹거나 손으로 만질 경우 그것은 여호와 하나님께 범죄하는 것과 마찬가지다. 뿐만 아니라 가증한 새의 죽은 시체에 몸이 닿기만 해도 부정하게 된다.

4. 정하고 부정한 곤충 (20-25)

땅에서 살아가는 곤충들 가운데도 정한 것과 부정한 것으로 나뉜다. 날개가 있고 네 발로 기어다니는 곤충은 가증한 것이다. 그렇지만 날개가 있고 네 발로 기어다니는 곤충들 가운데 그 발에 뛰는 다리가 있어서 땅에서 뛰는 것은 정한 것으로 분류된다. 따라서 그런 것들은 사람들이 먹어도 된다. 즉 메뚜기 종류와 베짱이 종류와 귀뚜라미 종류와 팥종이 종류는 먹을 수 있다.

하지만 날개가 있으면서 땅에 기어다니는 곤충들은 가증하므로 먹어서는 안 된다. 그런 것들은 사람을 부정하게 만든다. 누구든지 그와 같은 곤충의 죽은 시체를 만지면 저녁까지 부정하게 된다. 따라서 죽은 곤충의 시체를 다른 곳으로 옮기는 자는 저녁이 이르기 전에 그 옷을 빨아야만 한다.

더러운 곤충으로 인해 부정하게 된 사람은 정해진 기간 동안에는 다른 사람들의 신체에 접촉해서는 안 된다. 그렇게 되면 그들마저 부정하게 될 것이기 때문이다. 하나님의 거룩한 언약의 백성이 된 자들은 항상 자신을 거룩하게 지켜야 할 뿐 아니라 다른 이웃들이 자기로 인해 부정하게 되지 않도록 신경을 써야만 한다.

5. 부정한 생물들과 부정에 관한 규정 (26-38)

앞에서 언급한 대로 굽이 갈라진 짐승 가운데 쪽발이 아닌 것이나 새김질을 하지 않는 것의 시체를 만지는 자는 부정하게 된다. 그리고 네 발로 다니는 짐승들 중에 발바닥 전체를 땅에 대고 다니는 것들은 부정하다. 따라서 그 시체를 만지는 사람은 저녁까지 부정하게 된다. 그러므로 그 죽은 시체를 다른 곳으로 옮기는 자는 저녁까지 부정하게 되며 그 옷을 빨아야만 한다.

또한 땅에 기어다니는 생물들 가운데 부정한 것들은 우리가 알고 있는 쪽제비와 쥐와 도마뱀 종류와 악어 등이다. 그런 동물이 집 안이나 집 부근에서 죽게 되면 부득불 누군가 그 시체를 치우지 않으면 안 된다. 그럴 경우라 할지라도 그 시체를 만지는 자는 저녁까지 부정하게 된다.

또한 그와 같은 동물의 죽은 것이 각종 그릇이나 의복 혹은 가죽이나 부대 위에 떨어지면 그것이 부정하게 된다. 그때는 저녁까지 부정하게 되므로 그 물건을 물에 담궈 두어야 한다. 그리고 그 죽은 것이 질그릇에 떨어지면 그것을 깨뜨려 버려야 한다. 나아가 그 속에 들어있던 모든 것들은 부정하게 된다. 또한 축축한 음식이나 물이 거기 담겨 있었으면 그것도 부정하게 된다.

나아가 그런 부정한 동물들의 시체가 어떤 물건 위에 떨어지면 그것이 부정하게 된다. 그것이 가마나 화로라면 그 부정하게 된 물건을 반드시 깨뜨려서 버려야 한다. 만일 어떤 사람이 그 물건이 아까워 깨뜨리지 않고 다시 사용한다면 그는 부정한 상태를 유지할 뿐 아니라 하나님께 저항하는 범죄를 저지르게 된다.

하지만 샘물이나 물이 고인 웅덩이는 설령 거기에 부정한 동물이 떨어졌다 하더라도 부정한 동물이 떨어져 부딪친 부위만 부정하게 될 따름이다. 그리고 그 부정한 것의 시체가 땅에 심을 곡식의 종자 위에 떨어져도 그것은 부정하게 되지 않는다. 하지만 그 종자가 물에 젖었을 때 그것이 그 위에 떨어지면 부정하게 된다.

그런데 우리가 여기서 주의해야 할 점은 그렇게 되면 종자가 아니라 사람에게 부정이 더해지게 된다는 사실이다. 하나님께서는 이를 통해 사람의 생명에 직접 연관된 물 근원과 곡식의 종자에 대해서는 특별한 규정을 정해두셨다. 이는 언약의 백성들을 배려하시는 하나님의 은혜로 이해할 수 있다.

6. 부정한 생물들로 말미암는 가증하게 된 결과 (39-43)

사람이 먹을 수 있는 정한 동물이 죽은 경우에도 그 시체를 만지는 자는 저녁까지 부정하게 된다. 여기서 말하고 있는 바는 동물을 도살해 죽이는 경우가 아니라 자연사自然死나 사고를 통해 죽은 경우를 말하고 있는 것으로 보인다. 설령 정한 동물이라 할지라도 그와 같이 죽은 고기를 먹는 사람은 그의 옷을 빨아야 하며 저녁까지 부정하게 된다. 그리고 그 시체를 다른 곳으로 옮기는 자는 부정하게 되며 그의 옷을 빨아야 한다.

땅 위에 기어다니는 생물들 중에 배로 밀어다니는 것이나 네 발의 발바닥 전체를 땅에 대고 걷는 것이나 여러 발을 가진 것들은 가증하므로 먹지 말아야 한다. 만일 그런 것들의 고기를 먹으면 그로 말미암아 그 사람은 더럽혀져 부정하게 되며, 그 사람 자체가 가증하게 된다.

우리는 여기서 사람이 단순히 부정하게 된다는 사실과 그가 하나님 보시기에 가증하게 된다는 사실은 유사하지만 분리해 생각해 볼 필요가 있다. 가증하게 되는 것은 부정하게 되는 것보다 한층 더 심한 경우를 말하고 있는 것으로 보인다. 따라서 그런 행위는 절대로 피하지 않으면 안 된다. 하나님을 경외하는 백성으로서는 결코 그럴 수 없는 것이다.

7. 거룩한 하나님과 거룩한 백성 (44-47)

하나님께서 짐승, 물고기, 새, 곤충 등 모든 종류의 생물들을 정하고 부정한 것으로 나누신 의도는 과연 무엇이었을까? 그것은 인간들 역시 그와 마찬가지로 분류된다는 사실을 말해주기 위한 것으로 보인다. 따라서 하나님의 자녀로 구별된 자들은 부정한 동물을 먹거나 그에 접촉하지도 말아야 한다.

이는 거룩한 하나님의 자녀들은 영원한 언약과 아무런 상관이 없는 이방인들과 함부로 어울리거나 뒤섞여서는 안 된다는 사실을 시사해 주고 있다. 그렇게 되면 언약의 백성이 저들처럼 부정하게 될 수 있다. 뿐만 아니라 하나님의 언약을 버리고 무신경하게 방치해 두게 되면 하나님 보시기에 가증스럽게 된다.

그러므로 하나님의 자녀들은 땅 위에 살아가는 부정한 생물들로 인해 자신을 더럽히지 말아야 한다. 하나님께서는 언약의 백성들에게 그 이유를 구체적으로 말씀하셨다. 그것은 하나님이 거룩하시므로 그의 백성도 마땅히 그래야 한다는 것이었다.

> "나는 여호와 너희 하나님이라 내가 거룩하니 너희도 몸을 구별하여 거룩하게 하라 ... 나는 너희의 하나님이 되려고 너희를 애굽 땅에서 인도하여 낸 여호와라 내가 거룩하니 너희도 거룩할찌어다"(레 11:44,45)

이 세상에 살아가는 하나님의 자녀들은 항상 이에 대한 기억을 하고 있지 않으면 안 된다. 레위기의 정하고 부정한 생물의 구분은 그에 대한 배경이 된다. 따라서 하나님께서 정하고 부정한 동물을 명확하게 구별하신 것은, 결코 인간들이 마음대로 변개할 수 없는 절대적인 규례가 되었다. 이스라엘의 제사장들은 항상 그 규례를 엄격하게 지켜야만 했다. 나아가 일반 백성들도 항상 그에 관한 내용을 일상생활 가운데 염두에 두고 살아가지 않으면 안 되었다.

8. 구약의 상징적 교훈의 완성과 신약적인 의미

사도행전에는 하나님께서 베드로를 통해 로마제국의 군장교인 고넬료(Cornelius)에게 복음을 전한 내용이 기록되어 있다. 유대인인 베드로가 이방인인 고넬료에게 하나님의 말씀을 전한다는 것은 쉽게 용납될 수 없는 일이었다. 당시는 선민인 유대인과 이방인의 구별이 뚜렷했다.

그러므로 베드로는 하나님께서 이방인에 대한 복음 선포를 요구하셨을 때 그것을 쉽게 받아들이지 못했다. 따라서 하나님께서는 베드로가 고넬료의 집을 방문하기 전에 그에게 특별한 환상을 보여주셨다. 그것은 구약의 율법에 기록되어 있는 부정한 짐승과 곤충을 잡아먹으라는 명령이었다.

> "베드로가 기도하려고 지붕에 올라가니 시간은 제 육시더라 시장하여 먹고자 하매 사람이 준비할 때에 비몽사몽간에 하늘이 열리며 한 그릇이 내려오는 것을 보니 큰 보자기 같고 네 귀를 매어 땅에 드리웠더라 그 안에는 땅에 있는 각색 네 발 가진 짐승과 기는 것과 공중에 나는 것들이 있는데 또 소리가 있으되 베드로야 일어나 잡아 먹으라 하거늘 베드로가 가로되 주여 그럴수 없나이다 속되고 깨끗지 아니한 물건을 내가 언제든지 먹지 아니하였삽나이다 한대 또 두번째 소리 있으되 하나님께서 깨끗케 하신 것을 네가 속되다 하지 말라 하더라" (행 10:9-15)

구약성경의 율법을 잘 알고 있던 베드로가 부정한 짐승과 곤충을 잡아먹는다는 것은 상상조차 할 수 없는 일이었다. 그런데 하나님께서는 그것을 먹으라고 명하셨다. 하나님의 명령을 들은 베드로는 그것을 감히 거역할 수 없었다. 이제 하나님께서 정결하게 한 것을 사람이 부정한 것으로 말하지 못할 때가 이르렀다는 것이었다.

베드로는 나중 그것이 음식 자체에 관한 의미가 아니라 이방인에 연관된 말이라는 사실을 깨달았다. 그래서 그는 가이샤랴에 있던 고넬료의 가정을 기꺼이 방문하게 되었다. 당시 유대인으로서 이방인의 가정을 방문한다는 것은 결코 쉽지 않은 일이었다. 더구나 상대는 로마제국의 군대 장교였다.

당시 교회 가운데 가장 중요한 지도자였던 베드로가 그렇게 한다는 것은 상당한 부담을 가질 수밖에 없는 상황이었다. 이는 기독교가 로마제국과 내통한다는 엄청난 오해를 살 여지가 있었기 때문이다. 당시 열성당에 속한 유대인들이 보면 배도자로 볼 수도 있는 문제였다. 그러나 베드로는 하나님의 명령에 따라 로마제국의 군대 장교의 집을 방문했다. 거기서 베드로는 그에 관한 설명을 하고 있다.

> "베드로가 가로되 … 유대인으로서 이방인을 교제하는 것과 가까이 하는 것이 위법인 줄은 너희도 알거니와 하나님께서 내게 지시하사 아무도 속되다 하거나 깨끗지 않다 하지 말라 하시기로 부름을 사양치 아니하고 왔노라"(행 10:26-29)

이 말씀 가운데는 구약의 율법에서 규정된 정하고 부정한 생물에 관한 의미가 무엇인지 밝혀져 있다. 레위기에 기록된 정하고 부정한 동물에 관한 규례에는 언약의 백성이 이방인들과 함부로 뒤섞이지 말아야 한다는 교훈이 담겨 있었다. 그런데 하나님께서는 예수 그리스도로 말미암아 그것이 개방되었음을 베드로를 통해 보여주셨다.

우리가 여기서 깨달아야 할 점은 구약의 율법에서 정한 생물과 부정한 생물을 뚜렷이 구분한 근본적인 의미가 선민인 유대인과 이방인에 관련되어 있다는 사실이다. 또한 그것은 거룩한 하나님의 백성과 그렇지 않은 자들이 나누어지는 것을 보여주고 있다. 즉 구약성경의 정하고 부정한 생물에 관한 규례는 유대인과 이방인, 하나님의 자녀와 세상 사람들에 대한 그림자적인 성격을 지니고 있었던 것이다.

제12장

여인의 출산과 속죄제 (레 12:1-8)

1 여호와께서 모세에게 일러 가라사대

2 이스라엘 자손에게 고하여 이르라 여인이 잉태하여 남자를 낳으면 그는 칠일 동안 부정하리니 곧 경도할 때와 같이 부정할 것이며

3 제 팔 일에는 그 아이의 양피를 벨 것이요

4 그 여인은 오히려 삼십삼 일을 지나야 산혈이 깨끗하리니 정결케 되는 기한이 차기 전에는 성물을 만지지도 말며 성소에 들어가지도 말 것이며

5 여자를 낳으면 그는 이 칠일 동안 부정하리니 경도할 때와 같을 것이며 산혈이 깨끗하게 됨은 육십 륙일을 지나야 하리라

6 자녀간 정결케 되는 기한이 차거든 그 여인은 번제를 위하여 일 년 된 어린양을 취하고 속죄제를 위하여 집비둘기 새끼나 산비둘기를 취하여 회막문 제사장에게로 가져갈 것이요

7 제사장은 그것을 여호와 앞에 드려서 여인을 위하여 속죄할찌니 그리하면 산혈이 깨끗하리라 이는 자녀간 생산한 여인에게 대한 규례니라

8 그 여인의 힘이 어린양에 미치지 못하거든 산비둘기 둘이나 집 비둘기 새끼 둘을 가져다가 하나는 번제물로, 하나는 속죄제물로 삼을 것이요 제사장은 그를 위하여 속할찌니 그가 정결하리라

1. 여인의 출산과 부정 (1-5)

모세의 율법에서는 아기를 출산하는 것이 부정한 죄가 된다. 하나님께서는 모세에게 그 사실을 선포하도록 했다. 왜 그것이 부정한 것으로 되어야만 하는가? 여성이 죄에 빠진 타락한 인간을 낳기 때문이었을까? 그에 관한 분명한 이해를 하기란 결코 쉽지 않지만 그것이 죄와 연관되어 부정하게 된다는 사실은 틀림없다.

그러므로 여인이 잉태하여 남자 아기를 낳으면 그는 칠 일 동안 부정하다고 했다. 그것은 여성이 월경月經을 할 때와 마찬가지로 부정하게 된다. 남자 아기를 출산한 지 제 팔일이 되면 그 아기의 양피陽皮를 베어야 한다. 그리고 그 여인은 삼십삼 일을 지나야만 출산으로 인한 산혈産血이 깨끗하게 되며 그 기한이 차기 전에는 성물을 만지지 말아야 하며 성소에 들어가서는 안 된다. 여기서 말하는 성소란 성전 뜰을 의미한다.

한편 여자 아기를 출산할 경우에는 남자 아기의 경우와 그 형편이 다르다. 산모가 칠 일 동안 부정하게 되는 것은 남자 아기를 출산했을 때와 동일하며 월경할 때와 같다. 그러나 산혈이 깨끗해지는 기간은 남자 아기를 낳았을 때보다 갑절의 기간이 더 필요했다.[18] 즉 육십육 일이 지나야만 했던 것이다. 그후에라야 비로소 성전 뜰 안으로 들어갈 수 있게 된다.

우리가 여기서 기억해야 할 바는 여성의 출산은 자연스러운 일임에도 불구하고 모세 율법은 그것을 부정의 원인으로 보고 있다는 사실이다. 또한 임신 중에 있는 여성은 부정하지 않다는 사실도 같이 기억해야 한다. 이는 부정의 원인이 출산자체가 아니라 여성이 흘려야 하는 피에 연관되어

---

18) 산모가 남자 아기와 여자 아기를 분만했을 때 부정한 정도에 차이가 난다는 것은 실제적이지 않다. 그것은 전적으로 하나님의 고유한 뜻과 의도에 따른 것이다. 짐승과 물고기, 새, 곤충의 정하고 부정한 것도 실체적인 근거 때문이 아니라 하나님께서 그렇게 정하셨기 때문이다. 그러므로 어떤 사람들이 주장하듯이 구약의 부정한 생물의 고기는 인간의 몸에 좋지 않다고 말하는 근거가 될 수 없다.

있음을 말해주고 있다. 모세의 율법은 모든 피에 대하여 특별한 의미를 두고 있다.

2. 속죄제 (6-8)

여인이 아기를 출산하는 것이 왜 죄가 되느냐고 따져 물을 수 있는 사람은 아무도 없다. 하나님께서 율법을 통해 그렇다고 하면 그럴 따름이다. 산모가 남자 아기나 여자 아기를 출산한 후 각기 다른 기간을 거쳐 정결케 되는 때가 차면 그 여인은 하나님께 번제와 속죄제를 드려야 한다.

그 여인은 규례에 따라, 번제를 위하여 일 년 된 어린양을 취해야 하며, 속죄제를 드리기 위해서는 집비둘기 새끼나 산비둘기를 취해야 한다. 산모는 그것을 회막문의 제사장 앞으로 가져가게 된다. 그러면 제사장이 그것들을 희생제물로 삼아 여호와 하나님께 바침으로써 그 여인을 위하여 속죄하게 된다.

만일 그 여인의 힘이 어린양을 바칠 만한 능력이나 형편이 되지 못한다면 산비둘기 두 마리나 집비둘기 새끼 둘을 가져다가 하나는 번제물로 드리고 다른 하나는 속죄제물로 삼아야 한다. 그렇게 되면 제사장이 저를 위해 속죄함으로써 정결하게 된다. 우리가 알 수 있는 사실은 아무리 가난하다고 해도 동물을 바쳐 번제와 속죄제를 드리지 않고는 정결케 될 방법이 없다는 점이다.

그와 같은 정결례를 행해야만 비로소 자녀를 출산한 여인의 산혈이 깨끗한 것으로 인정받게 된다. 여기서 우리가 알 수 있는 사실은 그 여인이 정해진 기간만 지나면 자동적으로 산혈이 깨끗해지는 것이 아니라는 점이다. 그녀는 반드시 번제와 속죄제를 통한 정결례를 행해야만 저의 피가 깨끗해질 수 있는 것이다. 그것은 출산한 여인들을 위해 하나님께서 정하신 특별한 규례이다.

3. 출산한 여인의 부정의 근거와 정결례를 통한 교훈

아기를 낳은 여인의 피가 부정하다는 것은 피에 대한 실체적인 문제가 아니다. 즉 남자 아기를 낳았을 때보다 여자 아기를 낳았을 때의 피가 실제적으로 더 탁하거나 더럽게 되는 것은 아니다. 그러나 하나님의 규례에서는 그렇게 명시되어 있다.

하나님께서는 맨 처음 사탄의 유혹을 받았던 아담과 하와의 창조 순서와 범죄행위에 대한 가담 순서에 연관해 그 규례를 주신 것으로 보인다. 남자와 여자는 창조 때부터 아무런 차별 없는 상태가 아니었다. 남자가 먼저 지어지고 여자는 남자를 돕는 배필로 창조되었다. 그러나 하와는 아담을 돕기는 커녕 도리어 그와 함께 범죄의 도가니로 들어가는 창구 역할을 하게 되었다.

하와가 자기 남편 아담을 죄악으로 이끈 사실은 매우 중요하게 해석되어야 할 문제이다. 그와 연관된 교훈은 구약시대뿐 아니라 신약시대에도 그대로 유효하게 적용되고 있다. 특히 교회의 직분을 수행하는 문제에 있어서는 그점이 더욱 분명하게 드러난다.

> "여자는 일절 순종함으로 종용히 배우라 여자의 가르치는 것과 남자를 주관하는 것을 허락지 아니하노니 오직 종용할찌니라 이는 아담이 먼저 지음을 받고 이와가 그 후며 아담이 꾀임을 보지 아니하고 여자가 꾀임을 보아 죄에 빠졌음이니라"(딤전 2:11-14)

이 말씀은 매우 중요한 구속사적 의미를 지니고 있다.[19] 그렇지만 우리

---

[19] 구약성경은 남성과 여성의 차이에 관해 분명한 입장을 보이고 있다. 여성의 월경과 아기를 잉태하고 분만하는 일은 남성에게는 해당되지 않는 문제이다. 여성들에게만 발생하는 그것이 부정한 것으로 분류되고 있음은 남성과 여성의 근본적인 차이를 보여주고 있다. 이는 인간의 전체적인 구속사적인 의미로 이해해야 한다.

는 이 말씀이 여성을 비하하는 목적으로 사용되어서는 안 된다는 사실을 기억한다. 하나님께서는 인간들의 상식적인 보통 안목으로 보기에는 죄가 아닌 것을 죄로 규정하고 계신다. 모세 율법은 그것을 보여주고 해결하기 위해 여성의 출산과 더불어 정결의례를 행하도록 요구하셨다. 거기에는 반드시 일정 기간의 인내가 필요했으며 제사장이 개입되어야 했다.

이와 더불어 우리가 반드시 깨달아야 할 점은 우리 역시 자신의 죄에 대한 분명한 인식과 회개를 동반해야 한다는 사실이다. 즉 경과 기간에 따른 무조건적인 용서가 아니라 시간이 지나서도 하나님 앞에서 죄를 뉘우쳐 회개해야 한다는 것이다. 사람들은 대개 범죄하고 나서 세월이 오래 흐르게 되면 서서히 잊어버리고 유야무야 넘어가려고 한다. 범죄를 저지른 후 가까운 시기에는 고통스러워하면서 시간이 지나가면 서서히 잊어버리고 아무렇지도 않은 듯이 여기게 된다. 우리는 자신의 지나간 범죄 사실에 대해 철저하고 민감한 자세를 가질 필요가 있는 것이다.

제13장

문둥병에 관한 규례 (레 13:1-59)

1 여호와께서 모세와 아론에게 일러 가라사대

2 사람의 피부에 무엇이 돋거나 딱지가 앉거나 색점이 생겨서 그 피부에 문둥병같이 되거든 곧 제사장 아론에게나 그 자손 중 한 제사장에게로 데리고 갈 것이요

3 제사장은 그 피부의 병을 진찰할찌니 환처의 털이 희어졌고 환처가 피부보다 우묵하여졌으면 이는 문둥병의 환처라 제사장이 진단하여 그를 부정하다 할 것이요

4 피부에 색점이 희나 우묵하지 아니하고 그 털이 희지 아니하면 제사장은 그 환자를 칠 일 동안 금고할 것이며

5 칠일만에 제사장이 그를 진찰할찌니 그의 보기에 그 환처가 변하지 아니하고 병색이 피부에 퍼지지 아니하였으면 제사장이 그를 또 칠 일 동안을 금고할 것이며

6 칠일만에 제사장이 또 진찰할찌니 그 환처가 엷어졌고 병색이 피부에 퍼지지 아니하였으면 피부병이라 제사장이 그를 정하다 할 것이요 그는 옷을 빨 것이라 그리하면 정하리라

7 그러나 정결한 여부를 위하여 제사장에게 보인 후에 병이 피부에 퍼지면 제사장에게 다시 보일 것이요

8 제사장은 진찰할찌니 그 병이 피부에 퍼졌으면 그를 부정하다 진단할 것이라 이는 문둥병임이니라

9 사람에게 문둥병이 들었거든 그를 제사장에게로 데려갈 것이요

10 제사장은 진찰할찌니 피부에 흰 점이 돋고 털이 희어지고 거기 난육이 생겼으면

11 이는 그의 피부의 오랜 문둥병이라 제사장이 부정하다 진단할 것이요 그가

이미 부정하였은즉 금고하지는 않을 것이며

12 제사장의 보기에 문둥병이 그 피부에 크게 발하였으되 그 환자의 머리부터 발까지 퍼졌거든

13 그가 진찰할 것이요 문둥병이 과연 그 전신에 퍼졌으면 그 환자를 정하다 할찌니 다 희어진 자인즉 정하거니와

14 아무 때든지 그에게 난육이 발생하면 그는 부정한즉

15 제사장이 난육을 보고 그를 부정하다 진단할찌니 그 난육은 부정한 것인즉 이는 문둥병이며

16 그 난육이 변하여 다시 희어지면 제사장에게로 갈 것이요

17 제사장은 그를 진찰하여서 그 환처가 희어졌으면 환자를 정하다 할찌니 그는 정하니라

18 피부에 종기가 생겼다가 나았고

19 그 종처에 흰 점이 돋거나 희고 불그스름한 색점이 생겼으면 제사장에게 보일 것이요

20 그는 진찰하여 피부보다 얕고 그 털이 희면 그를 부정하다 진단할찌니 이는 종기로 된 문둥병의 환처임이니라

21 그러나 제사장의 보기에 거기 흰 털이 없고 피부보다 얕지 아니하고 빛이 엷으면 제사장은 그를 칠 일 동안 금고할 것이며

22 그 병이 크게 피부에 퍼졌으면 제사장은 그를 부정하다 진단할찌니 이는 그 환처임이니라

23 그러나 그 색점이 여전하고 퍼지지 아니하였으면 이는 종기 흔적이니 제사장은 그를 정하다 진단할찌니라

24 피부를 불에 데었는데 그 덴 곳에 불그스름하고 희거나 순전히 흰 색점이 생기면

25 제사장은 진찰할찌니 그 색점의 털이 희고 그 자리가 피부보다 우묵하면 이는 화상에서 발한 문둥병인즉 제사장은 그를 부정하다 할것은 문둥병의 환처가 됨이니라

26 그러나 제사장의 보기에 그 색점에 흰 털이 없으며 그 자리가 피부보다 얕지 아니하고 빛이 엷으면 그는 그를 칠 일 동안 금고할 것이며

27 칠일만에 제사장이 그를 진찰할찌니 만일 병이 크게 피부에 퍼졌으면 그

는 그를 부정하다 진단할 것은 문둥병의 환처임이니라

28 만일 색점이 여전하여 피부에 퍼지지 아니하고 빛이 엷으면 화상으로 부은 것이니 제사장은 그를 정하다 할 것은 이는 화상의 흔적임이니라

29 남자나 여자의 머리에나 수염에 환처가 있으면

30 제사장은 진찰할찌니 환처가 피부보다 우묵하고 그 자리에 누르고 가는 털이 있으면 그는 그를 부정하다 할 것은 이는 옴이라 머리에나 수염에 발한 문둥병임이니라

31 만일 제사장의 보기에 그 옴의 환처가 피부보다 우묵하지 아니하고 그 자리에 검은 털이 없으면 제사장은 그 옴 환자를 칠 일 동안 금고할 것이며

32 칠일만에 제사장은 그 환처를 진찰할찌니 그 옴이 퍼지지 아니하고 그 자리에 누른 털이 없고 피부보다 우묵하지 아니하거든

33 그는 모발을 밀되 환처는 밀지 말 것이요 제사장은 옴 환자를 또 칠 일 동안 금고할 것이며

34 칠일만에 제사장은 그 옴을 또 진찰할찌니 그 옴이 피부에 퍼지지 아니하고 피부보다 우묵하지 아니하면 그는 그를 정하다 진단할 것이요 그는 그 옷을 빨찌니 정하려니와

35 깨끗한 후에라도 옴이 크게 피부에 퍼지면

36 제사장은 그를 진찰할찌니 과연 옴이 피부에 퍼졌으면 누른 털을 찾을 것 없이 그는 부정하니라

37 그러나 제사장의 보기에 옴이 여전하고 그 자리에 검은 털이 났으면 그 옴은 나았고 그 사람은 정하니 제사장은 그를 정하다 진단할찌니라

38 남자나 여자의 피부에 색점 곧 흰 색점이 있으면

39 제사장은 진찰할찌니 그 피부의 색점이 부유스름하면 이는 피부에 발한 어루러기라 그는 정하니라

40 누구든지 그 머리털이 빠지면 그는 대머리니 정하고

41 앞머리가 빠져도 그는 이마 대머리니 정하니라

42 그러나 대머리나 이마 대머리에 희고 불그스름한 색점이 있으면 이는 문둥병이 대머리에나 이마 대머리에 발함이라

43 제사장은 그를 진찰할찌니 그 대머리에나 이마 대머리에 돋은 색점이 희고 불그스름하여 피부에 발한 문둥병과 같으면

44 이는 문둥 환자라 부정하니 제사장은 그를 부정하다 확실히 진단할 것은 그 환처가 그 머리에 있음이니라

45 문둥 환자는 옷을 찢고 머리를 풀며 윗입술을 가리우고 외치기를 부정하다 부정하다 할 것이요

46 병 있는 날 동안은 늘 부정할 것이라 그가 부정한즉 혼자 살되 진 밖에 살찌니라

47 만일 의복에 문둥병 색점이 발하여 털옷에나 베옷에나

48 베나 털의 날에나 씨에나 혹 가죽에나 무릇 가죽으로 만든 것에 있되

49 그 의복에나 가죽에나 그 날에나 씨에나 무릇 가죽으로 만든 것에 병색이 푸르거나 붉으면 이는 문둥병의 색점이라 제사장에게 보일 것이요

50 제사장은 그 색점을 살피고 그것을 칠 일 동안 간직하였다가

51 칠일만에 그 색점을 살필찌니 그 색점이 그 의복의 날에나 씨에나 가죽에나 가죽으로 만든 것에 퍼졌으면 이는 악성 문둥병이라 그것이 부정하니

52 그는 그 색점 있는 의복이나 털이나 베의 날이나 씨나 무릇 가죽으로 만든 것을 불사를찌니 이는 악성 문둥병인즉 그것을 불사를찌니라

53 그러나 제사장의 보기에 그 색점이 그 의복의 날에나 씨에나 무릇 가죽으로 만든 것에 퍼지지 아니하였으면

54 제사장은 명하여 그 색점 있는 것을 빨게 하고 또 칠 일 동안 간직하였다가

55 그 빤 곳을 볼찌니 그 색점의 빛이 변치 아니하고 그 색점이 퍼지지 아니하였으면 부정하니 너는 그것을 불사르라 이는 거죽에 있든지 속에 있든지 악성 문둥병이니라

56 빤 후에 제사장의 보기에 그 색점이 엷으면 그 의복에서나 가죽에서나 그 날에서나 씨에서나 그 색점을 찢어 버릴 것이요

57 그 의복의 날에나 씨에나 무릇 가죽으로 만든 것에 색점이 여전히 보이면 복발하는 것이니 너는 그 색점 있는 것을 불사를찌니라

58 네가 빤 의복의 날에나 씨에나 무릇 가죽으로 만든 것에 그 색점이 벗어졌으면 그것을 다시 빨아야 정하리라

59 이는 털옷에나 베옷에나 그 날에나 씨에나 무릇 가죽으로 만든 것에 발한 문둥병 색점의 정하고 부정한 것을 단정하는 규례니라

1. 성경에 언급된 문둥병

레위기서에 기록된 문둥병은 우리 시대에 많은 사람들이 생각하는 그 질병과는 사뭇 차이가 난다. 우리가 일반적으로 알고 있는 문둥병은 인간들이 가진 여러 가지 질병 유형들 가운데 하나에 지나지 않는다. 따라서 그 질병에 대해 특별한 의미를 두고 다루어야 할 하등의 이유가 없다.

그에 반해 레위기에서 문둥병이라 표현되는 '문둥병'은 구약의 율법적인 의미에서 볼 때 저주의 질병이다. 하지만 그것은 매우 특이하다. 왜냐하면 그 질병은 다른 곳에는 존재하지 않고 이스라엘 민족 내부에만 존재하는 질병으로 보아야 하기 때문이다. 그것은 사람의 몸에 발생할 뿐 아니라 사람과 상관없이 집 안과 물건에 발하기도 하고 집 자체에 생겨나기도 한다.

이스라엘 민족 가운데 생겼던 것과 동일한 문둥병이 이스라엘 민족 바깥에는 존재하지 않았던 사실을 기억하는 것은 매우 중요하다. 따라서 그 질병을 하나님께서 이스라엘 민족을 다스리기 위한 특별한 도구로 보는 것이 바람직하다. 이스라엘 민족은 그것을 통해 하나님 앞에서 바짝 긴장할 수 있었으며 그것을 정결하게 처리하기 위한 제사장들의 역할이 분명히 드러나고 있기 때문이다.

그러므로 우리 시대에 들어와 성경에 나오는 '문둥병'을 나병이나 한센씨병으로 바꾸어 부르자는 주장은 쉽게 받아들일 수 없으며 매우 신중할 필요가 있다. 성경의 원문에서 그것과 통하는 용어를 사용했다면 그것을 군이 바꾸어야 할 이유가 없기 때문이다. 사람들 가운데는 그렇게 질병 명칭을 바꾸는 것이 그 병에 걸린 사람들에 대한 인격적 예우라 생각하는 것 같지만 그것은 언어유희言語遊戲에 지나지 않는다. 도리어 그렇게 하면 마치 성경에 나오는 저주의 질병을 우리에게 알려진 문둥병과 동일시할 우려마저 생기게 된다.

2. 문둥병과 제사장

(1) 피부병 진단 (1-8)

구약시대에는 사람의 피부에 무엇이 돋거나 딱지가 앉거나 색점이 생기게 된다면 그것이 혹 문둥병이 아닌지 의심해 보아야 했다. 그럴 경우에는 즉시 그를 아론 자손의 제사장에게로 데리고 가야 한다. 우리가 여기서 주의 깊은 관심을 가져야 할 점은 그 사람을 질병을 고치는 의사가 아니라 제사장에게 데려가야 했다는 사실이다.

제사장은 먼저 그 사람의 피부에 난 질병을 진찰해야 한다. 환처의 털이 희게 변하고 그 주위가 다른 피부보다 우묵하게 들어갔으면 그는 문둥병에 걸린 것이다. 그러면 제사장은 그를 부정한 자로 진단해야 한다.

그러나 피부에 난 색점이 희게 변하기는 했지만 우묵하게 들어가지 않고 그 털이 희지 않다면 제사장은 그 환자를 칠 일 동안 따로 격리시켜 관리해야 한다. 제사장은 그의 피부의 변화를 주의 깊게 살피지 않고 아무 일 없는 듯이 집으로 돌려보내서는 안 된다. 칠 일이 지난 후에 제사장은 다시 그의 피부를 정밀하게 진찰해야 하는 것이다.

재차 그 환자의 피부가 그대로 있고 병색이 피부에 더 이상 퍼지지 않았으면, 제사장이 또다시 칠 일 동안 그를 격리시켜 지내도록 해야 한다. 그 다음 칠 일 만에 제사장은 또다시 그의 피부를 진찰하고 그의 환처가 엷어졌고 병색이 피부에 퍼지지 않았으면 문둥병에 걸린 것이 아니라 일반 피부병이므로 부정한 것이 아니다.

그렇지만 그 사람은 자기가 입고 있던 옷을 깨끗하게 빨아야 한다. 그렇게 함으로써 부정하게 될 가능성으로부터 자유롭게 되어 정하게 된다. 즉 그는 피부에 문둥병이 걸린 것이 아니었지만 그럴 가능성이 있는 자로 지목받고 있었으므로 그가 정한 자임을 확인받을 필요가 있었던 것이다.

하지만 그가 정결한지에 대한 여부를 가리기 위해 제사장에게 피부의

환처를 보인 후에 그 질병이 피부에 점차 퍼져가는 증상이 나타나면 다시
금 제사장에게 보여야 한다. 그러면 제사장은 또다시 그 피부병을 정밀하
게 진찰해야 한다. 그때 그 병이 피부에 넓게 퍼졌으면 그것은 문둥병이다.
그러므로 제사장은 그 사람에게 부정하다는 판단을 내려야 한다.

우리는 여기서 제사장이 문둥병 여부를 확인하기 위해 얼마나 철저하게
대응하는가 하는 점을 엿볼 수 있다. 그러므로 정해진 기간을 두고 되풀이
하여 환처를 면밀히 살폈던 것이다. 동시에 그 환자도 자신의 질병에 대해
얼마나 신중하게 접근했는지 알 수 있다. 자신의 피부에 난 질병이 문둥병
일 수 있다는 사실을 부인하지 않고 자신을 제사장에게 온전히 맡겼던 것
이다.

오늘날 우리는 이에 대한 의미를 주의 깊게 생각해 보아야 한다. 우리는
혹 영적인 문둥병에 걸리지 않았는지 늘 자신의 삶을 살피지 않으면 안 된
다. 그리고 교회와 책임 있는 직분을 맡은 자들은 그것을 신중하게 살펴야
하며, 각 성도들도 그에 대해 신중한 자세를 견지해야만 한다.

(2) 문둥병 진단과 부정함과 전신 문둥병자의 정함 (9-17)

어떤 사람에게 일반적인 피부병이 아니라 문둥병이 걸린 것이 의심된다
면 그를 반드시 제사장에게 데리고 가야 한다. 그냥 집에 머물게 한 채 해
결하려 해서는 안 된다. 나아가 의사나 약품을 통해 치료하려는 생각을 하
지 말아야 한다. 제사장으로 하여금 환자의 피부를 정밀하게 진단하도록
해야 하는 것이다.

제사장이 진찰해 보아 그의 피부에 흰점이 돋아있고 털이 희어지고 거
기 생살(the raw flesh)이 생겨났으면 그것은 이미 피부의 오래된 문둥병이다.
제사장은 그를 부정한 자라는 판정을 내려야 한다. 그러나 그는 이미 부정
한 상태이므로 그를 가두어 두어야 할 필요가 없다.

제사장이 환자를 자세히 진찰하여 보아서 그 문둥병이 그 환자의 머리

부터 발끝까지 전신에 퍼졌으면 그 환자를 정하다고 판정해야 한다. 그는 온 몸이 희어진 자이기 때문에 정한 자로 진단해야 하는 것이다.[20]

그리고 언제든지 그의 생살을 살펴보아 성난 살이 생겼다면 제사장은 그를 부정한 자로 진단해야 한다. 그 사람은 문둥병에 걸렸기 때문이다. 그렇지만 그 피부의 환처가 변하여 다시 희게 되면 또다시 그를 제사장에게 데려가야 한다. 그때 제사장은 진찰해 보고 그 환처가 희어진 것이 확실하다면 그를 정한 자로 판정해야 한다.

사람의 몸 가운데 피부 일부에 문둥병이 생겼다면 부정한 자이며, 온 몸에 문둥병이 걸렸다면 정하게 된다. 이 말이 과연 무슨 의미인가? 아마도 그 사람은 문둥병에 걸린 자신의 몸에 대해 완전히 포기했기 때문이 아니었을까? 그는 이제 자기를 비롯한 그 어느 것에도 기대하지 못하고 오직 하나님을 의지할 수밖에 없는 처지였으므로 그를 정한 자로 판정해야 하지 않았을까?

만일 그렇다면 오늘날 우리도 이에 대한 교훈을 개인 성도들에게 적용시킬 수 있다. 자신의 부분적인 치부나 잘못을 인정하면서도 다른 부분에 대한 자기의 죄상을 받아들이지 않는다면 부정한 자이다. 그러나 자기의 몸과 삶 전체가 악한 죄 덩어리라는 사실을 깨닫고 있는 자는 전적으로 하나님께 의지하지 않을 수 없다. 그런 사람은 그리스도로 말미암아 정결하게 된 자라 할 수 있을 것이다.

(3) 종기 진단 (18-23)

사람의 피부에 종기가 생겨났다가 치유된 후에 그 자리에 흰색 점이 돋

아나거나 불그스름한 색점이 생겨나게 된다면 제사장을 찾아가 보여야 한다. 제사장이 진찰해 보고 그 환처가 주변의 피부보다 얕고 그 털이 희다면 그것은 종기로 된 문둥병이므로 그를 부정한 자로 진단해야 한다.

그렇지만 제사장이 보기에 환처에 흰 털이 나지 않았고 주위의 피부보다 얕지 않고 빛깔이 엷다면 그를 칠 일 동안 격리해 관리해야 한다. 정해진 기한이 지나고 다시 진찰했을 때 그 병이 피부에 크게 퍼지게 되었다면 제사장은 그를 부정한 문둥병자로 판정해야만 한다. 그러나 그 색점이 여전하고 넓게 퍼지지 않았다면 그것은 종기의 흔적이므로 제사장은 그를 정한자로 판정을 내려야 한다.

(4) 화상에 대한 진단 (24-28)

어떤 사람이 불에 데어 화상을 입었을 경우에도 그것을 결코 가볍게 여겨서는 안 된다. 그 환처가 불그스름하고 희거나 순전히 흰 색점이 생기게 되면 제사장을 찾아가 진단을 의뢰해야 한다. 제사장이 환처를 진찰한 결과 그 색점의 털이 희고 그 자리가 주변의 피부보다 우묵하다면 이는 화상에 의해 발생한 문둥병이므로 제사장은 그에게 부정하다는 판정을 내려야 한다.

그렇지만 제사장의 보기에 그 색점에 흰 털이 없고 그 환처가 주변의 다른 피부보다 얕지 않고 색깔이 엷다면 그를 칠 일 동안 따로 생활하게 해야 한다. 칠 일이 지나면 제사장이 다시 그를 진찰해 보아서 만일 그 병이 피부에 넓게 퍼졌다면 그것은 문둥병이므로 그를 부정한 자로 판정해야 한다.

만일 그렇지 않고 색점이 여전하여 주변의 피부에 전혀 퍼져나가지 않고 색깔이 엷다면 화상으로 볼 수 있다. 그것은 문둥병이 아니라 단순한 화상의 흔적에 지나지 않는다. 따라서 제사장은 그 사람에게 정한 자로 판정을 내려야 한다.

(5) 머리나 수염 부위의 환처 진단 (29-37)

남자나 여자의 머리나 수염 주변에 질병의 환처가 발생한다면 그 사람은 제사장을 찾아가 진찰을 받아야 한다. 제사장은 그 환처를 진찰해보고 환처가 주변 피부보다 우묵하고 그 자리에 누렇고 가는 털이 나 있으면 그는 그를 부정한 자로 판정해야 한다. 그것은 옴으로 인해 머리나 수염에 발생한 문둥병이기 때문이다.

그러나 제사장이 보기에 그 옴의 환처가 피부보다 우묵하지 않고 그 자리에 검은 털이 없으면 제사장은 그 환자를 칠 일 동안 따로 격리시켜 관리해야 한다. 칠 일이 지나면 제사장이 다시 그 환처를 정밀하게 진찰하게 된다. 그 결과 옴이 주변으로 퍼지지 않고 그 자리에 누렇게 변한 털이 없고 피부보다 우묵하지 않으면 칼로 털을 밀어야 한다. 하지만 그 환처를 밀어서는 안 된다. 그리고 제사장은 그 환자를 또다시 격리해 두어야 한다.

제사장은 칠 일이 차면 다시금 피부에 난 옴을 진찰해보고 그것이 피부에 퍼지지 않고 주변의 피부보다 우묵하지 않으면 그를 정한 자로 판정해야 한다. 하지만 그는 자신의 입고 있던 옷을 깨끗이 빨아야 하며 정결하게 판정받은 후에라도 옴이 피부에 크게 번지게 되면 제사장은 또 다시 그의 환처를 진찰해야 한다. 만일 옴이 피부에 퍼지게 되었다면 누런 색의 털을 찾을 것 없이 그는 부정한 사람이다.

그러나 제사장이 보기에 옴이 여전하고 그 환처에 검은 털이 났다면 그 질병이 나은 것으로 보아도 된다. 그렇게 되면 그 사람은 완전히 정하게 된 자로 인정받을 수 있다. 따라서 제사장은 그가 정한 자라는 사실에 대한 판정을 내려야만 한다.

(7) 피부 색점 진단 (38-44)

남자나 여자의 피부에 흰 색점이 생기게 되었다면 제사장에게 보여 환부를 진찰해 보아야 한다. 제사장이 그 부위를 주의 깊게 살펴보아 피부의 색점이 희끄무레하다면 그것은 피부에 발생한 어루러기다. 그것은 문둥병이 아니기 때문에 정한 자라 할 수 있다.

또한 누구든지 그 머리털이 빠지게 된다면 단순한 대머리로서 부정한 자가 아니다. 그리고 앞쪽 이마에 난 머리털이 빠진다 할지라도 그는 정한 사람이다. 즉 사람의 머리털이 빠지는 것 자체를 두고 부정하다고 말할 수 없다.

그렇지만 대머리나 이마 대머리에 희고 불그스름한 색점이 생겨나게 되었다면 그것은 털이 없는 머리나 이마에 문둥병이 발한 것이다. 제사장은 그 환부를 진찰해 보아 그 대머리나 이마 대머리에 돋은 색점이 희고 불그스레하여 피부에 발한 문둥병과 동일하다면 그 사람은 문둥병에 걸린 자로서 부정하다. 따라서 제사장은 그에게 부정한 자라는 판정을 내려야 한다.

3. 문둥병 환자의 자기 선언 (45-46)

제사장으로부터 문둥병 환자로 판정을 받은 자는 입고 있던 옷을 찢고 머리를 풀고 윗 입술을 가리고 "부정하다! 부정하다!"고 큰 소리로 외쳐야 한다. 그것은 모든 사람들에게 자신의 부정함을 알리는 선포의 의미를 지니고 있다. 그 사람은 자기의 몸에 문둥병이 있는 날 동안에는 항상 부정할 수밖에 없다. 그는 부정한 사람이기 때문에 격리된 채 살아가되 진 바깥에서 살아가야 한다.

그런데 왜 그 문둥병 걸린 환자가 많은 사람들을 향해 자신의 참혹한 현실을 선포하듯이 알려야 하는가? 그것은 하나님의 징계와 깊이 연관되어 있었던 것으로 보인다. 즉 구약시대의 문둥병은 일반적인 단순한 질환이 아니다. 물론 그것은 개인적인 문제이기도 하거니와 전체 이스라엘 민족에 연관된 집단적인 의미를 지니고 있다.

그리고 왜 그는 이스라엘 민족을 떠나 진 바깥으로 나가 격리된 채 살아야만 했던가? 그것은 그 부정한 질병이 다른 사람에게 전염되는 것을 막는 동시에 그에게 참회의 시간을 주는 의미를 지니는 것으로 보인다. 그와 더불어 이스라엘 백성들에게 강력한 경고의 메시지를 주고 있다. 그와 같은 상황을 지켜보며 정결을 엄격하게 요구하시는 하나님에 대한 깨달음을 가져야 했던 것이다.

4. 물건에 발한 문둥병에 관한 규례 (47-59)

앞에서 언급한 것처럼 레위기에 언급된 구약시대의 문둥병은 우리가 일반적으로 생각하는 질병과는 전혀 다르다. 그 질병은 인간들뿐 아니라 사람이 사는 집과 물건들 가운데 발생하기도 한다. 중요한 사실은 그것이 사람으로부터 전염되는 성격을 지닌 것이 아니라 물건들을 통해서도 감염되기도 한다는 점이다.

만일 사람들이 입는 의복에 문둥병으로 의심할 만한 색점이 생겨난다면 그냥 넘겨서는 안 된다. 즉 털옷이나 베옷 혹은 베나 털의 씨날이나 가죽에 그와 같은 문제가 발생할 경우 그것의 병색이 푸르거나 붉으면 문둥병이다. 그때는 반드시 그것을 제사장에게로 가져가 보여야 한다.

제사장은 그 의복에 난 색점을 살펴본 후 칠 일 동안 따로 간직해야 한다. 기간이 찬 후 그는 다시금 그 색점을 면밀히 살펴보아야 한다. 그때 그 색점이 의복의 씨날이나 가죽에 넓게 퍼졌다면 그것은 악성 문둥병이므로 부정한 것이다. 따라서 그는 문둥병에 걸린 그 의복 전체를 불살라 태워 버려야 한다.

그러나 제사장이 살펴보아 그 색점이 의복의 씨날이나 가죽으로 만든 것에 넓게 퍼지지 않았다면 제사장은 그 색점 있는 것을 깨끗하게 빨도록 명령해야 한다. 그리고 그것을 칠 일 동안 따로 간직했다가 그 빤 부위를

제13장 _ 문둥병에 관한 규례 (레 13:1-59) · 181

살펴보아 그 색점의 색깔이 변하지 않고 그대로 있다면 여전히 다른 것에 번질 우려가 있으므로 그것을 불살라 태워야 한다.

또한 의복을 빤 후에 제사장이 보아 그 색점이 엷어졌다면 그 의복이나 가죽이나 씨날의 색점이 남아 있는 부위를 찢어서 내버려야 한다. 그 의복에 색점이 남아 있다면 여전히 그 질병이 발생하고 있는 것으로 보이기 때문이다. 따라서 그 색점이 남아있는 부분을 잘라내어 불살라 태워야 하는 것이다.

그러나 생겨난 색점으로 인해 물로 깨끗이 빤 의복의 씨날이나 가죽으로 만든 부위에서 색점이 벗겨졌다면 그것을 다시금 깨끗하게 빨아야 한다. 그 과정을 거쳐야만 비로소 정결하게 된다. 하나님께서는 이와 같이 의복에 발한 문둥병 색점의 정하고 부정한 것을 판정하는 분명한 규례를 주셨다.

제14장

문둥병 환자의 정결 규례 (레 14:1-57)

1 여호와께서 모세에게 일러 가라사대

2 문둥 환자의 정결케 되는 날의 규례는 이러하니 곧 그 사람을 제사장에게로 데려갈 것이요

3 제사장은 진에서 나가서 진찰할찌니 그 환자에게 있던 문둥병 환처가 나았으면

4 제사장은 그를 위하여 명하여 정한 산 새 두마리와 백향목과 홍색실과 우슬초를 가져오게 하고

5 제사장은 또 명하여 그 새 하나는 흐르는 물 위 질그릇 안에서 잡게 하고

6 다른 새는 산대로 취하여 백향목과 홍색실과 우슬초와 함께 가져다가 흐르는 물 위에서 잡은 새 피를 찍어

7 문둥병에서 정결함을 받을 자에게 일곱번 뿌려 정하다 하고 그 산 새는 들에 놓을찌며

8 정결함을 받는 자는 그 옷을 빨고 모든 털을 밀고 물로 몸을 씻을 것이라 그리하면 정하리니 그 후에 진에 들어올 것이나 자기 장막 밖에 칠 일을 거할 것이요

9 칠 일 만에 그 모든 털을 밀되 머리털과 수염과 눈썹을 다 밀고 그 옷을 빨고 몸을 물에 씻을 것이라 그리하면 정하리라

10 제 팔일에 그는 흠 없는 어린 수양 둘과 일년 된 흠 없는 어린 암양 하나와 또 고운 가루 에바 십분 삼에 기름 섞은 소제물과 기름 한 록을 취할 것이요

11 정결케 하는 제사장은 정결함을 받을 자와 그 물건들을 회막문 여호와 앞에 두고

12 어린 수양 하나를 취하여 기름 한 록과 아울러 속건제로 드리되 여호와 앞에 흔들어 요제를 삼고

13 그 어린 수양은 거룩한 장소 곧 속죄제와 번제 희생 잡는 곳에서 잡을 것

이며 속건 제물은 속죄제물과 일례로 제사장에게 돌릴찌니 이는 지극히 거룩한 것이니라

14 제사장은 그 속건제 희생의 피를 취하여 정결함을 받을 자의 우편 귓부리와 우편 손 엄지가락과 우편 발 엄지가락에 바를 것이요

15 제사장은 또 그 한 록의 기름을 취하여 자기 좌편 손바닥에 따르고

16 우편 손가락으로 좌편 손의 기름을 찍어 그 손가락으로 그것을 여호와 앞에 일곱 번 뿌릴 것이요

17 손에 남은 기름은 제사장이 정결함을 받는 자의 우편 귓부리와 우편 손 엄지가락과 우편 발 엄지가락 곧 속건제 희생의 피 위에 바를 것이며

18 오히려 그 손에 남은 기름은 제사장이 그 정결함을 받는 자의 머리에 바르고 여호와 앞에서 제사장은 그를 위하여 속죄하고

19 또 제사장은 속죄제를 드려 그 부정함을 인하여 정결함을 받으려는 자를 위하여 속죄하고 그 후에 번제 희생을 잡을 것이요

20 제사장은 그 번제와 소제를 단에 드려 그를 위하여 속죄할 것이라 그리하면 그가 정결하리라

21 그가 가난하여 이에 힘이 미치지 못하면 그는 흔들어 자기를 속할 속건제를 위하여 어린 수양 하나와 소제를 위하여 고운 가루 에바 십분 일에 기름 섞은 것과 기름 한 록을 취하고

22 그 힘이 미치는 대로 산비둘기 둘이나 집비둘기 새끼 둘을 취하되 하나는 속죄제물로, 하나는 번제물로 삼아

23 제 팔 일에 그 결례를 위하여 그것들을 회막문 여호와 앞 제사장에게로 가져갈 것이요

24 제사장은 속건제 어린양과 기름 한 록을 취하여 여호와 앞에 흔들어 요제를 삼고

25 속건제의 어린양을 잡아서 제사장은 그 속건제 희생의 피를 취하여 정결함을 받을 자의 우편 귓부리와 우편 손 엄지가락과 우편 발 엄지가락에 바를 것이요

26 제사장은 그 기름을 자기 좌편 손바닥에 따르고

27 우편 손가락으로 좌편 손의 기름을 조금 찍어 여호와 앞에 일곱 번 뿌릴 것이요

28 그 손의 기름은 제사장이 정결함을 받을 자의 우편 귓부리와 우편 손 엄지가락과 우편 발 엄지가락 곧 속건제 희생의 피를 바른 곳에 바를 것이며

29 또 그 손에 남은 기름은 제사장이 그 정결함을 받는 자의 머리에 발라 여호와 앞에서 그를 위하여 속죄할 것이며

30 그는 힘이 미치는 대로 산비둘기 하나나 집비둘기 새끼 하나를 드리되

31 곧 그 힘이 미치는 것의 하나는 속죄제로, 하나는 소제와 함께 번제로 드릴 것이요 제사장은 정결함을 받을 자를 위하여 여호와 앞에 속죄할찌니

32 문둥병 환자로서 그 결례에 힘이 부족한 자의 규례가 이러하니라

33 여호와께서 모세와 아론에게 일러 가라사대

34 내가 네게 기업으로 주는 가나안 땅에 너희가 이른 때에 내가 너희 기업의 땅에서 어느 집에 문둥병 색점을 발하게 하거든

35 그 집 주인은 제사장에게 와서 고하기를 무슨 색점이 집에 생겼다 할 것이요

36 제사장은 그 색점을 보러 가기 전에 그 가장집물에 부정을 면케하기 위하여 명하여 그 집을 비게 한 후에 들어가서 그 집을 볼찌니

37 그 색점을 볼 때에 그 집 벽에 푸르거나 붉은 무늬의 색점이 있어 벽보다 우묵하면

38 제사장은 그 집 문으로 나와 그 집을 칠 일 동안 폐쇄하였다가

39 칠 일 만에 또 와서 살펴볼 것이요 그 색점이 벽에 퍼졌으면

40 그는 명하여 색점 있는 돌을 빼어 성 밖 부정한 곳에 버리게 하고

41 또 집 안 사면을 긁게 하고 그 긁은 흙을 성 밖 부정한 곳에 쏟아 버리게

할 것이요

42 그들은 다른 돌로 그 돌을 대신하며 다른 흙으로 집에 바를찌니라

43 돌을 빼며 집을 긁고 고쳐 바른 후에 색점이 집에 복발하거든

44 제사장은 또 와서 살펴볼 것이요 그 색점이 만일 집에 퍼졌으면 악성 문둥병인즉 이는 부정하니

45 그는 그 집을 헐고 돌과 그 재목과 그 집의 모든 흙을 성 밖 부정한 곳으로 내어갈 것이며

46 그 집을 폐쇄한 날 동안에 들어가는 자는 저녁까지 부정할 것이요

47 그 집에서 자는 자는 그 옷을 빨 것이요 그 집에서 먹는 자도 그 옷을 빨 것이니라

48 그 집을 고쳐 바른 후에 제사장이 들어가 살펴보아서 색점이 집에 퍼지지 아니하였으면 이는 색점이 나은 것이니 제사장은 그 집을 정하다 하고

49 그는 그 집을 정결케 하기 위하여 새 두 마리와 백향목과 홍색실과 우슬초를 취하고

50 그 새 하나를 흐르는 물 위 질그릇 안에서 잡고

51 백향목과 우슬초와 홍색실과 산 새를 가져다가 잡은 새의 피와 흐르는 물을 찍어 그 집에 일곱 번 뿌릴 것이요

52 그는 새의 피와 흐르는 물과 산 새와 백향목과 우슬초와 홍색실로 집을 정결케 하고

53 그 산 새는 성 밖 들에 놓아 그 집을 위하여 속할 것이라 그리하면 정결하리라

54 이는 각종 문둥병 환처에 대한 규례니 곧 옴과

55 의복과 가옥의 문둥병과

56 붓는 것과 피부병과 색점의

57 언제는 부정하고 언제는 정함을 가르치는 것이니 문둥병의 규례가 이러하니라

1. 문둥병자의 정결케 되는 날 (1-3)

레위기에 나타나는 문둥병은 우리가 일반적으로 생각하는 치료 불가능한 불치의 병이 아니다. 성경의 교훈은 그 질병이 완전히 낫게 되는 날에 연관된 내용을 동반하고 있다. 그러므로 제사장은 문둥병에 걸린 자를 진 밖으로 내보낼 때 그가 정결케 되는 날을 정해주어야 한다.

이는 사실 우리에게 생각해 볼 수 있는 많은 내용을 시사해주고 있다. 먼저 그 문둥병은 일반적인 과정이나 절차 없이 치유될 수 있다는 사실이다. 이스라엘 진 바깥으로 내보내는 것은 언약의 민족과 일시적인 단절이 이루어짐을 의미하고 있다. 그렇지만 정해진 날에 다시 제사장을 만나 그 질병을 진단받을 수 있게 된다.

그런데 우리가 기억해야 할 점은 그가 자기 발로 성소가 있는 진 안으로 걸어 들어오는 것이 아니라 제사장이 직접 그 환자가 있는 진 밖으로 나가게 된다는 사실이다. 이는 진 밖에 있는 그의 거처가 제사장에 의해 지정되어 있었다는 점을 말해준다. 즉 문둥병에 걸려 부정하게 된 사람은 임의로 아무데서나 살 수 없다.

그리고 그가 정결하게 될 수 있는 날은 환자가 스스로 기억하는 것이 아니라 제사장이 반드시 기억하고 있어야만 한다.[21] 제사장은 그 날이 되면 진 바깥에 기거하는 그 환자를 찾아가게 된다. 그때 문둥병이 걸린 사람의 환부를 진찰하고 그 질병이 나았으면 그를 위한 정결의례를 행해야 한다. 그것은 개인의 단순한 판단에 띠른 것이 아니라 율법에 기록된 대로 판정되어야 한다.

---

21) 우리는 여기서 제사장들에게는 문둥병 환자들의 이름이 기록된 별도의 명부가 있었으리란 사실을 알게 된다. 구약시대의 제사장들은 이스라엘 민족 가운데 문둥병에 걸린 자들을 철저하게 관리하고 있었던 것이다.

2. 정결규례

(1) 일반적인 규례(4-20)

제사장은 정해진 날짜에 진 바깥으로 나가 문둥병이 낫게 된 자에 대해 하나님 앞에서 정결례를 행해야 한다. 그것을 위해서는 하나님께 바쳐질 예물이 필요했다. 그러나 상당한 기간 동안 진 밖에서 격리되어 살았던 사람에게 그만한 여력이 남아 있었을 것으로 보이지 않는다.

따라서 그 가족들이 그를 위해 예물을 준비했던 것으로 보인다. 가족들은 문둥병으로 인해 부정하게 되어 진 바깥으로 나가 사는 식구가 정결케 되는 날을 손꼽아 기다렸을 것이 틀림없다. 그래서 그의 몸을 괴롭히던 문둥병이 깨끗하게 나았을 때 기꺼이 그 예물을 준비했을 것이다.

제사장은 그를 위한 정결례를 드릴 수 있도록 규례에 따른 예물을 가져오게 했다. 그것을 위해서는 정한 산 새 두 마리와 백향목과 홍색실과 우슬초가 필요했다. 제사장은 그에게 명령하여 그 새 한 마리를 흐르는 물 위에 놓인 질그릇 안에서 잡도록 했다.

그리고 제사장은 새 가운데 나머지 한 마리를 산채로 취해 백향목과 홍색실과 우슬초와 함께 가져다가 흐르는 물위에서 잡은 새의 피를 찍어 문둥병으로부터 정결함을 받을 자에게 일곱 번 뿌림으로써 정결하게 된 사실을 선포해야 한다. 그리고는 그 산 새를 들에 놓아주어 날아가게 해야 한다.

정결함을 받는 그 사람은 자기가 입고 있던 옷을 깨끗이 빨고 모든 털을 밀고 물로 온 몸을 씻어야 한다. 그렇게 하면 비로소 정결케 되어 진 안으로 들어올 수 있게 된다. 그러나 그는 자신의 장막 곧 집으로 들어가지 못하고 장막 밖에서 칠 일을 거해야 한다. 그는 칠 일이 찰 때 자신의 몸에 난 모든 털을 밀되 머리털과 수염과 눈썹을 다 밀고 그 옷을 물에 빨고 온몸을 물로 깨끗이 씻어야 한다.

그가 진 안으로 들어온 후 제 팔일이 되면 또다시 흠 없는 어린 수양 두 마리와 일 년 된 흠 없는 어린 암양 한 마리, 그리고 고운 가루 에바 십분의 삼에 기름 섞은 소제물과 기름 한 록(log)을 취해야 한다. 그 사람을 정결케 하는 제사장은 정결함을 받을 자와 그 물건들을 회막문 여호와 앞에 두어야 한다.

그리고 어린 수양 한 마리를 취해 기름 한 록과 더불어 속건제로 드리되 여호와 하나님 앞에서 흔들어 요제를 삼아야 한다. 그 어린 수양을 거룩한 장소 곧 속죄제와 번제 희생 잡는 곳에서 잡게 된다. 속건제물은 지극히 거룩한 것이기 때문에 속죄제물과 마찬가지로 제사장에게 돌려야 한다.

또한 제사장은 그 속건제 희생제물의 피를 취해 정결함을 받게 된 자의 오른편 귓부리와 엄지손가락과 엄지발가락에 발라야 한다. 제사장은 또 그 한 록의 기름을 취해 자기의 왼편 손바닥에 따르고 오른쪽 손가락으로 그 기름을 찍어 여호와 하나님 앞에 일곱 번 뿌려야 한다. 그리고 손에 남아 있는 기름은 제사장이 정결함을 받는 자의 오른편 귓부리와 엄지손가락과 엄지발가락 곧 속건제 희생의 피 위에 발라야 한다. 그 다음 손에 남아 있는 나머지 기름은 제사장이 그 정결함을 받는 사람의 머리에 바르고 여호와 앞에서 그를 위해 속죄해야 한다.

제사장은 그 다음 속죄제를 드려 그 부정함을 떨쳐내고 정결하게 될 자를 위해 대신 속죄하게 된다. 그후에 하나님 앞에 번제로 바쳐드리게 될 동물을 잡아야 한다. 제사장은 그 번제 희생물과 소제를 번제단 위에 드림으로써 그를 위해 속죄하게 된다. 그러면 그가 정결을 회복하게 되는 것이다.

(2) 가난한 자를 위한 규례 (21-32)

진 바깥으로 나가 기거하면서 정해진 날이 이르러 자신의 문둥병이 나은 사실을 확인해야 할 사람이 정결의례를 행하고자 할 때 그가 가난하여 힘에 미치지 못한다면 별도의 규례를 따라야 한다. 하나님 앞에서 요제를 통해 자기를 속할 속건제를 드리기 위해 어린 수양 한 마리와 소제를 위한 고운 가루 에바 십분 일에 기름 섞은 것과 기름 한 록을 취해야 한다. 그리고 힘이 미치는 대로 산비둘기 두 마리나 집비둘기 새끼 두 마리를 취할 수 있다. 그 가운데 한 마리는 속죄제물로, 다른 한 마리를 번제물로 삼아야 한다.

그는 진 바깥으로부터 안으로 들어와 제 팔일이 되면 그 결례를 행하기 위해 가져온 제물들을 회막문의 앞 제사장에게 가져가야 한다. 제사장은 속건제를 위한 어린양과 기름 한 록을 취하여 여호와 앞에 흔들어 요제를 삼게 된다. 그후 제사장은 속건제의 어린양을 잡아서 그 희생제물의 피를 취해 정결케 되는 자의 오른편 귓부리와 엄지손가락과 엄지발가락에 발라야 한다.

그리고 제사장은 제물의 기름을 자기의 왼편 손바닥에 따르고 오른편 손가락으로 기름을 조금 찍어 여호와 앞에 일곱 번 뿌리게 된다. 그 기름은 또한 제사장이 정결함을 받는 자의 오른편 귓부리와 엄지손가락과 엄지발가락 곧 속건제 희생제물의 피를 바른 곳에 발라야 한다. 또한 그 손에 남은 기름은 제사장이 그 정결함을 받는 자의 머리에 발라 여호와 앞에서 그를 위해 속죄하게 된다.

문둥병 환자로서 결례를 행하기에 힘이 부족한 사람은 힘이 미치는 대로 산비둘기 한 마리나 집비둘기 새끼 한 마리를 바쳐야 한다. 그 가운데 하나는 속죄제로 드려야 하며, 다른 하나는 소제와 함께 번제로 드려야 한다. 제사장은 이렇게 함으로써 정결함을 받는 그 사람을 위해 여호와 하나님 앞에 속죄하게 된다.

3. 집에 생긴 문둥병 규례 (33-57)

레위기에서 말하는 문둥병은 사람뿐 아니라 일반적인 물건이나 집에도 생기는 특성을 지니고 있다. 하나님께서는 집에 관한 문둥병 규례를 이스라엘 백성이 가나안 땅에 들어간 후 집에 문둥병 색점이 나타날 때 대응해야 하는 방책으로써 주셨다.

하나님께서 어느 집에 문둥병으로 의심되는 색점이 발생하게 하면 그 집 주인은 제사장에게 가서 그 사실을 알려야 한다. 그것을 숨기고 말하지 않는다면 하나님께 범죄하는 것이 된다. 우리가 주의를 기울여야 할 점은 그 문둥병의 색점을 하나님께서 발하게 하신다는 사실이다(레 14:34).

제사장은 문제의 색점을 보기 위해 그 사람의 집으로 가기 전에 집 안에 있는 모든 물건들이 부정케 되는 것을 면키 위해 그 집을 완전히 비우도록 명령해야 한다. 그후 집 안으로 들어가서 색점을 살펴보아야 한다. 제사장이 그것을 보아 집 안 벽면에 푸르거나 붉은 무늬의 색점이 있고 주변보다 우묵하게 들어갔다면 그 집에서 나와 칠 일 동안 집을 폐쇄해 두어야 한다.

그리고 칠 일이 차면 제사장이 다시금 그 집 안으로 들어가 색점을 면밀히 살펴보아야 한다. 그때 그것이 벽면 다른 곳으로 퍼졌다면 색점이 있는 돌을 빼내어 성 바깥의 부정한 곳에 버리도록 명령해야 한다. 또한 집 안 사면을 긁어내어 그 긁은 흙을 성 밖으로 가져가 쏟아 버리게 해야 한다. 그 대신 다른 깨끗한 돌을 끼워놓고 다른 흙으로 그 집 벽면에 발라야 한다.

그리고 돌을 빼내고 집을 긁어 흙을 고쳐 바른 후에 또다시 색점이 집에 발생하게 되면 제사장은 다시금 그 집으로 와서 살펴보아야 한다. 그때 그 색점이 만일 다른 곳으로 번졌다면 그것은 악성 문둥병으로서 부정한 것이다. 따라서 그 집을 헐어야 하며 그에 사용된 모든 돌과 재목과 흙을 성 바깥 부정한 곳으로 내다 버려야 한다.

또한 부정한 집을 폐쇄한 기간 동안 거기에 들어가는 자는 저녁까지 부정하게 된다. 그 집 안에서 먹거나 자는 사람은 자기의 옷을 물로 깨끗이 빨아야 한다. 그 집을 고친 후에 제사장이 들어가 살펴보아서 색점이 집에 퍼지지 않았으면 이는 그것이 정결케 된 것이므로 제사장은 그 집이 부정하지 않다는 판정을 내려야 한다. 그후에는 하나님께 예물을 바침으로써 그 집을 정결케 하는 의례를 행해야 한다.

제사장은 그 집을 정결케 하기 위하여 새 두 마리와 백향목과 홍색실과 우슬초를 취하고 그 새들 가운데 한 마리를 흐르는 물 위의 질그릇 안에서 잡고, 살아있는 새를 가져다가 잡은 새의 피와 흐르는 물에 찍어 그 집에 일곱 번 뿌려야 한다. 그렇게 함으로써 집을 정결케 한 후 그 살아있는 새는 성 밖의 들에 풀어 놓아 그 집을 위하여 속함으로써 정결하게 해야 한다. 하나님께서는 이스라엘 백성에게 이와 같이 다양한 유형의 문둥병에 관한 규례를 주셨다.

신약시대의 교회론적인 관점에서 볼 때 모든 성도들은 항상 교회를 면밀하게 살피지 않으면 안 된다. 사람들의 몸을 통해서라든지 교회의 제도나 조직을 통해서도 문둥병과 같은 무서운 질병이 발생할 수 있다. 또한 외부로부터 그런 질병이 들어올지 모른다. 그와 같은 악성 문둥병이 발생하지 않도록 목사와 장로를 비롯한 교회의 직분자들은 물론 모든 성도들이 항상 긴장한 상태를 유지하지 않으면 안 된다.

제15장

유출병과 설정의 부정과 정결례 (레 15:1-33)

1 여호와께서 모세와 아론에게 일러 가라사대

2 이스라엘 자손에게 고하여 이르라 누구든지 몸에 유출병이 있으면 그 유출병을 인하여 부정한 자라

3 그 유출병으로 말미암아 부정함이 이러하니 곧 몸에서 흘러 나오든지 그것이 엉겼든지 부정한즉

4 유출병 있는 자의 눕는 상은 다 부정하고 그의 앉았던 자리도 다 부정하니

5 그 침상에 접촉하는 자는 옷을 빨고 물로 몸을 씻을 것이며 저녁까지 부정하리라

6 유출병 있는 자의 앉았던 자리에 앉는 자는 옷을 빨고 물로 몸을 씻을 것이며 저녁까지 부정하리라

7 유출병 있는 자의 몸에 접촉하는 자는 옷을 빨고 물로 몸을 씻을 것이며 저녁까지 부정하리라

8 유출병 있는 자가 정한 자에게 침을 뱉으면 정한 자는 옷을 빨고 물로 몸을 씻을 것이며 저녁까지 부정하리라

9 유출병 있는 자의 탔던 안장은 다 부정하며

10 그 몸 아래 닿았던 것에 접촉한 자는 다 저녁까지 부정하며 그런 것을 옮기는 자는 옷을 빨고 물로 몸을 씻을 것이며 저녁까지 부정하리라

11 유출병 있는 자가 물로 손을 씻지 아니하고 아무든지 만지면 그 자는 옷을 빨고 물로 몸을 씻을 것이며 저녁까지 부정하리라

12 유출병 있는 자의 만진 질그릇은 깨뜨리고 목기는 다 물로 씻을 찌니라

13 유출병 있는 자는 그 유출이 깨끗하여지거든 그 몸이 정결하기 위하여 칠 일을 계산하여 옷을 빨고 흐르는 물에 몸을 씻을 것이요 그리하면 정하리니

14 제 팔 일에 산비둘기 둘이나 집비둘기 새끼 둘을 자기를 위하여 취하고 회막문 여호와 앞으로 가서 제사장에게 줄 것이요

15 제사장은 그 하나는 속죄제로, 하나는 번제로 드려 그의 유출병을 인하여 여호와 앞에 속죄할찌니라

16 설정한 자는 전신을 물로 씻을 것이며 저녁까지 부정하리라

17 무릇 정수가 묻은 옷이나 가죽은 물에 빨 것이며 저녁까지 부정하리라

18 남녀가 동침하여 설정하였거든 둘 다 물로 몸을 씻을 것이며 저녁까지 부정하리라

19 어떤 여인이 유출을 하되 그 유출이 피면 칠 일 동안 불결하니 무릇 그를 만지는 자는 저녁까지 부정할 것이요

20 그 불결할 동안에 그의 누웠던 자리는 다 부정하며 그의 앉았던 자리도 다 부정한즉

21 그 침상을 만지는 자는 다 옷을 빨고 물로 몸을 씻을 것이요 저녁까지 부정할 것이며

22 그 좌석을 만지는 자도 다 옷을 빨고 물로 몸을 씻을 것이요 저녁까지 부정할 것이며

23 그의 침상과 무릇 그 좌석에 있는 것을 만지는 자도 저녁까지 부정할 것이며

24 누구든지 이 여인과 동침하여 그 불결에 전염되면 칠 일 동안 부정할 것이라 그의 눕는 상은 무릇 부정하니라

25 여인의 피의 유출이 그 불결기 외에 있어서 여러 날이 간다든지 그 유출이 불결기를 지나든지 하면 그 부정을 유출하는 날 동안은 무릇 그 불결한 때와 같이 부정한즉

26 무릇 그 유출이 있는 날 동안에 그의 눕는 침상은 그에게 불결한 때의 침상과 같고 무릇 그의 앉는 자리도 부정함이 불결의 부정과 같으니

27 이런 것을 만지는 자는 무릇 부정한즉 옷을 빨고 물로 몸을 씻을 것이며 저녁까지 부정할 것이요

28 그의 유출이 그치면 칠 일을 센 후에야 정하리니

29 그는 제 팔 일에 산비둘기 둘이나 집비둘기 새끼 둘을 자기를 위하여 취하여 회막문 앞 제사장에게로 가져올 것이요

30 제사장은 그 하나는 속죄제로, 하나는 번제로 드려 유출로 부정한 여인을 위하여 여호와 앞에 속할찌니라

31 너희는 이와 같이 이스라엘 자손으로 그 부정에서 떠나게하여 그들로 그 가운데 있는 내 장막을 더럽히고 그 부정한 중에서 죽음을 면케 할찌니라

32 이 규례는 유출병이 있는 자와 설정함으로 부정을 입은 자와

33 불결을 앓는 여인과 유출병이 있는 남녀와 불결한 여인과 동침한 자에게 관한 것이니라

1. 유출병과 정결례

(1) 유출병으로 인한 부정 (1-12)

하나님께서는 모세와 아론에게 유출병에 연관된 규례를 주셨다. 이스라엘 자손들 가운데 누구든지 몸에 유출병이 있다면 그는 부정한 사람이다. 사람의 몸에서 흘러나오든지 엉겼든지 그것은 부정한 것이다.

나아가 유출병 있는 자의 몸에 직접 접촉한 사람과 그가 누웠던 침상과 앉았던 자리도 부정하게 된다. 그의 몸에 직접 접촉했거나 그의 침상에 닿은 자, 그리고 그가 앉았던 자리에 앉은 사람은 저녁까지 부정하므로 옷을 깨끗이 빨고 물로 몸을 씻어야 한다.

또한 유출병이 있는 자가 다른 사람에게 침을 뱉는다면 그 사람은 저녁까지 부정하게 되므로 옷을 빨고 물로 몸을 씻어야 한다. 그의 몸이 닿았던 물건에 접촉한 사람은 저녁까지 부정하며 그것을 옮기는 자도 저녁까지 부정하게 된다. 그러므로 그런 자들은 옷을 빨고 물로 몸을 씻지 않으면 안 된다.

유출병 있는 자가 물로 손을 씻지 않고 아무든지 만지게 되면 그 사람은 저녁까지 부정하게 되며 그는 옷을 빨고 물로 몸을 씻어야 한다. 또한 유출병 있는 자가 만진 질그릇은 부정하기 때문에 깨뜨려 버려야 한다. 또한 나무로 만든 그릇은 전부 물로 깨끗하게 씻어야만 한다.

그런데 문제는 그 유출병이 겉으로 드러나지 않기 때문에 다른 사람이 전혀 눈치챌 수 없다는 점이다. 누군가가 그 사실을 귀띔해주지 않으면 설령 그가 앉았던 자리에 앉는다 해도 그것을 전혀 인식하지 못할 수 있다. 따라서 모든 백성들은 항상 긴장한 상태를 유지하지 않으면 안 된다.

나아가 그 병에 걸린 자들에 대해서는 모두가 매우 조심해서 다루어야 한다. 만일 그런 사람이 화가 난다면 여간 큰일이 아니다. 그가 아무데서나 침을 뱉고 여기저기 돌아다니면서 앉게 되면 엄청나게 많은 사람들과 물건이 부정하게 될 수밖에 없기 때문이다. 오늘날 우리 시대에도 이와 같은 누룩이 존재하지 않는지 깊이 생각해 보아야 한다.

(2) 유출병의 정결례 (13-15)

유출병에 걸린 사람이 정결하게 되면 그 몸의 정결을 위해 칠 일을 계산해 옷을 빨고 흐르는 물에 몸을 씻어야 한다. 그래야만 율법에 따라 정결을 회복하게 된다. 우리가 이 말씀을 통해 알 수 있는 사실은 질병이 깨끗해진 것과 사람의 몸이 정결하게 되는 것은 구분되고 있다는 점이다.

그러므로 제 팔일이 되면 그가 산비둘기 두 마리나 집비둘기 새끼 두 마리를 자기의 부정을 해결하기 위해 취해야 한다. 그리고 그것을 회막문 여호와 하나님 앞으로 가져가서 제사장에게 주어야 한다. 여기서 제 팔일이란 그에게서 유출병이 사라진 날로부터 계산된 것으로 보인다. 제사장은 그 새들 가운데 한 마리는 속죄제로 드리고 다른 한 마리는 번제로 드려 유출병에 대한 부정을 여호와 앞에 속죄해야만 한다.

우리는 여기서 유출병이 인간의 죄와 연관되어 있다는 점을 기억해야 한다. 즉 유출병은 일반적인 단순한 질병과는 다르다. 그것은 하나님의 징계로 말미암아 사람의 몸에 발생하는 질병이다. 따라서 그 질병에 걸린 자는 반드시 제사장을 통해 그 죄를 속죄 받아야만 하는 것이다.

(3) 설정泄精에 연관된 부정 (16-18)

설정한 자는 저녁까지 부정하므로 온 몸을 물로 깨끗이 씻어야 한다. 그리고 정수가 묻은 옷이나 가죽 역시 저녁까지 부정하므로 물에 빨아야 한다. 또한 남녀가 동침하여 설정하게 되면 둘 다 부정하므로 물로 몸을 씻어야만 한다.

사실 이 율례는 우리가 이해하기 쉽지 않은 매우 난해한 말씀중 하나이다. 우선 밤에 설정하거나 남녀가 동침을 하면 저녁까지 부정하다고 하는 그 시간을 계산하기가 쉽지 않다. 아침이나 낮에 그런 일이 발생했다면 별문제 될 것이 없지만 남녀의 동침은 대개 밤에 이루어진다는 사실을 생각할 때 그리 간단하지 않은 문제이다.

그리고 여기서 말하는 남녀의 동침이 일반적인 경우를 말하는 것인지 아니면 유출병 걸린 자와의 동침을 말하는 것인지에 대해서도 명확하게 말하기 쉽지 않다. 만일 유출병 걸린 자와의 동침이라면 그것 자체로서 부정한 자가 된다.

전반적인 문맥을 볼 때 여기서 말하는 남녀의 동침은 일반적인 경우를 포함하는 것으로 보인다. 만일 유출병 걸린 자의 경우라면 그가 저녁까지 부정한 것이 아니라 항상 부정한 상태에 놓여 있기 때문이다. 나아가 그 사람이 몸을 물로 깨끗이 씻는다고 해도 정결하게 될 수 없다.

그렇다면 우리는 여기서 매우 어려운 문제를 만나게 된다. 그것은 남녀의 성행위 자체가 부정한 것이 되는 것과 연관된다. 이는 성적인 문제는 부부간의 사이라 할지라도 설정함으로써 부정하게 된다는 의미를 가진다. 우리는 과연 이 율례를 어떻게 이해해야 할까?

아마도 이 율례는 인간들의 욕망에 대한 것을 언급하고 있는 것이 아닐까 싶은 생각이 든다. 그것이 비록 하나님으로부터 허용된 것이라 할지라도 욕망 자체에 이끌리는 것은 문제가 될 수 있다. 즉 부부간의 성관계라 할지라도 타락한 인간들의 성행위는 하나님 앞에서 완전히 정결하고 거룩한 행위로 볼 수 없는 것이다.[22]

---

22) 우리는 신약시대에 살아가는 부부간의 성관계라 할지라도 마냥 아름다운 것으로만 표현할 수 있을지에 대해 의문을 가지게 된다. 그보다는 좀 더 포괄적이고 원천적인 문제와 더불어 그에 대한 의미를 받아들이지 않으면 안 된다. 즉 타락한 인간으로서는 건전한 성관계 하더라도 아름다움 것이라 표현하기에는 지나친 감이 없지 않기 때문이다.

2. 피의 유출병과 정결례

(1) 피의 유출병으로 인한 부정 (19-27)

어떤 여인이 유출을 하되 그 유출이 피라면 칠 일 동안 불결하게 된다. 그러므로 그 사람을 만지는 자는 저녁까지 부정한 상태에 놓여 있다. 그 불결한 기간 동안에는 그 사람이 누웠던 침상과 앉았던 자리도 전부 부정하다. 그러므로 그의 침상을 만진 자나 앉은 자리를 만진 자는 저녁까지 부정하기 때문에 입었던 옷을 빨고 물로 몸을 깨끗이 씻어야 한다. 또한 누구든지 그런 여인과 동침하여 불결에 전염되면 칠 일 동안 부정하게 된다.

여인의 피의 유출이 그 불결한 기간 외에 있어서 여러 날이 간다든지 그 유출이 불결기를 지날 경우 그 동안은 불결한 때와 같이 부정하다. 그 기간에 그가 눕는 침상과 앉는 자리는 그의 불결한 때의 경우와 같이 부정하게 된다. 그런 것을 만지는 자는 저녁까지 부정하므로 옷을 빨고 물로 몸을 씻어야 한다.

앞에서도 언급된 것처럼 여성의 피의 유출은 본인 이외에는 그 사실을 알기 어렵다. 그러므로 그 여인이 유출하는 줄 모르고 그의 몸에 쉽게 접촉될 수 있다. 그리고 그가 앉았던 자리에 앉을 수도 있다. 그럴 경우 자기도 모르는 사이 부정하게 된다. 이를 통해 이스라엘 백성들은 항상 긴장하는 자세를 유지하지 않을 수 없었다. 특히 여성들은 가까이 하기에 늘 부담스러운 존재였을 것이다.

오늘날에 있어서도 하나님의 자녀들은 항상 긴장하지 않을 수 없다. 우리 주변에 어떤 부정한 자들이 있는지 겉을 보고는 도저히 알 수 없는 경우가 많기 때문이다. 민감하게 대응하지 않으면 자기도 모르는 사이 하나님 보시기에 부정한 자리에 앉을 수 있다는 사실을 기억하지 않으면 안 된다.

(2) 피의 유출병에 대한 정결례 (28-30)

피를 유출하는 여성이 정결하게 되기 위해서는 먼저 유출이 멈춰져야 한다. 그러나 유출이 그친다고 해서 즉시 정하게 되지는 않는다. 유출이 멈추고 나서 칠 일을 지나야 하며 그후 정결례를 치러야 한다.

그 사람은 제 팔일이 되면 산비둘기 두 마리나 집비둘기 새끼 두 마리를 자기를 위해 취하여 회막문 앞 제사장에게로 가져가야 한다. 그러면 제사장이 그 한 마리는 속죄제로 하나님께 드리고 다른 한 마리는 번제로 드림으로써 유출로 말미암아 부정하게 된 여인을 위해 여호와 하나님 앞에서 그 죄를 속해야 한다.

우리가 여기서 그 여인이 흘리는 피의 유출이 죄가 된다는 사실을 알지 못하면 안 된다. 이는 이스라엘 민족 전체가 항상 죄 가운데 놓여 있었음을 말해주고 있다. 이스라엘 여인들 가운데는 겉으로 드러나지 않지만 항상 피의 유출을 하는 자들이 많이 있었다. 지상에서 살아가는 언약의 자손들 가운데는 항상 겉으로 드러나지 않는 유무형의 다양한 형태의 부정이 넘쳐나고 있었던 것이다.

또한 많은 사람들은 저들의 죄된 형편을 알지 못한 채 저들의 몸에 접촉하거나 저들이 앉았던 자리에 앉을 수밖에 없다. 그렇게 되면 본인이 부정한 자라는 사실을 인식하지 못하면서 부정하게 된 자들이 수 없이 많았을 것이 분명하다. 그럴 경우 사람을 통해 계속 감염이 지속되고 있음을 말해주고 있다. 이렇듯이 하나님께서는 이스라엘 민족 전체를 정결례를 통해 속죄 받아야 할 자리에 놓아두셨던 것이다.

3. 부정한 유출로부터 정결 의무 (31-33)

제사장들을 비롯한 민족 지도자들은 이스라엘 자손으로 하여금 그 부정에서 떠나게 해야 한다. 그렇게 하지 않으면 저들 가운데 있는 하나님의 장막이 더럽혀지게 된다. 그 부정한 상태가 해결되지 않는다면 하나님의 진노로 말미암아 죽음을 면할 수 없다.

모든 이스라엘 백성은 유출병에 관한 규례를 반드시 기억하고 있어야 한다. 유출병이 있는 자, 설정한 자, 불결한 기간에 놓여 있는 여인, 불결한 여인과 동침한 자에 관한 하나님의 지침 등을 전반적으로 기억하지 않으면 안 된다. 그것은 일상생활 가운데서 항상 일어날 수 있는 일이기 때문이다.

제16장

속죄일에 관한 규례 (레 16:1-34)

1 아론의 두 아들이 여호와 앞에 나아가다가 죽은 후에 여호와께서 모세에게 말씀하시니라

2 여호와께서 모세에게 이르시되 네 형 아론에게 이르라 성소의 장 안 법궤 위 속죄소 앞에 무시로 들어오지 말아서 사망을 면하라 내가 구름 가운데서 속죄소 위에 나타남이니라

3 아론이 성소에 들어오려면 수송아지로 속죄제물을 삼고 수양으로 번제물을 삼고

4 거룩한 세마포 속옷을 입으며 세마포 고의를 살에 입고 세마포 띠를 띠며 세마포 관을 쓸찌니 이것들은 거룩한 옷이라 물로 몸을 씻고 입을 것이며

5 이스라엘 자손의 회중에게서 속죄제물을 위하여 수염소 둘과 번제물을 위하여 수양 하나를 취할찌니라

6 아론은 자기를 위한 속죄제의 수송아지를 드리되 자기와 권속을 위하여 속죄하고

7 또 그 두 염소를 취하여 회막문 여호와 앞에 두고

8 두 염소를 위하여 제비 뽑되 한 제비는 여호와를 위하고 한 제비는 아사셀을 위하여 할찌며

9 아론은 여호와를 위하여 제비뽑은 염소를 속죄제로 드리고

10 아사셀을 위하여 제비 뽑은 염소는 산대로 여호와 앞에 두었다가 그것으로 속죄하고 아사셀을 위하여 광야로 보낼찌니라

11 아론은 자기를 위한 속죄제의 수송아지를 드리되 자기와 권속을 위하여 속죄하고 자기를 위한 그 속죄제 수송아지를 잡고

12 향로를 취하여 여호와 앞 단 위에서 피운 불을 그것에 채우고 또 두 손에 곱게 간 향기로운 향을 채워 가지고 장 안에 들어가서

13 여호와 앞에서 분향하여 향연으로 증거궤 위 속죄소를 가리우게 할찌니 그리하면 그가 죽음을 면할 것이며

14 그는 또 수송아지의 피를 취하여 손가락으로 속죄소 동편에 뿌리고 또 손가락으로 그 피를 속죄소 앞에 일곱 번 뿌릴 것이며

15 또 백성을 위한 속죄제 염소를 잡아 그 피를 가지고 장 안에 들어가서 그 수송아지 피로 행함 같이 그 피로 행하여 속죄소 위와 속죄소 앞에 뿌릴찌니

16 곧 이스라엘 자손의 부정과 그 범한 모든 죄를 인하여 지성소를 위하여 속죄하고 또 그들의 부정한 중에 있는 회막을 위하여 그같이 할 것이요

17 그가 지성소에 속죄하러 들어가서 자기와 그 권속과 이스라엘 온 회중을 위하여 속죄하고 나오기까지는 누구든지 회막에 있지 못할 것이며

18 그는 여호와 앞 단으로 나와서 그것을 위하여 속죄할찌니 곧 그 수송아지의 피와 염소의 피를 취하여 단 귀퉁이 뿔들에 바르고

19 또 손가락으로 그 피를 그 위에 일곱 번 뿌려 이스라엘 자손의 부정에서 단을 성결케 할 것이요

20 그 지성소와 회막과 단을 위하여 속죄하기를 마친 후에 산 염소를 드리되

21 아론은 두 손으로 산 염소의 머리에 안수하여 이스라엘 자손의 모든 불의와 그 범한 모든 죄를 고하고 그 죄를 염소의 머리에 두어 미리 정한 사람에게 맡겨 광야로 보낼찌니

22 염소가 그들의 모든 불의를 지고 무인지경에 이르거든 그는 그 염소를 광야에 놓을찌니라

23 아론은 회막에 들어가서 지성소에 들어갈 때에 입었던 세마포 옷을 벗어

거기 두고

24 거룩한 곳에서 물로 몸을 씻고 자기 옷을 입고 나와서 자기의 번제와 백성의 번제를 드려 자기와 백성을 위하여 속죄하고

25 속죄제 희생의 기름을 단에 불사를 것이요

26 염소를 아사셀에게 보낸 자는 옷을 빨고 물로 몸을 씻은 후에 진에 들어올 것이며

27 속죄제 수송아지와 속죄제 염소의 피를 성소로 들여다가 속죄하였은즉 그 가죽과 고기와 똥을 밖으로 내어다가 불사를 것이요

28 불사른 자는 옷을 빨고 물로 몸을 씻은 후에 진에 들어올지니라

29 너희는 영원히 이 규례를 지킬지니라 칠월 곧 그 달 십일에 너희는 스스로 괴롭게 하고 아무 일도 하지 말되 본토인이든지 너희 중에 우거하는 객이든지 그리하라

30 이 날에 너희를 위하여 속죄하여 너희로 정결케 하리니 너희 모든 죄에서 너희가 여호와 앞에 정결하리라

31 이는 너희에게 큰 안식일인즉 너희는 스스로 괴롭게 할지니 영원히 지킬 규례라

32 그 기름 부음을 받고 위임되어 그 아비를 대신하여 제사장의 직분을 행하는 제사장은 속죄하되 세마포 옷 곧 성의를 입고

33 지성소를 위하여 속죄하며 회막과 단을 위하여 속죄하고 또 제사장들과 백성의 회중을 위하여 속죄할지니

34 이는 너희의 영원히 지킬 규례라 이스라엘 자손의 모든 죄를 위하여 일년 일차 속죄할 것이니라 아론이 여호와께서 모세에게 명하신 대로 행하니라

1. 속죄일에 대하여 (1-19)

아론의 두 아들 나답과 아비후가 부정한 방법으로 하나님 앞에 나아갔다가 죽은 후에 여호와 하나님께서 모세에게 말씀하셨다. 아론으로 하여금 성소 안의 지성소 법궤 위 속죄소 앞에 무시로 드나들지 말라는 것이었다. 그렇게 하면 저들과 같이 죽음을 면할 수 없다. 속죄소는 하나님께서 구름 가운데서 나타나시는 거룩한 곳이기 때문이다.

제사장 아론이 성소에 들어가려면 수송아지로 속죄제물을 삼고 수양으로 번제물로 삼아야 한다. 그리고 거룩한 세마포 의상과 세마포 속옷을 입고 그 위에 세마포 띠를 띠고 세마포 관을 써야 한다. 그것들은 거룩한 예복에 속하기 때문에 물로 깨끗이 몸을 씻은 후에 입어야 한다.

또한 이스라엘 자손의 회중 가운데서 속죄제물을 위해 수염소 두 마리와 번제물을 위한 수양 한 마리를 취해야 한다. 아론은 자기를 위한 속죄제의 수송아지를 드리되 자기와 집안을 위하여 속죄해야만 한다. 그리고 그 염소 두 마리를 취하여 회막문 여호와 하나님 앞에 두어야 한다.

그리고 두 마리의 염소를 제비뽑아야 하는데 하나는 여호와 하나님을 위한 것이며 다른 하나는 아사셀을 위한 것이다. 제사장 아론은 여호와를 위해 제비 뽑은 염소를 속죄제로 드리고 아사셀을 위해 제비 뽑은 염소는 산채로 여호와 하나님 앞에 두었다가 그것으로 속죄한 후 아사셀을 위해 광야로 보내야 한다.

아론은 규례에 따라 자기와 권속을 위해 속죄제의 수송아지를 잡아 드림으로써 속죄제를 행하게 된다. 그는 또한 향로를 취해 여호와 하나님의 앞 번제단 위에서 피운 불을 그것에 담고 두 손에는 곱게 간 향기로운 향을 채워 성소 안으로 들어가 하나님께 분향하여 향연으로 증거궤 위의 속죄소를 가리게 해야 하다. 그때는 휘장을 걷어두고 하나님께 분향했던 것으로 보인다. 그렇게 함으로써 그가 죽음을 면하게 되었다.

그는 또 수송아지의 피를 취해 손가락으로 속죄소 동편 위에 뿌리고 또 그 피를 속죄소 앞에 일곱 번 뿌려야 한다. 그리고 백성들을 위한 속죄제 염소를 잡아 그 피를 성소 안으로 가지고 들어가서 그 수송아지 피로 행한 것과 같이 속죄소 위와 앞에 뿌려야 한다. 이는 이스라엘 자손의 부정과 저들이 범한 모든 죄 때문에 행하는 의례였다. 또한 그는 지성소를 위해 속죄하고 저들의 부정한 중에 있는 회막을 위해 그렇게 하여야 했다.

아론이 속죄를 위해 지성소 안으로 들어가서 자기와 그 집안과 이스라엘 온 회중을 위하여 속죄하고 나오기까지는 어느 누구도 회막에 있어서는 안 된다. 그는 여호와 하나님 앞 제단으로 나아와서 그것을 위해 속죄해야 하며 그 수송아지의 피와 염소의 피를 취하여 단 귀퉁이 뿔들에 발라야 한다. 그리고 그 피를 제단 위에 일곱 번 뿌림으로써 이스라엘 자손의 부정으로부터 제단을 성결케 해야 한다.

2. 속죄를 위한 산 염소 (20-28)

제사장 아론은 지성소와 회막과 제단을 위한 속죄 의례를 마친 후에 산 염소를 드려야 한다. 그때 그는 두 손으로 산 염소의 머리에 안수함으로써 이스라엘 자손의 모든 불의와 그 범한 죄를 고하고 그 죄를 염소의 머리에 뒤집어씌워 미리 정한 사람에게 맡겨 광야로 내보내야 한다. 즉 염소가 그들의 모든 불의를 지고 무인지경에 이르게 되면 그는 그 염소를 광야에 풀어 놓아야 하는 것이다.

아론은 회막 안 지성소 안으로 들어갈 때 입었던 세마포 옷을 거기에 벗어두고, 거룩한 곳에서 물로 몸을 씻은 후 자기의 옷을 입고 밖으로 나와 자신과 백성을 위한 번제를 드려야 한다. 그렇게 함으로써 모든 죄를 속하게 되며 희생제물로 바친 동물의 기름을 단위에 불사르게 된다.

그리고 산 염소를 광야로 몰고나가 아사셀에게 보낸 사람은 입었던 옷을 빨고 물로 몸을 씻은 후에 진 안으로 들어와야 한다. 또한 속죄제를 위한 수송아지와 염소의 피를 성소 안으로 가지고 들어가 속죄했으므로 그 가죽과 고기와 똥은 바깥으로 가져나가 불살라야 한다. 그것들을 불살라 태운 사람 역시 옷을 빨고 물로 몸을 깨끗이 씻은 후에 진 안으로 들어와야 한다.

3. 속죄를 위한 규례 (29-34)

아론과 제사장들을 비롯한 모든 이스라엘 백성은 반드시 속죄제 규례를 지켜야 한다. 유대력으로 칠월 십일이 되면 저들은 스스로 괴롭게 하고 아무 일도 해서는 안 된다. 본토인이든지 저들 가운데 거하는 나그네이든지 예외가 없다.

그 날에는 저들을 위해 속죄하여 정결케 됨으로써 모든 죄를 용서받아 여호와 하나님 앞에서 정결하게 된다. 그 날은 저들에게 큰 안식일로서 단순히 노동을 쉴 뿐 아니라 스스로 괴롭게 하지 않으면 안 된다. 그것은 이스라엘 백성이 존재하는 한 영영히 지켜야 할 규례이다. 그 의례는 예수 그리스도가 이 땅에 오심으로써 그 사역을 완성할 때까지 이스라엘 백성에게 요구되었던 것이다.

기름부음을 받아 아론의 뒤를 이어 위임받아 제사직분을 감당하게 되는 제사장들은 반드시 세마포 옷 곧 성의를 입고 속죄제를 지내야 한다. 그들은 지성소와 회막과 제단을 위하여 속죄해야 하며 제사장들과 모든 회중을 위해 속죄해야 한다. 그 속죄일은 하나님께서 모세에게 명하신 것으로서 이스라엘 자손의 모든 죄를 위해 매년 한 차례씩 지켜야 할 이스라엘 민족의 영원한 규례였다.

제17장

생축을 잡는 문제와 피의 규례 (레 17:1-16)

1 여호와께서 모세에게 일러 가라사대

2 아론과 그 아들들과 이스라엘 모든 자손에게 고하여 그들에게 이르기를 여호와의 명령이 이러하시다 하라

3 무릇 이스라엘 집의 누구든지 소나 어린양이나 염소를 진 안에서 잡든지 진 밖에서 잡든지

4 먼저 회막문으로 끌어다가 여호와의 장막 앞에서 여호와께 예물로 드리지 아니하는 자는 피흘린 자로 여길 것이라 그가 피를 흘렸은즉 자기 백성 중에서 끊쳐지리라

5 그런즉 이스라엘 자손이 들에서 잡던 희생을 회막문 여호와께로 끌어다가 제사장에게 주어 화목제로 여호와께 드려야 할 것이요

6 제사장은 그 피를 회막문 여호와의 단에 뿌리고 그 기름을 불살라 여호와께 향기로운 냄새가 되게 할 것이라

7 그들은 전에 음란히 섬기던 수염소에게 다시 제사하지 말 것이니라 이는 그들이 대대로 지킬 영원한 규례니라

8 너는 또 그들에게 이르라 무릇 이스라엘 집 사람이나 혹시 그들 중에 우거하는 타국인이 번제나 희생을 드리되

9 회막문으로 가져다가 여호와께 드리지 아니하면 그는 백성 중에서 끊쳐지

리라 10 무릇 이스라엘 집 사람이나 그들 중에 우거하는 타국인 중에 어떤 피든지 먹는 자가 있으면 내가 그 피 먹는 사람에게 진노하여 그를 백성 중에서 끊으리니

11 육체의 생명은 피에 있음이라 내가 이 피를 너희에게 주어 단에 뿌려 너희의 생명을 위하여 속하게 하였나니 생명이 피에 있으므로 피가 죄를 속하느니라

12 그러므로 내가 이스라엘 자손에게 말하기를 너희 중에 아무도 피를 먹지 말며 너희 중에 우거하는 타국인이라도 피를 먹지 말라 하였나니

13 무릇 이스라엘 자손이나 그들 중에 우거하는 타국인이 먹을만한 짐승이나 새를 사냥하여 잡거든 그 피를 흘리고 흙으로 덮을찌니라

14 모든 생물은 그 피가 생명과 일체라 그러므로 내가 이스라엘 자손에게 이르기를 너희는 어느 육체의 피든지 먹지 말라 하였나니 모든 육체의 생명은 그 피인즉 무릇 피를 먹는 자는 끊쳐지리라

15 무릇 스스로 죽은 것이나 들짐승에게 찢겨 죽은 것을 먹은 자는 본토인이나 타국인이나 물론하고 그 옷을 빨고 물로 몸을 씻을 것이며 저녁까지 부정하고 그 후에 정하려니와

16 그가 빨지 아니하거나 몸을 물로 씻지 아니하면 죄를 당하리라

1. 생축을 잡기 위한 규례 (1-9)

이스라엘 백성들은 살아있는 동물을 잡을 때 아무렇게나 함부로 죽여서는 안 되었다. 하나님께서는 모세를 통해 아론과 그의 아들 제사장들을 비롯한 모든 이스라엘 자손에게 그에 관한 규례를 주셨다. 그들이 동물을 잡기 위해서는 먼저 하나님의 장막에서 예물로 드린 후 잡아야 했던 것이다.

누구든지 소나 어린양이나 염소를 진 안이나 진 밖에서 잡으려면 먼저 회막문으로 그 동물을 끌고 와서 여호와 하나님께 예물로 드려야 했다. 그렇게 하지 않는다면 하나님의 말씀을 벗어나 피 흘린 자로 간주되어 그 백성 중에서 끊어지게 된다.

그러므로 이스라엘 백성들은 희생제물로 드리기 위하여 들에서 잡으려던 동물을 회막문 앞으로 끌고 와 제사장에게 주어 여호와 하나님께 화목제로 드리게 해야 했다. 제사장은 그 피를 회막문 번제단에 뿌리고 그 기름을 불살라야 한다. 그것이 여호와 하나님께 향기로운 냄새가 되게 해야 하는 것이다. 이는 사람들이 아무데서나 임의로 생축을 잡아서는 안 된다는 사실을 말해주고 있다.

이스라엘 자손은 항상 하나님께서 주신 영원한 규례에 따라 성막과 연관하여 제사를 드려야 한다. 다시는 그전에 이방인들이 음란한 태도로 섬기듯 수염소에게 제사하는 행위를 하지 말아야 한다. 이스라엘 자손이나 저들 가운데 거하는 타국인이 번제나 희생제물을 드리고자 할 때 그것을 회막문으로 끌고 와서 하나님께 바치지 않는 자는 언약의 백성으로부터 끊어지게 된다.

2. 피를 먹는 것을 금함 (10-16)

이스라엘 자손이나 저들 가운데 거하는 타국인은 어느 누구도 동물의 피를 먹는 것이 금지되었다. 하나님께서는 피를 먹는 사람에게 진노하여 그를 백성들 중에서 끊어버리시겠다고 하셨다. 피는 인간들이 세상을 살아갈 때 저들의 육체를 위한 생명의 근원이 되기 때문이다.

그러므로 하나님께서는 그 피를 거룩한 제단에 뿌려 저들의 생명을 위해 속하게 하셨다. 이는 인간의 생명이 피에 달려 있으므로 피가 곧 죄를 속하게 된다는 의미를 지니고 있다. 따라서 이스라엘 민족 가운데 살아가는 백성들 가운데 어느 누구도 동물의 피를 먹어서는 안 되었던 것이다.

이스라엘 백성은 먹을 수 있도록 허용된 짐승이나 새를 사냥하여 잡으면서 피를 흘리게 될 경우 그 피를 흙으로 덮어야 했다. 모든 동물은 그 피와 생명이 하나로 연결되어 있어서 분리될 수 없다. 그러므로 하나님께서는 어떤 동물의 피든지 먹지 말라는 명령을 하셨다. 만일 동물의 피를 먹는 자가 있다면 그는 하나님의 언약으로부터 단절되는 심판을 면할 수 없게 된다.

또한 이스라엘 백성은 사람이 직접 잡은 것이 아니라 스스로 죽은 동물이나 들짐승에게 찢겨 죽은 동물의 고기는 먹지 말아야 했다. 이스라엘 백성 가운데 부지중에라도 그렇게 한 자가 있다면 그 사람은 저녁까지 부정하게 된다. 따라서 그가 입었던 옷을 빨고 물로 몸을 깨끗이 씻어야 한다. 그렇게 하지 않으면 하나님으로부터 무서운 심판을 받게 된다.

제18장

가증스런 이방풍속 견제 (레 18:1-30)

1 여호와께서 모세에게 일러 가라사대

2 너는 이스라엘 자손에게 고하여 이르라 나는 여호와 너희 하나님이라

3 너희는 그 거하던 애굽 땅의 풍속을 좇지 말며 내가 너희를 인도할 가나안 땅의 풍속과 규례도 행하지 말고

4 너희는 나의 법도를 좇으며 나의 규례를 지켜 그대로 행하라 나는 너희의 하나님 여호와니라

5 너희는 나의 규례와 법도를 지키라 사람이 이를 행하면 그로 인하여 살리라 나는 여호와니라

6 너희는 골육지친을 가까이하여 그 하체를 범치 말라 나는 여호와니라

7 네 어미의 하체는 곧 네 아비의 하체니 너는 범치 말라 그는 네 어미인즉 너는 그의 하체를 범치 말찌니라

8 너는 계모의 하체를 범치 말라 이는 네 아비의 하체니라

9 너는 네 자매 곧 네 아비의 딸이나 네 어미의 딸이나 집에서나 타처에서 출생하였음을 물론하고 그들의 하체를 범치 말찌니라

10 너는 손녀나 외손녀의 하체를 범치 말라 이는 너의 하체니라

11 네 계모가 네 아비에게 낳은 딸은 네 누이니 너는 그 하체를 범치 말찌니라

12 너는 고모의 하체를 범치 말라 그는 네 아비의 골육지친이니라

13 너는 이모의 하체를 범치 말라 그는 네 어미의 골육지친이니라

14 너는 네 아비 형제의 아내를 가까이하여 그 하체를 범치 말라 그는 네 백숙모니라

15 너는 자부의 하체를 범치 말라 그는 네 아들의 아내니 그 하체를 범치 말찌니라

16 너는 형제의 아내의 하체를 범치 말라 이는 네 형제의 하체니라

17 너는 여인과 그 여인의 딸의 하체를 아울러 범치 말며 또 그 여인의 손녀나 외손녀를 아울러 취하여 그 하체를 범치 말라 그들은 그의 골육지친이니 이는 악행이니라

18 너는 아내가 생존할 동안에 그 형제를 취하여 하체를 범하여 그로 투기케 하지 말찌니라

19 너는 여인이 경도로 불결할 동안에 그에게 가까이하여 그 하체를 범치 말찌니라

20 너는 타인의 아내와 통간하여 그로 자기를 더럽히지 말찌니라

21 너는 결단코 자녀를 몰렉에게 주어 불로 통과케 말아서 네 하나님의 이름을 욕되게 하지 말라 나는 여호와니라

22 너는 여자와 교합함같이 남자와 교합하지 말라 이는 가증한 일이니라

23 너는 짐승과 교합하여 자기를 더럽히지 말며 여자가 된 자는 짐승 앞에 서서 그것과 교접하지 말라 이는 문란한 일이니라

24 너희는 이 모든 일로 스스로 더럽히지 말라 내가 너희의 앞에서 쫓아내는 족속들이 이 모든 일로 인하여 더러워졌고

25 그 땅도 더러워졌으므로 내가 그 악을 인하여 벌하고 그 땅도 스스로 그 거민을 토하여 버느니라

26 그러므로 너희 곧 너희의 동족이나 혹시 너희 중에 우거하는 타국인이나 나의 규례와 법도를 지키고 이런 가증한 일의 하나도 행하지 말라

27 너희의 전에 있던 그 땅 거민이 이 모든 가증한 일을 행하였고 그 땅도 더러워졌느니라

28 너희도 더럽히면 그 땅이 너희 있기 전 거민을 토함같이 너희를 토할까 하노라

29 무릇 이 가증한 일을 하나라도 행하는 자는 그 백성 중에서 끊쳐지리라

30 그러므로 너희는 내 명령을 지키고 너희 있기 전에 행하던 가증한 풍속을 하나라도 좋음으로 스스로 더럽히지 말라 나는 너희 하나님 여호와니라

1. 이방 풍속과 규례에 대한 견제 (1-5)

하나님의 언약을 소유한 이스라엘 민족은 다른 어느 종족과도 다른 특별한 족속이다. 그들은 세상과는 분명히 구별되어야 할 사람들이었다. 그러나 이스라엘 백성들도 이땅에 죄인으로 출생한 자들이다. 하나님의 섭리와 계획 가운데 조성된 민족이기는 하지만 여전히 타락한 세상 가운데 살아가는 것이다.

여호와 하나님께서는 모세를 통해 이스라엘 자손으로 하여금 이방 풍속을 좇지 말도록 요구했다. 이스라엘 민족은 여러 측면에서 이방인들의 풍습을 가까이 둔 채 살아가고 있었다. 과거 애굽에서나 시내광야에 있을 때도 그러했지만 이스라엘 백성이 가나안 땅에 들어갈 미래에도 그와 같은 상황에 처하게 된다.

그러므로 하나님께서 저들에게 애굽 땅의 풍속을 척결하고 그것을 좇지 말도록 명령했다. 그리고 앞으로 들어가게 될 가나안 땅의 풍속도 경계하라고 했다. 이방인들이 가진 풍속과 규례는 악한 것들이다. 겉보기에 괜찮아 보이는 것들이라 할지라도 그 본질은 타락한 상태에 놓여 있기 때문이다.

따라서 하나님의 백성들은 하나님의 법도를 따르고 하나님의 규례를 온전히 지키도록 해야만 한다. 그것이 비록 인간들에게는 익숙하지 않아 딱딱하고 힘들게 여겨질지라도 그렇게 하지 않으면 안 된다. 그들이 그렇게 해야 하는 이유는 여호와 하나님이 자신을 위한 분이라는 사실과 연관되어 있다.

그럼에도 불구하고 어리석은 자들은 그럴듯하게 생각되는 것들을 쉽게 받아들여 행하고자 한다. 그와 같은 사태는 과거 이스라엘 백성들뿐 아니라 오늘날 우리 시대에도 동일하게 벌어지고 있다. 하나님의 뜻을 벗어나 세상의 것들을 받아들이면서 자신의 번영을 추구하고자 하는 것이다. 그

러나 그것은 개인의 영달을 위해 하나님의 말씀에 불순종하는 배도행위가
될 따름이다.

2. 부당한 성적인 교류와 가증스런 성적인 교접 금지 (6-25)

하나님의 언약 백성이라 하면서 골육지친을 가까이 하여 성적인 범죄를
저질러서는 안 된다. 근친상간은 악하고 더러운 죄이므로 결코 범하지 말
아야 한다. 어미, 계모, 자매, 손녀, 외손녀, 고모, 이모, 백숙모, 자부, 형제
의 아내, 여인과 그 여인의 딸, 여인의 손녀나 외손녀, 월경으로 인해 불결
한 상태에 있는 여인, 타인의 아내와 통간하지 말아야 한다. 그것은 하나
님을 욕되게 하는 것이며 자신을 더럽히는 행위이다. 나아가 타인에게 악
을 저지르는 것이다.

진정으로 하나님을 경외하는 백성이라면 가증한 것들을 가증한 것으로
깨닫지 않을 수 없다. 따라서 이스라엘 자손은 결코 이방인들의 신인 몰렉
에게 자기의 자녀를 주어 불을 통과하도록 해서는 안 된다. 그것은 여호와
하나님의 이름을 욕되게 하는 가증스러운 행동이기 때문이다.

그리고 동성간의 성적인 교접 행위[23]나 짐승과 성적으로 교접하는 것은
가증스런 악한 행위이다. 그것은 자기 자신을 더럽힐 뿐 아니라 하나님을
욕되게 하는 행위이다. 하나님을 알지 못하는 족속들 가운데 그런 일들이
있어서 약속의 땅을 더럽혔다. 그러므로 하나님께서는 그 악으로 말미암
아 저들에게 벌을 내렸으며, 그 땅도 스스로 그 가증한 거민들을 토해내게
되었던 것이다.

---

23) 말세를 당한 우리 시대에 가장 혐오스러운 것들 가운데 하나가 동성애이다.
나아가 동성결혼은 하나님의 제도와 질서를 무너뜨리는 끔찍한 죄악이 아닐 수
없다. 그럼에도 불구하고 세상의 다수 국가들은 동성애는 물론 동성결혼을 인정
하고 있다. 나아가 기독교라는 이름을 달고 있는 거짓교회들마저 그에 편승해 참
된 교회들을 위협하며 성도들을 혼란스럽게 만들고 있다.

4. 거룩한 하나님 앞의 가증한 행위 (26-30)

언약의 백성들은 항상 여호와 하나님 앞에서 거룩함을 유지하기 위해 애써야 한다. 그것은 하나님이 거룩한 분이기 때문이다. 그러므로 이스라엘 민족이나 저들 가운데 거하는 타국인들은 하나님의 규례와 법도를 지켜야 한다. 그렇게 함으로써 가증한 일을 범하지 말아야 했던 것이다.

과거 가나안 땅에 거하던 이방인들 가운데 상당수 사람들이 무디어져 그 모든 가증한 행동을 일삼았으며 그 땅도 더러워졌다. 만일 언약의 자손이라 주장하는 자들이 그런 식의 행동을 하게 되면 그 땅은 저들을 토해내 버릴 것이다. 그와 같은 가증한 일을 행하는 자가 있다면 그는 이스라엘 백성 중에서 끊어지게 될 것이며, 그것을 용납한다면 전체가 하나님의 심판의 대상이 될 수밖에 없다.

그러므로 여호와 하나님을 진정으로 경외하는 자들이라면 반드시 그의 명령을 지켜야 한다. 그렇게 함으로써 저들의 가증한 풍속을 멀리하고 가까이 하지 않게 된다. 그 가증한 것들 가운데 하나라도 좇게 되면 스스로 더럽히는 것과 마찬가지라는 사실을 기억하지 않으면 안 되었던 것이다.

우리는 여기서 이스라엘 백성 가운데 실제로 그와 같은 가증한 일이 얼마나 많이 발생했을까 하는 점을 생각해 볼 필요가 있다. 근친상간과 짐승과의 성적인 교접, 동성애와 같은 가증스런 악행을 저지른 자들이 과연 몇 명이나 되었을까? 우리가 짐작할 수 있는 점은 실제로 그런 더러운 행위를 한 자들이 그렇게 많지 않았을 것이란 사실이다.

그럼에도 불구하고 모세의 율법에서 그것을 적나라하게 언급한 것은 그와 같은 악행은 조금이라도 용납되어서는 안 된다는 사실을 말해주고 있다. 즉 그런 가증스런 행위들이 언약의 백성들 가운데 들어오는 것을 추호도 용납하지 못하도록 했던 것이다. 겉으로 드러나지 않게 이루어지는 그런 악행들이 전체 이스라엘 민족을 더럽히며 하나님을 욕되게 하기 때문이다.

오늘날 우리 역시 기독교 주변에 그와 같은 악한 것들이 존재하지 않는
지 철저하게 살펴보아야 한다. 영적인 측면에서는 물론 육체적인 측면에
서도 그렇다. 타락한 세상에 물든 자들은 항상 기독교 부근을 맴돌면서 자
신의 쾌락을 추구하기 위해 세상의 악행들을 받아들이고 있다. 하나님 앞
에서 순결한 삶을 살아가야 할 성도들은 그와 같은 것들에 대해 민감하게
대처하지 않으면 안 된다.

제19장

이스라엘 자손의 신실한 삶 (레 19:1-37)

1 여호와께서 모세에게 일러 가라사대

2 너는 이스라엘 자손의 온 회중에게 고하여 이르라 너희는 거룩하라 나 여호와 너희 하나님이 거룩함이니라

3 너희 각 사람은 부모를 경외하고 나의 안식일을 지키라 나는 너희 하나님 여호와니라

4 너희는 헛것을 위하지 말며 너희를 위하여 신상들을 부어 만들지 말라 나는 너희 하나님 여호와니라

5 너희는 화목제 희생을 여호와께 드릴 때에 열납되도록 드리고

6 그 제물은 드리는 날과 이튿날에 먹고 제 삼 일까지 남았거든 불사르라

7 제 삼 일에 조금이라도 먹으면 가증한 것이 되어 열납되지 못하고

8 그것을 먹는 자는 여호와의 성물 더럽힘을 인하여 죄를 당하리니 그가 그 백성 중에서 끊쳐지리라

9 너희 땅의 곡물을 벨 때에 너는 밭 모퉁이까지 다 거두지 말고 너의 떨어진 이삭도 줍지 말며

10 너의 포도원의 열매를 다 따지 말며 너의 포도원에 떨어진 열매도 줍지 말고 가난한 사람과 타국인을 위하여 버려 두라 나는 너희 하나님 여호와니라

11 너희는 도적질하지 말며 속이지 말며 서로 거짓말하지 말며

12 너희는 내 이름으로 거짓 맹세함으로 네 하나님의 이름을 욕되게 하지 말라 나는 여호와니라

13 너는 네 이웃을 압제하지 말며 늑탈하지 말며 품군의 삯을 아침까지 밤새도록 네게 두지 말며

14 너는 귀먹은 자를 저주하지 말며 소경 앞에 장애물을 놓지 말고 네 하나님을 경외하라 나는 여호와니라

15 너희는 재판할 때에 불의를 행치 말며 가난한 자의 편을 들지 말며 세력 있는 자라고 두호하지 말고 공의로 사람을 재판할찌며

16 너는 네 백성 중으로 돌아다니며 사람을 논단하지 말며 네 이웃을 대적하여 죽을 지경에 이르게 하지 말라 나는 여호와니라

17 너는 네 형제를 마음으로 미워하지 말며 이웃을 인하여 죄를 당치 않도록 그를 반드시 책선하라

18 원수를 갚지 말며 동포를 원망하지 말며 이웃 사랑하기를 네 몸과 같이 하라 나는 여호와니라

19 너희는 내 규례를 지킬찌어다 네 육축을 다른 종류와 교합시키지 말며 네 밭에 두 종자를 섞어 뿌리지 말며 두 재료로 직조한 옷을 입지 말찌며

20 무릇 아직 속량도 되지 못하고 해방도 되지 못하고 정혼한 씨종과 사람이 행음하면 두 사람이 형벌은 받으려니와 그들이 죽임을 당치 아니할 것은 그 여인은 아직 해방되지 못하였음이라

21 그 남자는 그 속건제물 곧 속건제 수양을 회막문 여호와께로 끌어올 것이요

22 제사장은 그의 범한 죄를 위하여 그 속건제의 수양으로 여호와 앞에 속죄할 것이요 그리하면 그의 범한 죄의 사함을 받으리라

23 너희가 그 땅에 들어가 각종 과목을 심거든 그 열매는 아직 할례받지 못한 것으로 여기되 곧 삼 년 동안 너희는 그것을 할례받지 못한 것으로 여겨 먹지 말 것이요

24 제 사 년에는 그 모든 과실이 거룩하니 여호와께 드려 찬송할 것이며

25 제 오년에는 그 열매를 먹을찌니 그리하면 너희에게 그 소산이 풍성하리라 나는 너희 하나님 여호와니라

26 너희는 무엇이든지 피 채 먹지 말며 복술을 하지 말며 술수를 행치 말며

27 머리 가를 둥글게 깎지 말며 수염 끝을 손상치 말며

28 죽은 자를 위하여 너희는 살을 베지 말며 몸에 무늬를 놓지 말라 나는 여호와니라

29 네 딸을 더럽혀 기생이 되게 말라 음풍이 전국에 퍼져 죄악이 가득할까 하노라

30 내 안식일을 지키고 내 성소를 공경하라 나는 여호와니라

31 너희는 신접한 자와 박수를 믿지 말며 그들을 추종하여 스스로 더럽히지 말라 나는 너희 하나님 여호와니라

32 너는 셴 머리 앞에 일어서고 노인의 얼굴을 공경하며 네 하나님을 경외하라 나는 여호와니라

33 타국인이 너희 땅에 우거하여 함께 있거든 너희는 그를 학대하지 말고

34 너희와 함께 있는 타국인을 너희 중에서 낳은 자같이 여기며 자기같이 사랑하라 너희도 애굽 땅에서 객이 되었더니라 나는 너희 하나님 여호와니라

35 너희는 재판에든지 도량형에든지 불의를 행치 말고

36 공평한 저울과 공평한 추와 공평한 에바와 공평한 힌을 사용하라 나는 너희를 인도하여 애굽 땅에서 나오게 한 너희 하나님 여호와니라

37 너희는 나의 모든 규례와 나의 모든 법도를 지켜 행하라 나는 여호와니라

1. 거룩해야 할 백성 (1-4)

이 세상의 모든 민족은 자연발생적으로 형성되었지만 하나님의 백성은 그렇지 않다. 하나님께서는 갈대아 우르에 있던 아브라함을 부르실 때 그에게 자손을 주어 한 민족으로 만드시리라는 약속을 하셨다. 따라서 이스라엘 민족은 하나님 앞에서 거룩한 백성이 될 수밖에 없었다. 이는 저들의 하나님이 거룩한 분이시기 때문이었다.

그러므로 그들은 하나님의 계명에 순종하며 살아야만 했다. 모든 이스라엘 백성은 규례에 따른 삶을 살지 않으면 안 되었는데 그 근본에는 부모를 경외하고 하나님의 안식일을 지켜야 하는 계명이 자리잡고 있었다. 이는 개별적인 욕망에 의한 자기중심적인 삶을 포기하라는 말과도 통한다.

그리고 하나님의 자녀들은 모세의 율법을 떠나 헛된 것들을 추구하는 행위를 하지 말아야 했다. 또한 개인의 종교적인 만족을 추구하기 위해 이방 신상을 부어 만들어서는 안 되었다. 그렇게 하는 것은 타락한 세상에서 발생한 종교에 자신을 내맡기는 배도행위에 지나지 않기 때문이다.

2. 온전한 제사를 드리는 삶 (5-8)

이스라엘 백성은 규례에 따라 여호와 하나님께 화목제 희생을 드려야 한다. 하지만 그것은 겉으로 드러나는 형식을 취하는 것으로 충분하지 않다. 그 제사는 하나님께서 기쁘게 받으실 수 있는 의례가 되어야 한다. 그렇게 되기 위해서는 제물을 바치는 자의 신앙 자세와 율법을 좇아 드리는 것이 중요하다.

하나님께 제물로 바쳐진 동물의 고기는 제사를 드린 당일과 그 이튿날에 먹을 수 있다. 그러나 제 삼일까지 남겨 두어서는 안 된다. 만일 그 가운데 일부가 남는다면 그것을 불살라 태워야 한다. 만일 그것을 아깝게 여겨 남겨둔다면 하나님의 율법을 어기는 행위가 된다. 나아가 그 고기를 다른 가난한 사람들에게 나누어 주어서도 안 된다.[24)]

제사를 지낸 지 삼일이 된 후 조금의 고기라도 먹으면 그것은 가증하게 되어 하나님께서 그 제사를 기쁘게 받으시지 않는다. 우리가 여기서 반드시 기억해야 할 바는 그렇게 할 경우 이미 바친 제물마저 소급해 무효가 되거나 도리어 하나님께 욕이 된다는 사실이다.[25)] 그 고기를 먹는 자는 여호와의 성물을 더럽힌 것이 되므로 죄를 당하게 되어 그 백성 중에서 끊어지게 된다.

3. 추수하는 자의 근본 자세 (9-10)

하나님의 자녀들은 밭에서 곡물을 추수하여 벨 때 하나도 남기지 않고 너무 알뜰하게 거두어서는 안 된다. 그리고 추수하다가 떨어진 이삭도 다 줍지 말아야 한다. 또한 농장에서 재배한 포도를 딸 때도 다 따지 말아야 하며, 포도원에 떨어진 열매도 줍지 말고 그냥 두어야 한다. 그렇게 함으로써 가난한 이웃이 그것들을 주워 갈 수 있도록 해야 하는 것이다. 그것이 이스라엘 민족을 향한 하나님의 뜻이다.

우리는 여기서 몇 가지 중요한 생각을 해보게 된다. 이스라엘 백성들은 농장 주위에 지나치게 단단한 울타리를 치지 않았다는 사실이다. 이는 경우에 따라서는 자기의 농장에 들어오는 사람을 무자비하게 막지 말아야

24) 하나님의 율법은 인간들의 윤리적인 판단을 근간으로 하지 않는다. 사람들은 기간을 넘어서까지 남는 고기가 있다면 당시 주변에서 굶주리는 이웃들에게 나누어 주는 것이 오히려 나을 것이란 생각을 할지 모른다. 그러나 인간적인 사랑과 긍휼이 하나님의 규례를 넘어설 수 없다.
25) 우리는 이에 대해 매우 주의 깊은 생각을 해 볼 수 있어야 한다. 이 규례에 나타나는 정신은 신약시대에도 그대로 적용된다고 할 수 있기 때문이다. 만일 어떤 사람이 과거에 종교적으로 그럴듯한 행위를 하고 나서 나중 하나님의 분노를 사게 된다면 과거에 있었던 그의 모든 행위는 무효가 된다.

함을 의미한다. 물론 이 말이 외부인들에게 출입이 자유롭게 허락되었음을 의미하지는 않는다. 단지 가난한 사람들이 들어와 떨어진 이삭이나 열매를 줍는 것을 막아서는 안 된다는 사실을 말해주고 있다.

오늘날 우리도 어려운 이웃을 위한 그와 같은 정신을 계승해야 한다. 우리 시대에는 직접 추수 끝에 곡물 이삭이나 포도를 남겨두어야 하는 경우는 드물지만 전 분야에서 그런 자세를 유지해야 한다. 그 내용이 유형이든 무형이든 어려운 이웃을 위해 남겨둘 수 있는 여유를 가지는 것은 매우 중요하다.[26] 그것이 하나님께서 우리에게 바라시는 신앙인의 삶이기 때문이다.

4. 하나님을 두려워하는 삶 (11-14)

언약의 백성들은 하나님을 진정으로 경외하며 두려워하는 삶을 살아야 한다. 그러므로 남의 것을 도적질하거나 남을 속이거나 서로 거짓말을 해서는 안 된다. 인간들은 그렇게 하면서도 다른 사람에게 들키지 않고 넘어갈 수 있다. 그러나 여호와 하나님은 결코 그 악행을 모르시는 분이 아니다.

그리고 하나님의 자녀라면 그의 이름으로 거짓 맹세함으로써 여호와 하나님의 이름을 욕되게 하지 말아야 한다. 또한 그들은 자신의 이웃을 부당하게 압제하거나 늑탈하지 말아야 하며 그날 주어야 할 일군의 품삯을 가지고 있으면서 다음날까지 미루는 일이 있어서는 안 된다. 이와 같은 행위는 자신을 위한 욕심을 채우는 것에 그치는 것이 아니라 타인의 권리를 박

---

26) 구약시대 이스라엘 백성은 추수를 하면서 가난한 자들을 위해 반드시 일부를 남겨 두어야만 했다. 만일 어떤 사람이 자기의 밭에서 결실한 모든 소출은 자기의 소유라고 생각하고 모든 열매와 곡물을 하나도 남기지 않고 싹 거두어 들인다면 어떻게 될까? 그런 행위는 밭의 주인이 그렇게 했기 때문에 아무런 문제가 없는 것으로 생각할지 모른다. 그러나 그는 율법을 어겼기 때문에 하나님의 것을 도둑질한 것이 될 뿐 아니라 가난한 이웃의 것을 탈취한 행위가 된다. 이와 같은 원리는 오늘날 우리의 생활 가운데서도 그대로 적용되는 것으로 이해해야 한다.

탈하는 것이 되기 때문이다.

뿐만 아니라 귀먹은 사람이 소리를 듣지 못한다고 해서 말로 그를 저주해서는 안 된다. 또한 앞을 보지 못하는 소경 앞에 장애물을 놓아두어서 걸려 넘어지게 하는 악행을 저지르지 말아야 한다. 하나님께서는 인간들의 그런 악한 마음과 행동을 속속들이 알고 계신다. 그러므로 하나님의 자녀들은 하나님을 진정으로 두려워하는 자세를 가지고 신실한 삶을 살아가야만 한다.

이에 대해서는 신약성경에서도 그대로 가르치고 있다. 사도 바울은 에베소 교회에 편지하면서 그점을 강조하고 있다. 하나님의 은혜를 입은 자들은 옛 사람을 벗어 버리고 새 사람이 되어 교회 공동체에 속한 이웃을 위해 살아갈 수 있어야 하는 것이다.

"너희는 유혹의 욕심을 따라 썩어져 가는 구습을 좇는 옛 사람을 벗어 버리고 오직 심령으로 새롭게 되어 하나님을 따라 의와 진리의 거룩함으로 지으심을 받은 새 사람을 입으라 그런즉 거짓을 버리고 각각 그 이웃으로 더불어 참된 것을 말하라 이는 우리가 서로 지체가 됨이니라" (엡 4:22-25)

바울이 위 본문에서 말하고 있는 것처럼 성도들이 하나님의 뜻을 기억하며 교회에 속한 이웃과 더불어 살아가는 것은 당연히 맺어져야 할 열매이다. 따라서 교회 공동체를 이루고 있는 모든 성도들은 이기적인 삶의 태도를 버려야 한다. 그렇게 함으로써 교회의 지체가 된 이웃을 돌아보며 하나님의 뜻이 교회 가운데 반영되게 해야 하는 것이다.

5. 균형 잡힌 삶 (15-18)

언약의 백성들은 편파적이지 않아야 한다. 따라서 재판할 때 불의를 행

치 말아야 하며 가난한 자의 편을 들어서도 안 된다.[27] 나아가 세력 있는
자라고 해서 그를 두호하는 것도 잘못된 행동이 된다. 그런 식으로 하게 되
면 그 상대는 억울함을 당할 수밖에 없다. 개인적인 연민이나 편향이 다른
사람을 억울하게 만드는 일이 있지 말아야 하는 것이다.

따라서 재판할 때나 이웃을 대할 때 사람의 외모를 보지 말고 하나님의
뜻 가운데 공의로 행해야 한다. 이는 주관적이 아닌 율법에 의한 객관성 있
는 신앙자세를 요구하고 있다. 이에 대해서는 신구약성경 모두 매우 강조
하고 있다. 야고보는 그의 서신에서 그점에 대해 분명한 어조로 말하고 있
다.

> "너희가 만일 경에 기록한 대로 네 이웃 사랑하기를 네 몸과 같이 하라 하
> 신 최고한 법을 지키면 잘하는 것이거니와 만일 너희가 외모로 사람을 취하
> 면 죄를 짓는 것이니 율법이 너희를 범죄자로 정하리라"(약 2:8,9)

하나님의 자녀들은 이리저리 돌아다니면서 다른 사람들에 대해 함부로
자의적인 논단을 해서는 안 된다. 또한 자기의 이웃을 대적하여 죽을 지경
에까지 이르도록 하지 말아야 한다. 하나님께서는 자기 백성들의 삶 가운
데서 그와 같은 삶의 원리가 온전히 유지되기를 원하신다.

또한 이스라엘 백성은 자기 형제를 마음속으로 미워하지 말아야 한다.
그리고 이웃으로 인한 죄의 책임을 면하기 위해서는, 잘못된 행동을 하는
자를 반드시 견책해야 한다. 그것은 단순히 권고하는 성격이 아니라 엄격
하게 시행해야 할 당연한 의무이다.

나아가 자기를 해롭게 한 사람이라고 해서 직접 그 원수를 갚거나 동족

---

27) 가난한 이웃을 돕고 위하는 것은 개인이 자신의 소유로써 해야 할 일이다. 그
러나 가난한 자와 부자 사이에서 어떤 문제가 발생할 경우에는 어느 한 쪽의 어려
운 사정을 보고 편파적이 될 것이 아니라 하나님의 말씀을 기초로 한 객관성 있는
자세를 가져야 한다.

인 이웃을 저주하듯 원망하는 일이 있어서는 안 된다. 도리어 하나님께서는 사람이 자기의 이웃을 사랑하기를 자기 몸과 같이 하기를 바라고 계신다. 이는 그 사람도 하나님의 언약의 백성에 속한 자이기 때문이다.

6. 순리를 따르는 삶 (19-25)

하나께서는 우주만물을 질서 가운데 창조하셨다. 그러나 범죄하여 타락한 인간들은 자신의 욕망을 위해 그 질서를 허물고자 하는 속성을 지니고 있다. 그러므로 언약의 백성들은 자신을 절제하는 가운데 하나님의 규례를 철저하게 지켜야만 한다.

이스라엘 백성은 가축을 다른 종류의 가축과 교접시켜서는 안 된다. 그리고 한 밭에 두 종류의 종자를 섞어 뿌리지 말아야 한다. 또한 각기 다른 두 가지 재료를 사용해 짠 옷을 입어서는 안 된다. 이는 물론 인간들이 자기 판단이나 취향에 따라 함부로 모든 것을 뒤섞는 것을 하지 말아야 한다는 사실을 말해 준다.[28]

그리고 아직 몸값을 치루고 풀려나지도 못하고 해방도 되지 못한 상태에서 정혼한 여종과 간음을 행하면 두 사람 모두가 형벌을 받아야 한다. 그러나 그 여종이 죽임을 당하지는 않는다. 이는 아직 그 여인이 해방되지 않은 상태이기 때문에 방어능력이 어느 정도 결여된 것으로 볼 수 있기 때문이다(레 19:20).

그 대신 그 남자는 속건제물 곧 속건제 수양을 회막문 여호와께로 끌고 와야 한다. 제사장은 그가 범한 죄를 위해 그 속건제의 수양으로 여호와 앞

---

28) 우리시대 남녀 구별이 사라진 유니섹스(unisex)의 유행은 심각하다. 남자가 여장을 하고 여자가 남장을 한다거나 남녀간의 외형상의 구별이 모호해지는 것은 문제가 아닐 수 없다. 그와 같은 유행은 교회 안으로도 변질된 상태로 들어와 있다. 예를 들어 남자 아이들과 여자 아이들이 서로간에 성별을 바꿔 분장해서 하는 게임이나 연극 같은 것은 결코 하지 말아야 할 일이다.

에 속죄함으로써 그가 범한 죄를 용서받게 된다. 그러나 그는 이를 통해 자기가 범한 악행이 모든 사람들에게 드러나는 부끄러움을 당해야 한다.

또한 이스라엘 백성이 가나안 땅에 들어가 각종 과목을 심게 되면, 그 열매는 아직 할례 받지 못한 것으로 여겨 삼 년 동안은 그것을 먹어서는 안 된다. 제 사년에는 그 모든 과실이 거룩한 것으로 여겨 여호와 하나님께 바쳐 찬송을 돌려드려야 한다. 그리고 제 오년이 되어서야 비로소 사람들이 그 열매를 먹을 수 있게 되며 그에 순종하면 저들에게 풍성한 소출이 있게 된다.

7. 세상의 풍속을 경계하는 삶 (26-31)

하나님의 자녀들은 세상의 풍속을 무분별하게 따라서는 안 된다. 그 가운데 이방인들의 종교적인 풍속에 대해서는 더욱 민감하게 반응해야 한다. 언약에 속한 백성들은 어떤 고기든지 피 채 먹지 말아야 하며, 이방인들 가운데 성행하는 복술이나 마술을 행하려고 해서는 안 된다.[29]

그리고 하나님의 자녀로서 단정한 외모를 유지하는 것은 매우 중요하다. 그들은 이방인들처럼 관자놀이의 머리를 둥글게 깎거나 구레나룻을 밀어서는 안 된다(레 19:27). 또한 사람이 죽었다고 해서 그를 위해 자신의 몸에 상처를 내서는 안 되며, 몸에 문신을 새겨서도 안 된다(레 19:28).[30] 그와 같은 모든 행위들은 하나님께서 경멸하는 것들이다.

---

29) 현대 일부 교회에서 성행하는 '마술전도'는 용납되어서는 안 된다. 그것은 단순히 흥미위주에 관한 폐해 때문만이 아니다. 진짜 마술이 아닐지라도 마술적인 매체를 통해 전도를 하게 되면 어린 자들은 예수님의 기적조차도 마술과 유사한 관점에서 받아들이려 하게 될지도 모른다.

30) 하나님의 자녀들은 현대인들이 자연스럽게 생각하는 성형수술 같은 것을 하지 말아야 한다. 치료를 위한 목적이 아닌 시술 행위 즉 문신을 새기는 것이나 쌍꺼풀 수술, 성형수술 등과 같은 것은 교회가 허용하지 않는 것이 바람직하다.

또한 이스라엘 자손은 아무리 생활이 어렵다 할지라도 자기 딸을 더럽혀 기생이 되게 하거나 몸을 파는 여자가 되도록 해서는 안 된다. 그것을 용납하면 음행이 전국에 퍼져 죄악이 가득하게 되어 온 땅이 난잡하게 될 수밖에 없다. 언약의 민족은 순결을 유지하기 위해 철저한 자세를 가져야만 한다.

그러므로 하나님의 자녀들은 거짓을 멀리하고 거룩한 안식일을 지켜야 하며 여호와 하나님의 성소에 대해 경건한 마음을 유지해야 한다. 그렇게 함으로써 신접한 자와 박수무당을 멀리하여 스스로 더럽히지 말아야 하는 것이다. 그런 자들은 사람들로부터 존중받아야 할 자들이 아니라 경멸의 대상에 지나지 않는다.

8. 규모 있는 삶 (32-37)

하나님의 백성들은 내용과 규모를 갖춘 삶을 살아야 한다. 그들은 이웃에게 함부로 대하지 않는다. 그들은 센 머리 앞에 일어서고 노인을 공경할 줄 안다. 그것은 하나님을 경외하는 자들이 가져야 할 지극히 마땅한 삶의 자세이다.

그리고 언약의 자녀들은 장차 타국인으로서 한 백성이 되어 가나안 땅에서 저들과 함께 거하게 될 경우 학대하지 말아야 한다. 이스라엘 민족도 과거에 애굽 땅에서 객이 되어 고통당하던 시기가 있었다. 그들을 자기 백성 중에서 출생한 자같이 여기며 자기처럼 사랑해야 한다. 전체적인 문맥으로 볼 때 이 말은 언약의 민족 가운데 들어온 이방인들에 대한 교훈으로 이해하는 것이 자연스럽다.

하나님의 자녀들은 다른 사람들을 판단할 때나, 길이를 재고 무게를 다는 도량형을 사용할 때 기준을 변개함으로써 불의를 행해서는 안 된다. 반드시 공평한 저울과 공평한 추와 공평한 에바(ephah)와 공평한 힌(hin)을 사용해야만 한다. 이스라엘 민족을 애굽 땅에서 인도해 내신 하나님은 편파적이지 않은 공평한 하나님이시기 때문이다. 잠언서 기자는 모든 백성들이 마음에 새겨야 할 그에 관한 교훈을 주고 있다.

> "속이는 저울은 여호와께서 미워하셔도 공평한 추는 그가 기뻐하시느니라"(잠 11:1)

이에 대해서는 오늘날 우리 시대도 여전히 바뀐 바가 없다. 우리는 하나님이 불의를 전혀 알지 못하며 항상 공의를 행하시는 분이라는 사실을 기억해야만 한다. 따라서 교회에 속한 모든 성도들은 하나님께서 허락하신 모든 계명에 대해 균형잡힌 자세를 유지하는 가운데 성실한 신앙생활을 하게 된다.

제20장

엄격하게 준수되어야 할 법령과 형벌 (레 20:1-27)

1 여호와께서 모세에게 일러 가라사대

2 너는 이스라엘 자손에게 또 이르라 무릇 그가 이스라엘 자손이든지 이스라엘에 우거한 타국인이든지 그 자식을 몰렉에게 주거든 반드시 죽이되 그 지방 사람이 돌로 칠 것이요

3 나도 그 사람에게 진노하여 그를 그 백성 중에서 끊으리니 이는 그가 그 자식을 몰렉에게 주어서 내 성소를 더럽히고 내 성호를 욕되게 하였음이라

4 그가 그 자식을 몰렉에게 주는 것을 그 지방 사람이 못 본 체하고 그를 죽이지 아니하면

5 내가 그 사람과 그 권속에게 진노하여 그와 무릇 그를 본받아 몰렉을 음란히 섬기는 모든 사람을 그 백성 중에서 끊으리라

6 음란하듯 신접한 자와 박수를 추종하는 자에게는 내가 진노하여 그를 그 백성 중에서 끊으리니

7 너희는 스스로 깨끗케 하여 거룩할찌어다 나는 너희 하나님 여호와니라

8 너희는 내 규례를 지켜 행하라 나는 너희를 거룩케 하는 여호와니라

9 무릇 그 아비나 어미를 저주하는 자는 반드시 죽일찌니 그가 그 아비나 어미를 저주하였은즉 그 피가 자기에게로 돌아가리라

10 누구든지 남의 아내와 간음하는 자 곧 그 이웃의 아내와 간음하는 자는 그 간부와 음부를 반드시 죽일찌니라

11 누구든지 그 계모와 동침하는 자는 그 아비의 하체를 범하였은즉 둘 다 반
드시 죽일찌니 그 피가 자기에게로 돌아가리라

12 누구든지 그 자부와 동침하거든 둘 다 반드시 죽일찌니 그들이 가증한 일
을 행하였음이라 그 피가 자기에게로 돌아가리라

13 누구든지 여인과 교합하듯 남자와 교합하면 둘 다 가증한 일을 행함인즉
반드시 죽일찌니 그 피가 자기에게로 돌아가리라

14 누구든지 아내와 그 장모를 아울러 취하면 악행인즉 그와 그들을 함께 불
사를찌니 이는 너희 중에 악행이 없게 하려 함이니라

15 남자가 짐승과 교합하면 반드시 죽이고 너희는 그 짐승도 죽일 것이며

16 여자가 짐승에게 가까이 하여 교합하거든 너는 여자와 짐승을 죽이되 이
들을 반드시 죽일찌니 그 피가 자기에게로 돌아가리라

17 누구든지 그 자매 곧 아비의 딸이나 어미의 딸을 취하여 그 여자의 하체를
보고 여자는 그 남자의 하체를 보면 부끄러운 일이라 그 민족 앞에서 그들이 끊
어질찌니 그가 그 자매의 하체를 범하였은즉 그 죄를 당하리라

18 누구든지 경도하는 여인과 동침하여 그의 하체를 범하면 남자는 그 여인
의 근원을 드러내었고 여인은 자기의 피 근원을 드러내었음인즉 둘 다 백성 중
에서 끊쳐지리라

19 너의 이모나 고모의 하체를 범하지 말찌니 이는 골육지친의 하체인즉 그
들이 그 죄를 당하리라

20 누구든지 백숙모와 동침하면 그 백숙부의 하체를 범함이니 그들이 그 죄를 당하여 무자히 죽으리라

21 누구든지 그 형제의 아내를 취하면 더러운 일이라 그가 그 형제의 하체를 범함이니 그들이 무자하리라

22 너희는 나의 모든 규례와 법도를 지켜 행하라 그리하여야 내가 너희를 인도하여 거하게 하는 땅이 너희를 토하지 아니하리라

23 너희는 내가 너희 앞에서 쫓아내는 족속의 풍속을 좇지 말라 그들이 이 모든 일을 행하므로 내가 그들을 가증히 여기노라

24 내가 전에 너희에게 이르기를 너희가 그들의 땅을 기업으로 얻을 것이라 내가 그 땅 곧 젖과 꿀이 흐르는 땅으로 너희에게 주어 유업을 삼게 하리라 하였노라 나는 너희를 만민 중에서 구별한 너희 하나님 여호와라

25 너희는 짐승의 정하고 부정함과 새의 정하고 부정함을 구별하고 내가 너희를 위하여 부정한 것으로 구별한 짐승이나 새나 땅에 기는 곤충으로 인하여 너희 몸을 더럽히지 말라

26 너희는 내게 거룩할지어다 이는 나 여호와가 거룩하고 내가 또 너희로 나의 소유를 삼으려고 너희를 만민 중에서 구별하였음이니라

27 남자나 여자가 신접하거나 박수가 되거든 반드시 죽일지니 곧 돌로 그를 치라 그 피가 자기에게로 돌아가리라

1. 이방 종교의례를 따르는 자들에 형벌 (1-8)

이스라엘 민족에 속한 자로서 이방인들의 더러운 종교의례를 따르는 자들은 엄벌에 처해지게 된다. 여호와 하나님께서 결코 그 악행을 용납하시지 않을 것이기 때문이다. 하나님께서는 모세를 통해 이스라엘 백성들을 경고하셨다.

약속의 땅에서 이스라엘 민족과 함께 거하는 이방인 가운데 자기 자식을 몰렉에게 주는 자가 있다면 반드시 죽여야 한다. 나아가 그냥 죽일 것이 아니라 그 지역 사람들이 돌로 쳐 죽이는 공개처형을 시행해야 한다. 또한 하나님께서는 언약의 백성 중에 자식을 몰렉에게 주어 성소를 더럽히고 자신의 거룩한 이름을 욕되게 한 자에게 진노하여 이스라엘 백성 중에서 끊어버리신다.

만일 자기 자식을 몰렉에게 주는 것을 목격하고도 그 지방 사람이 못 본 체하며 그를 쳐 죽이지 않는다면 그것은 하나님께 범죄하는 것이 된다. 하나님께서 그 사람과 그의 집안을 향해 진노할 것이며 그를 본받아 몰렉을 음란하게 섬기는 모든 사람을 그 백성 중에서 끊어버리시게 된다.

오늘날 우리 시대는 과연 어떤가? 우리 주변에는 어리석고 악한 자들이 기독교를 핑계 대어 세속적인 것을 추구하며 이방 종교와 가까이 교제하는 자들이 많이 있다. 하나님의 성도로서 그것을 보면서도 못 본 채 하며 입을 다물고 있다는 것은 하나님께 범죄하는 것이 된다. 이에 대한 올바른 이해를 하는 것은 매우 중요하다.

하나님께서는 또한 신접한 자와 박수무당을 음란하게 추종하는 자들에게 크게 진노하신다. 따라서 그런 자들을 이스라엘 백성 가운데서 끊어버리시게 된다. 그러므로 하나님을 진정으로 경외하는 자들은 그의 뜻에 따라 자신을 정결하게 지켜나가지 않으면 안 된다. 그렇게 되기 위해서는 이스라엘 백성을 거룩케 하시는 여호와 하나님의 규례에 온전히 순종해야만 한다.

2. 순리와 윤리를 파괴하는 자에 대한 형벌 (9-21)

하나님의 자녀들은 순리에 따라 살아가야 한다. 그리고 성도로서 진리 안에서 주어진 윤리에 충실하지 않으면 안 된다. 만일 그로부터 벗어나게 되면 여호와 하나님께 저항하는 악한 행위가 된다.

만일 이스라엘 백성들 가운데 자기 부모를 저주하는 자가 있다면 반드시 쳐 죽여야 한다. 자식이 부모를 저주한다는 것은 인간으로서 결코 있어서는 안 될 매우 악한 일이다. 자기를 낳은 부모를 저주한 자의 피가 저에게로 돌아가 저주를 받게 되는 것은 지극히 당연하다.

또한 누구든지 남의 아내 곧 그 이웃의 아내와 간음하는 자는 그 간부와 음부를 반드시 죽여야 한다.[31] 자기 계모와 동침하는 자는 그 아비의 하체를 범하였으므로 반드시 둘 다 쳐 죽여야 한다.[32] 그리고 자기 며느리와 동침한 가증한 일을 행하게 되면 반드시 둘 다 죽여야 한다.[33] 또 동성간

---

31) 간음은 살인보다 차라리 더 무서운 죄라 할 수 있다. 살인은 한 사람의 생명을 박탈하는 행위인데 반해 간음은 한 가정을 파괴하는 행위가 되기 때문이다. 우리 시대에 큰 문제가 되는 것은, 살인행위에 대해서는 죄의식을 가지면서 간음행위에 대해서는 미화되어 나타난다는 사실이다. 교회는 이에 대해 정신을 바짝 차리지 않으면 안 된다. 그와 같은 사악한 풍조가 교회 안으로 들어오게 되면 어지러워질 수밖에 없기 때문이다.

32) 르우벤은 아버지 야곱의 여자인 서모와 통간했다. 당시 당사자들은 돌로 쳐 죽임을 당해야 했지만 그렇게 되지 않았다. 그러나 그들은 마땅히 그렇게 되었어야 할 인물이었다는 사실만은 틀림없다. 우리는 그것을 통해 이스라엘 민족 열두 지파의 조상들이 얼마나 나약한 자들이었는가 하는 점을 알 수 있다. 하나님께서는 강하고 윤리적인 자들을 들어 쓰신 것이 아니라 약하고 형편없는 자들을 들어 사용하셨다. 하나님께서는 그것을 통해 자신의 의를 드러내고자 하셨던 것이다.

33) 유다는 며느리 다말과 성관계를 가졌다. 그들은 돌로 쳐 죽여야 할 자들이었다. 그럼에도 불구하고 그들은 죽임을 면했다. 유다의 경우에도 마땅히 죽어야 했지만 죽지 않고 살아있게 되었다. 르우벤의 경우와 마찬가지로 하나님께서는 악

에 더러운 음행을 저지른 가증한 자들은 반드시 둘 다 쳐 죽여야 한다. 누구든지 자기 장모를 취하면 악행이기 때문에 그 둘을 함께 불살라 죽여야 한다. 이렇게 함으로써 이스라엘 민족 가운데 악행을 제거하고 순결을 유지해야만 하는 것이다.

그리고 남자가 짐승과 성적인 교접을 한다면 반드시 죽여야 하며 그 짐승도 쳐 죽여야 한다. 또한 여자가 짐승에게 가까이 하여 성적인 교접을 하면 그 여자와 짐승을 반드시 죽여야 한다. 이는 인간이기를 포기한 더러운 행위이기 때문이다.

또한 누구든지 친 남매간이나 이복 남매 사이에 간음을 행한다면 그것은 부끄럽고 악한 일이다. 따라서 그런 자들은 자신이 저지른 더러운 죄로 말미암아 언약의 민족 가운데서 끊어질 수밖에 없게 된다. 그것은 인간의 근본적인 윤리를 거스르고 하나님의 뜻에 저항하는 행위이다.

또한 월경하는 여성과 동침을 하게 되면 둘 다 언약의 백성 가운데서 끊어지게 된다. 이모나 고모와 간음하는 자는 둘 다 그 죄에 대한 책임을 져야 한다. 그리고 백숙모와 동침하는 자는 그 악행으로 말미암아 자식이 없이 죽게 된다. 또한 누구든지 자기 형제의 아내를 취하는 것은 더러운 악행으로서 상속을 이어갈 자식을 두지 못하는 형벌을 받게 된다.

이스라엘 민족 가운데는 이와 같은 더러운 간음행위가 거의 없었을 것이 틀림없다. 즉 극소수 그런 행위를 하는 자들이 있었다 할지라도 보편화된 것으로 보기 어렵다. 그럼에도 불구하고 모세의 율법이 그 모든 유형들을 열거한 것은 그것이 이스라엘 민족 가운데 발을 붙이지 못하게 하려는 경고성의 의미를 지니고 있는 것으로 보아야 한다.

하고 약한 그를 들어 사용했으며 그것을 통해 자신의 의를 드러내고자 하셨다. 우리가 여기서 반드시 기억해야 할 바는 시아버지 유다는 성적인 욕망에 의해 악을 저질렀지만 며느리 다말은 형사취수제도에 따른 상속을 원했기 때문에 적법한 행동을 했다는 사실이다. 하나님께서는 그 모든 과정 가운데서 자신의 구속사역을 진행시켜 나가셨다.

이에 대해서는 신약시대에 살고 있는 우리도 귀담아 들어야 할 교훈이다. 세상의 악한 풍조가 거룩한 교회에 발붙이도록 해서는 안 된다. 그것을 조금이라도 용납하게 되면 다양한 양상으로 발전해 마치 누룩처럼 온 교회에 번지게 될 것이기 때문이다. 우리는 구약의 율법을 통해 현대 교회의 모습을 민감하게 돌아볼 수 있어야 한다.

3. 거룩해야 할 언약의 백성 (22-27)

언약의 백성들은 그들이 믿는 하나님이 거룩하듯이 저들 역시 거룩해야한다. 따라서 모든 이스라엘 자손들은 모세를 통해 받은 규례와 법도를 지켜 행해야 할 의무가 있다. 그렇게 하면 하나님께서 저들을 인도해 들이시게 되는 약속의 땅 가나안에서 온전히 거할 수 있게 된다.

그러므로 이스라엘 백성은 하나님께서 약속의 땅으로부터 쫓아내시는 가나안 여러 족속들의 종교적인 풍속을 좇지 말아야 한다. 하나님께서는 저들의 모든 행위를 더럽고 가증한 것으로 여기신다. 그 땅은 하나님께서 언약의 자손들을 위해 특별히 구별하여 기업으로 주신 영역이다.

> "너희가 그들의 땅을 기업으로 얻을 것이라 내가 그 땅 곧 젖과 꿀이 흐르는 땅으로 너희에게 주어 유업을 삼게 하리라 하였노라 나는 너희를 만민 중에서 구별한 너희 하나님 여호와라"(레 20:24) (출 3:17; 왕상 8:53)

하나님의 절대적인 의도에 따라 허락된 젖과 꿀이 흐르는 가나안 땅은 거룩한 땅이 되어야 한다. 그곳으로 들어가는 이스라엘 자손들은 짐승의 정하고 부정함과 새의 정하고 부정함을 구별해야 하며, 하나님께서 저들을 위해 부정한 것으로 구별한 짐승이나 새나 땅에 기는 곤충으로 인하여 저들의 몸을 더럽혀서는 안 된다. 하나님께서는 언약의 자손들에게 거룩한 삶을 요구하셨다.

> "너희는 내게 거룩할지어다 이는 나 여호와가 거룩하고 내가 또 너희로
> 나의 소유를 삼으려고 너희를 만민 중에서 구별하였음이니라"(레 20:26)

언약의 자손들이 살아가게 될 약속의 땅 가나안에서는 정한 것과 부정
하고 더러운 것들이 구별되어야 한다. 이는 이방 종교와 그 사상들이 이스
라엘 민족에게서 분리되어야 함을 말해 준다. 그러므로 남자나 여자가 신
접하거나 박수무당이 되어 이스라엘을 더럽히는 자들은 반드시 공개적으
로 돌로 쳐 죽여야만 했던 것이다.

제21장

제사장들의 성결에 대한 규례 (레 21:1-24)

1 여호와께서 모세에게 이르시되 아론의 자손 제사장들에게 고하여 이르라 백성 중의 죽은 자로 인하여 스스로 더럽히지 말려니와

2 골육지친인 부모나 자녀나 형제나

3 출가하지 아니한 처녀인 친자매로 인하여는 몸을 더럽힐 수 있느니라

4 제사장은 백성의 어른인즉 스스로 더럽혀 욕되게 하지 말지니라

5 제사장들은 머리털을 깎아 대머리 같게 하지 말며 그 수염 양편을 깎지 말며 살을 베지 말고

6 그 하나님께 대하여 거룩하고 그 하나님의 이름을 욕되게 하지 말 것이며 그들은 여호와의 화제 곧 그 하나님의 식물을 드리는 자인즉 거룩할 것이라

7 그들은 기생이나 부정한 여인을 취하지 말 것이며 이혼당한 여인을 취하지 말지니 이는 그가 여호와께 거룩함이니라

8 너는 그를 거룩하게 하라 그는 네 하나님의 식물을 드림이니라 너는 그를 거룩히 여기라 나 여호와 너희를 거룩하게 하는 자는 거룩함이니라

9 아무 제사장의 딸이든지 행음하여 스스로 더럽히면 그 아비를 욕되게 함이니 그를 불사를찌니라

10 자기 형제 중 관유로 부음을 받고 위임되어 예복을 입은 대제사장은 그 머리를 풀지 말며 그 옷을 찢지 말며

11 어떤 시체에든지 가까이 말찌니 부모로 인하여도 더러워지게 말며

12 성소에서 나오지 말며 그 하나님의 성소를 더럽히지 말라 이는 하나님의

위임한 관유가 그 위에 있음이니라 나는 여호와니라

13 그는 처녀를 취하여 아내를 삼을찌니

14 과부나 이혼된 여인이나 더러운 여인이나 기생을 취하지 말고 자기 백성 중 처녀를 취하여 아내를 삼아

15 그 자손으로 백성 중에서 더럽히지 말찌니 나는 그를 거룩하게 하는 여호와임이니라

16 여호와께서 모세에게 일러 가라사대

17 아론에게 고하여 이르라 무릇 너의 대대 자손 중 육체에 흠이 있는 자는 그 하나님의 식물을 드리려고 가까이 오지 못할 것이라

18 무릇 흠이 있는 자는 가까이 못할찌니 곧 소경이나 절뚝발이나 코가 불완전한 자나 지체가 더한 자나

19 발 부러진 자나 손 부러진 자나

20 곱사등이나 난장이나 눈에 백막이 있는 자나 피혈병이나 버짐이 있는 자나 불알 상한 자나

21 제사장 아론의 자손 중에 흠이 있는 자는 나아와 여호와의 화제를 드리지 못할찌니 그는 흠이 있은즉 나아와 하나님의 식물을 드리지 못하느니라

22 그는 하나님의 식물의 지성물이든지 성물이든지 먹을 것이나

23 장 안에 들어가지 못할 것이요 단에 가까이 못할찌니 이는 그가 흠이 있음이라 이와 같이 그가 나의 성소를 더럽히지 못할 것은 나는 그들을 거룩하게 하는 여호와임이니라

24 모세가 이대로 아론과 그 아들들과 온 이스라엘 자손에게 고하였더라

1. 제사장과 죽은 시체 (1-3)

하나님께서는 아론 지파의 제사장들은 죽은 사람의 시체를 만져서는 안 된다는 사실을 말씀하셨다. 누구든지 죽은 시체에 접촉하면 부정하게 되어 더럽혀진다. 성소에서 거룩한 하나님께 제사를 지내는 제사장이 더럽혀지는 것은 결코 허용될 수 없는 일이었다.

그렇지만 저들에게도 예외적인 규정이 있었다. 자신의 가족이 죽었을 때는 시체에 접촉해도 괜찮았다. 부모나 자녀, 형제 그리고 혼인하지 않은 처녀인 친 자매가 죽었을 경우에는 시체를 만질 수 있었다. 가까운 가족들의 죽음과 시신에 연관된 제사장들을 위한 예외 규정이 있었던 것이다.

그러므로 구약시대 제사장들은 저들의 몸이 죽은 자의 시체로 인해 부정하게 되지 않도록 많은 신경을 썼다. 그것은 율법적인 측면에서 볼 때 지극히 당연한 것으로 이해할 수 있다. 하지만 문제가 되는 것은 겉으로 드러난 형식은 취하면서 내면적인 배도행위에 대해서는 무디기 짝이 없었다는 사실이다.

우리는 신약성경에서 예수님께서 주신 '선한 사마리아인의 비유'를 기억한다. 거기에는 제사장과 레위인과 사마리아인이 등장한다. 어떤 사람이 예루살렘에서 여리고로 내려가다가 강도를 당해 거의 죽음에 빠져 있을 때 그 옆을 지나가던 제사장과 레위인은 그 사람을 외면했다. 이는 사마리아인이 보여준 행동과는 크게 다르다. 그때 제사장이 그렇게 했던 데는 나름대로 충분한 이유가 있었다. 우리는 비유의 내용을 읽으며 그에 관한 사실을 어느 정도 엿볼 수 있다.

"어떤 사람이 예루살렘에서 여리고로 내려가다가 강도를 만나매 강도들이 그 옷을 벗기고 때려 거반 죽은 것을 버리고 갔더라 마침 한 제사장이 그 길로 내려가다가 그를 보고 피하여 지나가고 또 이와 같이 한 레위인도 그곳

에 이르러 그를 보고 피하여 지나가되 어떤 사마리아인은 여행하는 중 거기
이르러 그를 보고 불쌍히 여겨 가까이 가서 기름과 포도주를 그 상처에 붓고
싸매고 자기 짐승에 태워 주막으로 데리고 가서 돌보아 주고 이튿날에 데나
리온 둘을 내어 주막 주인에게 주며 가로되 이 사람을 돌보아 주라 부비가
더 들면 내가 돌아 올 때에 갚으리라 한지라"(눅 10:30-35)

예수님의 비유 가운데 나타나는 제사장과 레위인은 강도를 당해 거의
죽게 된 사람을 외면하고 있다. 그러나 그 옆을 지나가던 사마리아인은 강
도당해 죽게 된 사람을 보고 불쌍히 여겨 치료해 주었다. 예수님은 여기서
형식적인 율법을 중요시하면서 실제로는 하나님의 뜻을 멀리한 자들과 겉
보기에는 천박한 사람 같았지만 실상은 이웃을 위해 모든 것을 아끼지 않
는 사마리아인을 대비시키고 있다.

예수님께서는 비유를 통해 당시 최고 종교지도자들이었던 제사장과 레
위인의 행동을 질책하셨다. 그리고 모든 유대인들이 천박하게 여기던 사
마리아인을 도리어 칭찬하셨다. 종교인들의 이기적인 태도와 이방인에 가
까운 사마리아인의 행동을 통해 하나님께서 원하시는 삶의 자세가 무엇인
지 보여주고자 했던 것이 비유의 핵심이라 할 수 있다.

여기서 우리가 구약의 율법과 더불어 보아야 할 점은 제사장과 레위인
이 강도당한 사람을 외면한 것은 율법적인 관점에서 볼 때 자연스러운 행
동으로 이해될 수 있었을 것이란 사실이다. 만일 그 강도당한 자를 다른 곳
으로 데려가는 동안 그가 죽어버린다면 그것은 제사장이나 종교인이 해야
할 일이 아니다. 자칫 잘못하다가는 그로 인해 부정한 자가 될 수 있었기
때문이다.

우리는 예수님의 이 비유를 통해 그에 연관된 이면적인 상황을 읽을 수
있다. 그러나 당시 다수의 유대인들은 제사장의 그런 행위를 비판하지 않
았을 것이 틀림없다. 하나님의 율법에 따라 자신의 몸을 더럽히지 않으려

고 한 제사장이 도리어 훌륭한 자로 인정받았을지도 모른다. 하여튼 우리가 알 수 있는 점은 죽은 시체와 연관된 율법은 예수님 오실 때까지 유효했다는 사실이다.

2. 제사장과 제사장의 용모 및 거룩해야 할 주변 환경 (4-15)

제사를 통해 성소에서 거룩한 하나님을 섬기는 제사장들은 백성의 어른이 된다. 이는 저들의 연령을 두고 말하는 것이 아니라 종교적인 직분에 관한 것을 의미하고 있다. 그들이 일반 백성들에게 지침을 주거나 책망을 한다면 모든 백성들이 그 말을 들어야 한다.

그러므로 제사장들은 모든 백성들의 모범이 되지 않으면 안 된다. 그것은 우선 저들의 용모에서 드러나야 한다. 제사장들은 머리털을 깎아 대머리 같게 하지 말아야 하며 수염 양편을 깎거나 몸에 칼자국을 내지 말아야 한다. 당시 이방 풍습 가운데는 용맹성을 드러내기 위해 얼굴 따위에 칼집을 내는 경우가 있었던 것으로 보인다.[34]

제사장들은 하나님 앞에서 거룩한 용모를 유지해야 한다. 저들의 단정하지 못한 용모로 인해 하나님의 이름을 욕되게 하는 행위를 해서는 안 된다. 이는 여호와 하나님께 제물을 바치며 제사를 지내는 자로서 지극히 당연한 일이다. 하나님을 섬기는 자들은 잠시도 그 사실을 잊어서는 안 된다.[35]

또한 제사장들은 혼인을 하면서 기생이나 부정한 여인을 아내로 맞아들

---

34) 지금도 우리는 아프리카를 비롯한 미개한 지역에 살고 있는 사람들 가운데는 종족에 따라 얼굴 등에 다양한 형태의 칼집을 내고 있는 것을 보게 된다.

35) 하나님의 자녀들, 특히 지도자들은 세상의 유행을 교회로 유입하려 해서는 안 된다. 지도자가 그렇게 하면 어린 교인들이 따라 할 것이며 온 교회가 세속적인 유행에 감염될 수밖에 없다. 우리는 구약시대의 제사장들에게 단정한 용모를 요구했던 신앙적이며 영적인 이유를 기억하지 않으면 안 된다.

이는 일이 없어야 한다. 이혼을 당한 여인을 아내로 취하는 것도 부정한 일이다. 저들을 거룩하게 하신 하나님이 거룩한 분이기 때문에 그에게 제물을 바치며 제사를 드리는 자로서 거룩성을 유지하지 않으면 안 된다.

그러므로 모세는 하나님의 말씀에 따라 저들을 거룩하게 하도록 요구받았다. 모세가 죽은 후에는 하나님의 율법이 제사장들을 항상 정결한 상태로 있도록 요구했다. 율법의 적용을 받던 구약시대뿐 아니라 오늘날 신약시대에도 교회에 속한 성도들은 하나님의 말씀을 통해 거룩한 삶을 유지하도록 애써야 한다.

제사장의 거룩한 삶은 개인뿐 아니라 그의 가족으로부터도 직접 연관되어 있다. 만일 제사장의 딸이 음란한 행동을 함으로써 스스로 더럽혀지게 된다면 그것은 제사장인 자기 아비를 욕되게 하는 것과 마찬가지다. 하나님께 제사하는 직무를 맡은 제사장인 아버지를 욕되게 했다면 그런 딸은 불살라 죽여야만 한다(레 21:9).

한편 거룩한 기름부음을 통해 위임받아 예복을 입게 된 대제사장은 초상이 나거나 매우 슬픈 일을 당한다 할지라도 자기의 머리를 풀거나 그 옷을 찢는 일이 없어야 한다. 성소에서 제사드리는 예복을 입고 있는 상태에서는 어떤 시체에도 가까이 해서는 안 된다. 설령 부모와 자식, 형제자매의 죽은 시체라 할지라도 접촉하면 더러워지게 된다.

그러므로 제사장의 예복을 입고 있는 동안에는 부모가 죽었다 해도 그 상태로 급히 성소에서 나와서는 안 된다. 그렇게 하는 것은 하나님의 성소를 더럽히는 것이 되기 때문이다. 그는 하나님으로부터 위임받은 자로서 성별하는 기름이 그 위에 있다는 사실을 항상 기억하고 있어야만 한다.

또한 제사장은 반드시 순결한 처녀를 취하여 아내로 삼아야 한다. 절대로 과부나 이혼 당한 여인이나 부정한 여인이나 기생을 아내로 취하는 일이 있어서는 안 된다. 모든 제사장들은 모세를 통해 주어진 율례에 순종함으로써 하나님의 거룩함에 따라 백성 가운데서 정결을 유지해야 하는 것이다.

3. 신체적인 결함이 있는 제사장 가문의 자식들 (16-24)

하나님께서는 신체적인 결함이 있는 자를 제사장으로 위임해서는 안 된다는 사실을 강조해 말씀하셨다. 아론 자손들 가운데 육체에 흠이 있는 자는 하나님께 제물을 바치기 위해 성소로 가까이 나아가서 안 된다. 즉 소경이나 절뚝발이나 코가 불완전한 자나 지체가 더한 자나 발이 부러진 자나 손이 부러진 자나 곱사등이나 난장이나 눈에 백막이 있는 자나 괴혈병이나 버짐이 있는 자나 고환이 상한 자 등은 신체적 결함이 있는 자이다. 그런 자들은 하나님께 제사를 지내며 제물을 바치는 직무를 감당하는 제사장이 되어서는 안 된다.

그렇지만 그런 자들은 지성물이나 성물로 구별된 하나님으로부터 주어진 거룩한 식물을 먹을 수 있다. 하지만 그들은 성막 안으로 들어가서는 안 되며 번제단에 가까이 나아가서도 안 된다. 이는 그가 신체에 결함을 지니고 있는 자이기 때문이다. 그와 같은 규정을 어기면 거룩한 하나님의 성소를 더럽히는 것이 된다. 그러므로 이스라엘 백성은 항상 그 규례를 기억하고 있어야만 한다.

우리가 여기서 생각해 볼 수 있는 점은 하나님께서 신체적 결함이 있는 자를 멸시하거나 경멸한 것이 아니라는 사실이다. 그런 자들은 단지 하나님을 섬기는 제사장이 되어서는 안 되었다. 그대신 제사장들이 먹는 모든 음식을 함께 먹을 수 있었다. 그 거룩한 음식은 아론 지파의 제사장 가문이 아니면 먹어서는 안 되는 성별된 음식이었던 것이다.

그리고 우리는 여기서 오늘날 우리 시대에도 신체적 결함이 있는 자는 교회의 직분을 감당할 수 없느냐 하는 점을 생각해 보아야 한다. 물론 그것은 전혀 그렇지 않다. 어리석은 자들 가운데 그런 주장을 하는 자들이 없지 않으나 그것은 말씀에 대한 무지로 인한 것이다.[36] 구약시대 그에 연관된 제사장 규례는 영원한 거룩성에 대한 그림자적 성격을 지니고 있을 따름이다.

---

36) 이광호, "장애자는 천형인가", 「월간 고신」, 고신출판부, 1986년 2월호, pp.34-39.

제22장

제물의 성결에 관한 규례 (레 22:1-33)

1 여호와께서 모세에게 일러 가라사대

2 아론과 그 아들들에게 고하여 그들로 이스라엘 자손이 내게 드리는 성물에 대하여 스스로 구별하여 내 성호를 욕되게 함이 없게 하라 나는 여호와니라

3 그들에게 이르라 무릇 너의 대대 자손 중에 그 몸이 부정하고도 이스라엘 자손이 구별하여 여호와께 드리는 성물에 가까이하는 자는 내 앞에서 끊어지리라 나는 여호와니라

4 아론의 자손 중 문둥 환자나 유출병이 있는 자는 정하기 전에는 성물을 먹지 말 것이요 시체로 부정하게 된 자나 설정한 자나

5 무릇 사람을 부정하게 하는 벌레에 접촉된 자나 무슨 부정이든지 사람을 더럽힐 만한 자에게 접촉된 자

6 곧 이런 것에 접촉된 자는 저녁까지 부정하니 몸을 물로 씻지 아니하면 성물을 먹지 못할찌며

7 해질 때에야 정하리니 그 후에 성물을 먹을 것이라 이는 자기의 응식이 됨이니라

8 절로 죽은 것이나 들짐승에게 찢긴 것을 먹음으로 자기를 더럽히지 말라 나는 여호와니라

9 그들은 나의 명을 지킬 것이라 그것을 욕되게 하면 그로 인하여 죄를 짓고 그 가운데서 죽을까 하노라 나는 그들을 거룩하게 하는 여호와니라

10 외국인은 성물을 먹지 못할 것이며 제사장의 객이나 품군은 다 성물을 먹지 못할 것이니라

11 그러나 제사장이 돈으로 사람을 샀으면 그 자는 그것을 먹을 것이고 그 집에서 출생한 자도 그러하여 그들이 제사장의 식물을 먹을 것이며

12 제사장의 딸은 외국인에게 출가하였으면 거제의 성물을 먹지 못하되

13 그가 과부가 되든지 이혼을 당하든지 자식이 없이 친정에 돌아와서 어릴 때와 같으면 그는 그 아비의 응식을 먹을 것이나 외국인은 먹지 못할 것이니라

14 사람이 부지중 성물을 먹으면 그 성물에 그 오분 일을 더하여 제사장에게 줄찌니라

15 이스라엘 자손이 여호와께 드리는 성물을 그들은 더럽히지 말찌니

16 그들이 성물을 먹으면 그 죄로 인하여 형벌을 받게 할 것이니라 나는 그들을 거룩하게 하는 여호와니라

17 여호와께서 모세에게 일러 가라사대

18 아론과 그 아들들과 이스라엘 온 족속에게 고하여 이르라 이스라엘 자손이나 그 중에 우거하는 자가 서원제나 낙헌제로 번제를 여호와께 예물로 드리려거든

19 열납되도록 소나 양이나 염소의 흠 없는 수컷으로 드릴찌니

20 무릇 흠 있는 것을 너희는 드리지 말 것은 그것이 열납되지 못할 것임이니라

21 무릇 서원한 것을 갚으려든지 자의로 예물을 드리려든지 하여 소나 양으로 화목제 희생을 여호와께 드리는 자는 열납되도록 아무 흠이 없는 온전한 것으로 할찌니

22 눈먼 것이나 상한 것이나 지체에 베임을 당한 것이나 종기 있는 것이나 피부병 있는 것이나 비루먹은 것을 너희는 여호와께 드리지 말며 단 위에 화제로 여호와께 드리지 말라

23 우양의 지체가 더하거나 덜하거나 한 것은 너희가 낙헌 예물로는 쓰려니와 서원한 것을 갚음으로 드리면 열납되지 못하리라

24 너희는 불알이 상하였거나 치었거나 터졌거나 베임을 당한 것은 여호와께 드리지 말며 너희 땅에서는 이런 일을 행치도 말찌며

25 너희는 외방인에게서도 이런 것을 받아 너희의 하나님의 식물로 드리지 말라 이는 결점이 있고 흠이 있는 것인즉 너희를 위하여 열납되지 못할 것임이니라

26 여호와께서 모세에게 일러 가라사대

27 수소나 양이나 염소가 나거든 칠 일 동안 그 어미와 같이 있게 하라 제 팔일 이후로는 여호와께 화제로 예물을 드리면 열납되리라

28 암소나 암양을 무론하고 어미와 새끼를 동일에 잡지 말찌니라

29 너희가 여호와께 감사 희생을 드리거든 너희가 열납되도록 드릴찌며

30 그 제물은 당일에 먹고 이튿날까지 두지 말라 나는 여호와니라

31 너희는 나의 계명을 지키며 행하라 나는 여호와니라

32 너희는 나의 성호를 욕되게 말라 나는 이스라엘 자손 중에서 거룩하게 함을 받을 것이니라 나는 너희를 거룩하게 하는 여호와요

33 너희 하나님이 되려고 너희를 애굽 땅에서 인도하여 낸 자니 나는 여호와니라

1. 성물을 먹는 규정 (1-16)

하나님의 성물은 아무나 먹을 수 없었다. 그 음식을 먹을 수 있는 사람들은 따로 정해져 있었으며 그것을 먹을 때도 정해진 규정에 따라야 했다. 그것은 이스라엘 백성이 하나님께 바쳐드린 음식이었기 때문이다.

그 거룩한 음식은 먹을 수 있는 요건을 갖추지 못한 사람이 먹어서는 안 된다. 만일 자격이 없는 사람이 규정을 무시하고 먹는다면 그는 하나님께 저항하는 범법자가 될 수밖에 없다. 즉 규례에 따라 구별해 먹지 않는 사람은 하나님의 성호를 욕되게 하는 것이 되기 때문이다.

그러므로 몸이 부정한 자가 정결하지 못한 상태에서 구별된 성물을 먹게 되면 하나님으로부터 끊어지는 무서운 형벌을 받게 된다. 그것은 언약의 상속이 중단됨을 의미하고 있다. 따라서 그 규례는 이스라엘 자손 대대로 지켜야 할 법령이다.

또한 아론 지파의 제사장 가문에 속한 사람이라 할지라도 문둥병 환자나 유출병이 있는 자가 정결해지기 전에는 성물을 먹지 말아야 한다. 그리고 죽은 사람의 시체로 인해 부정하게 되었거나 설정한 자, 사람을 부정하게 만드는 벌레에 접촉된 자나 무엇이든지 사람을 더럽힐 만한 자에게 접촉된 자는 저녁까지 부정하므로 정해진 기한을 채워 몸을 물로 씻지 않고는 성물을 먹지 못한다. 그런 자들은 해가 지고 정결하게 된 후에야 자기 음식이 된 성물을 먹을 수 있다.

또한 저절로 죽은 동물의 시체나 들짐승에게 잡혀 찢긴 동물을 먹는 것은 자기를 부정하게 만드는 것과 같다. 아론의 자손 제사장들은 물론 모든 이스라엘 백성은 하나님의 명령을 지켜야만 한다. 그것을 어기고 욕되게 하면 그로 말미암아 죄를 짓게 되므로 죽음을 면할 수 없게 된다. 거룩하신 하나님께서는 결코 그것을 용납하지 않으시기 때문이다.

그리고 이방인들은 하나님의 성물을 먹지 못하며 제사장을 찾은 나그네나 품군들도 성물을 먹어서는 안 된다. 하지만 제사장이 돈을 주고 사서 그에게 속한 사람이라면 그것을 먹을 수 있으며 제사장의 집에서 출생한 자도 그 식물을 먹을 수 있다. 여기서 말하는 돈을 주고 산 자란 우리가 일반적으로 생각하는 노예와는 다른 신분일 것으로 보인다. 앞에서 언급된 품군이 단기간 동안 일하는 자라면 돈으로 산 자란 제사장과 함께 기거하는 장기간 동안의 일군으로 여겨진다. 제사장이 언약의 자손인 이스라엘 백성을 부리기 위한 노예로 사지는 않을 것이기 때문이다.

한편 제사장의 딸이 이방인에게 출가하였으면 거제의 성물을 먹을 수 없다. 그러나 그가 과부가 되든지 이혼을 당하든지 자식이 없이 친정에 돌아와서 어릴 때와 같게 되면 그는 그 아비가 먹는 음식을 먹어도 된다. 중요한 점은 그가 누구의 집에 속한 사람인가에 따라 음식을 먹을 권한이 정해진다는 사실이다.

그렇지만 외국인으로서 이스라엘 족속과 혼인 관계에 있는 자는 그 성물을 먹어서는 안 된다. 여기서 말하는 외국인이란 일반적인 의미가 아니라 이방인으로서 할례를 받아 이스라엘에 속하게 된 자로 이해하는 것이 자연스럽다. 제사장이 자기의 딸을 하나님에 대해 전혀 알지 못하는 이방인의 아내로 출가시키지는 않았을 것이기 때문이다.

또한 어떤 사람이 부지중에 성물을 먹게 되면 그 성물에 오분의 일을 더해 제사장에게 주어야만 한다. 부정하게 된 사람이 하나님께 드리는 성물을 먹음으로써 또다시 더럽혀져서는 안 된다. 만일 요건을 갖추지 못한 자가 부정한 상태에서 거룩한 하나님의 성물을 먹으면 그 죄로 말미암아 무서운 형벌을 면하지 못한다.

2. 서원제나 낙헌제 예물의 조건 (17-25)

하나님께서는 모세에게 아론 지파의 제사장과 온 백성에게 서원제와 낙헌제에 관한 규례를 주셨다. 이스라엘 자손이나 그 가운데 거하는 사람이 서원제나 낙헌제로서 번제물을 여호와 하나님께 예물로 바치려면 그가 기쁘게 받도록 드려야 한다. 제물을 하나님께 드리는 행위 자체로서 특별한 의미가 있는 것으로 말할 수는 없다. 소나 양이나 염소를 제물로 바칠 때는 반드시 흠 없는 수컷으로 드려야 하며, 흠 있는 것을 드리게 되면 하나님께서 기쁘게 받으시지 않는다.

또한 하나님 앞에서 서원한 것을 갚으려 하거나 개인적인 문제로 인해 예물을 바치고자 하여 소나 양으로 화목제 희생을 여호와께 드리려고 하는 자는 아무런 흠이 없는 온전한 것을 하나님께서 기쁘게 받으시도록 바쳐드려야 한다. 따라서 눈먼 것이나 상한 것이나 지체가 베인 적이 있거나 종기 있는 것이나 괴혈병 있는 것이나 비루먹은 것을 제물로 삼아 제단 위의 화제로 여호와께 드려서는 안 된다.

우리가 여기서 주의 깊게 생각해 보아야 할 점은, 이스라엘 민족 가운데 어느 누구도 의도적으로 흠 있는 동물을 골라 하나님께 바치려고 하는 자가 없었을 것이란 사실이다. 감히 하나님 앞에 일부러 흠이 있는 것을 선택한다는 것은 상상조차 할 수 없다. 정상적인 사고를 하는 자라면 결코 그럴 수 없는 것이다.

그러므로 여기서 말하고자 하는 것은 제물을 바치는 자로서 진중한 신앙 자세를 버린 자들의 사악한 태도이다. 그런 자들은 흠이 있는지 여부를 충분히 살피지 않고 눈에 띄는 것을 대충 제물로 선택할 수 있다. 즉 제물을 바치면서 자신이 직접 세밀히 살피지 않고 일군에게 아무것이나 가져가도록 시키게 된다면 그런 일이 발생할 수 있는 것이다.

한편 소나 양의 지체 가운데 일부가 더하거나 덜한 것은 낙헌제 예물로는 쓸 수 있다. 하지만 서원한 것을 갚는데 사용하지는 못한다. 또한 고환이 상하였거나 치었거나 터졌거나 베인 것은 여호와 하나님께 드려서는 안 된다. 제사장들은 이스라엘 민족 가운데 그 규례를 어기는 일이 발생하지 않도록 항상 깊은 주의를 기울여야 한다.

그리고 이방 지역에 사는 자들로부터 그런 것들을 받아 여호와 하나님께 희생제물로 바치려 해서는 안 된다. 하나님께서는 신체에 결점이 있고 흠이 있는 예물을 흔쾌히 받으시지 않는다. 그렇게 하는 것은 하나님을 기쁘게 하는 것이 아니라 도리어 거룩한 하나님을 욕되게 하는 악행이 될 따름이다.

3. 제물이 될 소, 양, 염소에 관한 특별규정 (26-33)

하나님께서는 모세에게 소, 양, 염소에 관한 특별한 규정을 주셨다. 수소나 양이나 염소가 태어나면 최소한 칠 일 동안은 반드시 그 어미와 함께 있도록 해주어야 한다. 우리는 여기서 하나님의 자비한 성품을 보게 된다. 이는 물론 동물에 대한 자비심을 보이고자 한 것이 아니라 하나님 자신의 성품을 드러내신 것이다.

그리고 제 팔일이 지난 후에 그 동물을 여호와 하나님께 화제로서 예물로 드린다면 기쁘게 받아들여질 수 있다. 이는 갓 태어난 동물을 팔 일이 차기 전에는 예물로 바치지 말 것에 대한 규례이다. 우리는 이를 통해 하나님께 바치는 제물에 대해서 세심한 조건이 붙는다는 사실을 알 수 있다.

또한 암소나 암양을 그 어미와 새끼를 같은 날 잡아서는 안 된다. 이것 역시 하나님의 자비하신 성품을 보여주고 있다. 여호와 하나님께 감사하는 희생제물을 드리고자 한다면 기쁘게 받아들여질 수 있도록 해야 한다. 그 제물은 반드시 그 날에 먹어야 하며 이튿날까지 남겨두는 것은 금지되었다.

모든 이스라엘 백성은 여호와 하나님께 순종함으로써 그의 계명을 지켜 행해야 한다. 그렇게 하여 거룩한 하나님의 성호를 욕되게 하지 말아야 하

는 것이다. 여호와 하나님은 이스라엘 민족 가운데서 거룩한 존재로 높임
을 받아야 할 분이다. 그가 언약의 백성들을 애굽 땅에서 인도해 내신 것은
친히 저들의 하나님이 되시기 위해서였다.

제23장

절기에 관한 규례 (레 23:1-44)

1 여호와께서 모세에게 일러 가라사대

2 이스라엘 자손에게 고하여 이르라 너희가 공포하여 성회를 삼을 여호와의 절기는 이러하니라

3 엿새 동안은 일할 것이요 일곱째 날은 쉴 안식일이니 성회라 너희는 무슨 일이든지 하지 말라 이는 너희 거하는 각처에서 지킬 여호와의 안식일이니라

4 기한에 미쳐 너희가 공포하여 성회로 삼을 여호와의 절기는 이러하니라

5 정월 십사일 저녁은 여호와의 유월절이요

6 이 달 십오일은 여호와의 무교절이니 칠 일 동안 너희는 무교병을 먹을 것이요

7 그 첫날에는 너희가 성회로 모이고 아무 노동도 하지 말찌며

8 너희는 칠일 동안 여호와께 화제를 드릴 것이요 제 칠일에도 성회로 모이고 아무 노동도 하지 말찌니라

9 여호와께서 모세에게 일러 가라사대

10 이스라엘 자손에게 고하여 이르라 너희는 내가 너희에게 주는 땅에 들어가서 너희의 곡물을 거둘 때에 위선 너희의 곡물의 첫 이삭 한 단을 제사장에게로 가져갈 것이요

11 제사장은 너희를 위하여 그 단을 여호와 앞에 열납되도록 흔들되 안식일 이튿날에 흔들 것이며

12 너희가 그 단을 흔드는 날에 일년 되고 흠 없는 수양을 번제로 여호와께 드리고

13 그 소제로는 기름 섞은 고운 가루 에바 십분 이를 여호와께 드려 화제를 삼아 향기로운 냄새가 되게 하고 전제로는 포도주 힌 사분 일을 쓸 것이며

14 너희는 너희 하나님께 예물을 가져오는 그날까지 떡이든지 볶은 곡식이든지 생 이삭이든지 먹지 말찌니 이는 너희가 그 거하는 각처에서 대대로 지킬 영

원한 규례니라

15 안식일 이튿날 곧 너희가 요제로 단을 가져온 날부터 세어서 칠 안식일의 수효를 채우고

16 제 칠 안식일 이튿날까지 합 오십 일을 계수하여 새 소제를 여호와께 드리되

17 너희 처소에서 에바 십분 이로 만든 떡 두 개를 가져다가 흔들찌니 이는 고운 가루에 누룩을 넣어서 구운 것이요 이는 첫 요제로 여호와께 드리는 것이며

18 너희는 또 이 떡과 함께 일년 되고 흠 없는 어린양 일곱과 젊은 수소 하나와 수양 둘을 드리되 이들을 그 소제와 그 전제와 함께 여호와께 드려서 번제를 삼을찌니 이는 화제라 여호와께 향기로운 냄새며

19 또 수염소 하나로 속죄제를 드리며 일년 된 어린 수양 둘을 화목제 희생으로 드릴 것이요

20 제사장은 그 첫 이삭의 떡과 함께 그 두 어린양을 여호와 앞에 흔들어 요제를 삼을 것이요 이것들은 여호와께 드리는 성물인즉 제사장에게 돌릴 것이며

21 이 날에 너희는 너희 중에 성회를 공포하고 아무 노동도 하지 말찌니 이는 너희가 그 거하는 각처에서 대대로 지킬 영원한 규례니라

22 너희 땅의 곡물을 벨 때에 밭 모퉁이까지 다 베지 말며 떨어진 것을 줍지 말고 너는 그것을 가난한 자와 객을 위하여 버려 두라 나는 너희 하나님 여호와니라

23 여호와께서 모세에게 일러 가라사대

24 이스라엘 자손에게 고하여 이르라 칠월 곧 그 달 일일로 안식일을 삼을찌니 이는 나팔을 불어 기념할 날이요 성회라

25 아무 노동도 하지 말고 여호와께 화제를 드릴찌니라

26 여호와께서 모세에게 일러 가라사대

27 칠월 십일은 속죄일이니 너희에게 성회라 너희는 스스로 괴롭게 하며 여호와께 화제를 드리고

28 이 날에는 아무 일도 하지 말 것은 너희를 위하여 너희 하나님 여호와 앞에 속죄할 속죄일이 됨이니라

29 이 날에 스스로 괴롭게 하지 아니하는 자는 그 백성 중에서 끊쳐질 것이라

30 이 날에 누구든지 아무 일이나 하는 자는 내가 백성 중에서 멸절시키리니

31 너희는 아무 일이든지 하지 말라 이는 너희가 그 거하는 각처에서 대대로 지킬 영원한 규례니라

32 이는 너희의 쉴 안식일이라 너희는 스스로 괴롭게 하고 이 달 구일 저녁 곧 그 저녁부터 이튿날 저녁까지 안식을 지킬찌니라

33 여호와께서 모세에게 일러 가라사대

34 이스라엘 자손에게 고하여 이르라 칠월 십오일은 초막절이니 여호와를 위하여 칠 일 동안 지킬 것이라

35 첫날에는 성회가 있을찌니 너희는 아무 노동도 하지 말찌며

36 칠일 동안에 너희는 화제를 여호와께 드릴 것이요 제 팔일에도 너희에게 성회가 될것이며 화제를 여호와께 드릴찌니 이는 거룩한 대회라 너희는 아무 노동도 하지 말찌니라

37 이것들은 여호와의 절기라 너희는 공포하여 성회를 삼고 번제와 소제와 희생과 전제를 각각 그 날에 여호와께 화제로 드릴찌니

38 이는 여호와의 안식일 외에, 너희의 헌물 외에, 너희의 모든 서원 예물 외에, 너희의 모든 낙헌 예물 외에 너희가 여호와께 드리는 것이니라

39 너희가 토지 소산 거두기를 마치거든 칠월 십오일부터 칠 일 동안 여호와의 절기를 지키되 첫날에도 안식하고 제 팔 일에도 안식할 것이요

40 첫날에는 너희가 아름다운 나무 실과와 종려 가지와 무성한 가지와 시내 버들을 취하여 너희 하나님 여호와 앞에서 칠 일 동안 즐거워할 것이라

41 너희는 매년에 칠일 동안 여호와께 이 절기를 지킬찌니 너희 대대로의 영원한 규례라 너희는 칠월에 이를 지킬찌니라

42 너희는 칠일 동안 초막에 거하되 이스라엘에서 난 자는 다 초막에 거할찌니

43 이는 내가 이스라엘 자손을 애굽 땅에서 인도하여 내던 때에 초막에 거하게 한 줄을 너희 대대로 알게 함이니라 나는 너희 하나님 여호와니라

44 모세가 여호와의 절기를 이스라엘 자손에게 공포하였더라

1. 여호와의 안식일 (1-3)

하나님께서는 모세에게 여러 형태의 절기에 관한 규례를 주셨다. 이스라엘 자손들 가운데는 다양한 유형의 절기들이 있어서 그 날을 성회로 모여 거룩하게 지켜야만 했다. 그중 가장 먼저 언급된 날은 안식일이었다.

언약의 백성들은 엿새 동안은 성실하게 일해야 하지만 일곱째 날은 모든 일을 멈추고 안식일로 지켜야 한다. 모든 이스라엘 자손은 어느 곳에 살고 있든지 각처에서 안식일을 지키지 않으면 안 된다. 그러나 그 날을 단순히 노동을 중단하고 휴식하는 날로만 인식해서는 안 된다.[37]

우리가 여기서 반드시 기억해야 할 바는 그 날은 여호와 하나님의 거룩한 안식일이라는 사실이다. 즉 그 날은 세상의 인간들이 아니라 우선적으로 하나님 자신을 위한 날이다. 이에 대해서 분명한 깨달음을 가지는 것은 매우 중요하다.

매주 어김없이 돌아오는 그 안식일은 하나님의 창조사역에 밀접하게 연관되어 있다. 하나님께서는 엿새 동안 천지만물을 창조하신 후 맨 마지막 날인 일곱째 날 안식을 취하셨던 것이다. 그 날은 창조사역을 완성하신 날로서 절대적인 의미를 지닌 날이다.

"천지와 만물이 다 이루니라 하나님의 지으시던 일이 일곱째 날이 이를 때에 마치니 그 지으시던 일이 다하므로 일곱째 날에 안식하시니라 하나님이 일곱째 날을 복 주사 거룩하게 하셨으니 이는 하나님이 그 창조하시며 만드시던 모든 일을 마치시고 이 날에 안식하셨음이더라" (창 2:1-3)

---

[37] 안식일 준수는 단순히 노동을 쉬는 것에 있지 않다. 만일 형식적인 종교인이라면 노동을 하지 않는 것만으로 안식일을 지키는 것으로 착각했을 것이다. 하지만 안식일은 반드시 하나님의 언약에 대한 깨달음과 더불어 지켜야만 한다.

하나님께서 안식하신 그 날은 창조주 하나님을 위한 '영광의 날'이었다. 천지만물을 창조하신 하나님께서는 자신이 지으신 모든 세계를 보시며 만족해 하셨다. 그 안식일은 하나님의 영광을 만방에 드러내는 의미를 지니고 있었다.

그러나 인간들이 사탄의 유혹에 빠져 타락함으로써 하나님의 안식을 침해하게 되었다. 그것은 하나님의 영광을 해치는 것과 마찬가지였다. 그러므로 하나님은 인간들의 그 사악한 행위를 심판하지 않을 수 없었다. 그는 창세전의 작정에 따라, 언약 가운데 구원과 회복을 바라보아야 할 인간들에게 자기의 안식에 연관된 안식일을 지키도록 요구하셨다.

언약의 백성들은 매주 돌아오는 안식일을 거룩하게 지킴으로써 창조와 연관된 하나님의 영광과 인간들의 악행을 동시에 기억해야 한다. 그것을 통해 하나님을 향한 참된 신앙을 기억하게 되기 때문이다. 따라서 하나님께서는 모든 이스라엘 자손들에게 안식일을 엄격하게 지키도록 요구하셨던 것이다.

우리가 이와 더불어 이해해야 할 바는 안식일을 통해 메시아를 기억해야 한다는 사실이다. 구약시대 이스라엘 백성들 가운데는 안식일에 대한 잘못된 사고를 가진 자들이 많이 있었다. 안식일에 연관된 가장 중요한 사실은 그 날의 주인이 그리스도라는 사실이다. 예수님께서는 복음서에서 그에 연관된 말씀을 하셨다.

> "또 가라사대 안식일은 사람을 위하여 있는 것이요 사람이 안식일을 위하여 있는 것이 아니니 이러므로 인자는 안식일에도 주인이니라"(막 2:27,28)

이 말씀은 매우 중요한 언약적인 의미를 지니고 있다. 안식일은 그 자체의 의미보다 사람들을 위해서 특별히 허락된 제도이기 때문이다. 이는 인간들이 그 날을 지킴으로써 하나님의 영광에 참여한다는 의미를

지니고 있다.[38]

　또한 구약성경에 예언된 '인자'(the Son of Man)가 그 안식일의 주인이라는 사실은 매우 중요하다. 성숙한 이스라엘 백성들은 안식일을 지키면서 그 날의 주인인 메시아를 기다렸다. 이는 백성들이 그 날 가운데서 장차 이 땅에 오시게 될 메시아를 소망했다는 사실을 말해주고 있다.

2. 유월절과 무교절 (4-8)

　하나님께서는 모세에게, 이스라엘 자손들이 성회로 모여 지켜야 할 여호와의 절기들에 관한 말씀을 하셨다. 그것은 모든 백성들에게 공포되어야 했다. 해마다 유대력으로 정월 십사일 저녁은 여호와 하나님의 유월절 (Pass-Over)이다. 그리고 그 다음날인 십오일은 여호와의 무교절로 지켜야 한다. 그때는 모든 백성들이 칠일 동안 무교병을 먹어야만 된다.

　그 첫날에는 모든 백성이 거룩한 성회로 모여야 하며 어떤 노동도 해서는 안 된다. 그리고 칠 일 동안 여호와 하나님께 희생제물을 잡아 화제를 드려야 했으며 마지막 날인 제 칠일에도 거룩한 성회로 모여야 했다. 그 때는 하나님의 규례에 따라 인간들을 위한 모든 노동이 엄격하게 금지되었다.

　이 절기는 이스라엘 민족이 출애굽하기 전, 애굽 백성들에게 내린 하나님의 심판과 이스라엘 백성에게 허락하신 구원의 메시지와 연관되어 있었다. 하나님께서는 이스라엘 자손들에게 어린양을 잡아 문설주와 인방에 그 피를 바르고 고기는 집 안에서 먹도록 요구했다. 하나님의 자손들은 그

---

38) 이에 대해서는 신약시대의 주일 역시 그와 동일한 관점에서 이해해야 한다. 주일은 교회 공동체를 통해 언약 가운데 하나님의 영광이 드러나는 특별한 의미를 지니고 있다. 이광호, "안식일과 주일 - 언약적 의미와 영광의 실천적 주일", 「진리와 학문의 세계」, 2002년 봄, 제6권, pp.47-72. 참조.

것을 통해 은혜를 입었지만 애굽인들의 장자와 동물의 모든 초태생은 죽임을 당하게 되었다.

물론 그 가운데는 장차 이땅에 강림하시게 될 메시아와 그의 죽음에 관한 예언이 포함되어 있었다. 그것은 이스라엘 백성에게 주어진 복음이었다. 따라서 그들은 해마다 정해진 때 유월절과 무교절을 지킴으로서 과거 하나님께서 저들을 구원하셨던 일과 장차 오시게 될 메시아를 소망하게 되었던 것이다.

3. 초실절 (9-14)

하나님께서는 모세를 통해 이스라엘 백성에게 해마다 초실절을 지키도록 명령하셨다. 식물이 열매를 맺기 시작한다는 것은 인간의 생명에 직접 연관되어 있다. 이스라엘 자손은 하나님께서 주시는 약속의 땅 가나안에 들어가서 수확물을 거두기에 앞서 우선 곡물의 첫 이삭 한 단을 제사장에게 가져가야 했다.

제사장은 백성들을 위해 그 단을 여호와께서 기쁘게 받으실 만한 요제로 흔들어 바쳐야 한다. 그 제사는 안식일이 지난 다음날 그렇게 하도록 되어 있었다. 그 날에는 또한 곡물과 더불어 일 년 되고 흠 없는 어린 수양을 하나님께 번제로 드려야 한다.

또한 그때 함께 드리는 소제물로는 기름 섞은 고운 가루 십분의 이(2/10) 에바를 여호와 하나님께 드려 화제로 삼아야 한다. 그것으로 하여금 하나님께 향기로운 냄새가 되게 해야 하며 전제로는 포도주 사분의 일(1/4) 힌을 사용해야 한다. 그들은 여호와 하나님께 예물로 바치는 그날까지 그 곡식으로 만든 떡이나 볶은 음식을 먹지 말아야 하며 생 이삭을 먹어서도 안 된다. 이와 같은 규례는 이스라엘 백성이 거하는 각 처소에서 자손 대대로 지켜져야 할 영원한 법칙이 되었다.

4. 오순절: 칠칠절 (15-22)

이스라엘 자손은 초실절을 지킨 안식일 다음날 곧 하나님께 단을 가져와 요제로 드린 날부터 계산해서 일곱 안식일의 수효를 채우고 나서 일곱 번째 안식일 이튿날까지 도합 오십 일을 계산하여 새 소제물을 여호와 하나님께 드려야 한다. 그들은 각 처소에서 십분의 이(2/10) 에바의 가루로 만든 떡 두 개를 가져다가 하나님 앞에서 요제로 흔들어 바쳐야 한다. 그것은 고운 곡물 가루에 누룩을 넣어서 구워 만든 것이어야 한다.

이는 첫번 째 요제로서 여호와 하나님께 드리는 곡물 제사이다. 우리는 여기서 앞의 경우와는 달리 하나님께서 누룩을 제하도록 명하신 것이 아니라 도리어 누룩을 넣어서 자기에게 바치도록 요구하신 것을 보게 된다 (레 23:17). 이는 하나님은 무조건 누룩을 거부하는 분이 아니라는 사실을 보여주고 있다.

또한 그때는 그 떡과 더불어 일 년 되고 흠이 없는 어린양 일곱 마리와 어린 수소 한 마리와 수양 두 마리를 하나님께 제물로 드려야 한다. 그것들은 소제와 전제와 같이 여호와 하나님께 번제로 바쳐지게 된다. 여호와 하나님은 그렇게 바쳐진 화제를 통해 향기로운 냄새의 제사로 받으신다.

그리고 백성은 그때 수염소 한 마리를 속죄제로 드려야 하며 일 년 된 어린 수양 두 마리를 화목제 희생으로 드려야 한다. 또한 제사장은 곡물의 첫 이삭으로 만든 떡과 함께 어린양 두 마리를 여호와 하나님 앞에 흔들어 요제를 삼아 제사를 드리게 된다. 그 제물의 음식은 하나님께 바쳐진 성물이므로 제사장들이 먹도록 저들에게 돌려져야 한다.

그 오순절 날은 온 이스라엘 백성 중에 성회로 공포되어야 한다. 그리고 사람들은 어떤 일도 해서는 안 되며 모든 노동행위는 엄격하게 금지되었다. 그것은 백성들이 거하게 될 각처에서 자손 대대로 지켜져야 할 영원한 규례였다. 오순절은 사람들에게 생명을 공급하는 곡식을 추수하는 일에 연관되는 특별한 절기이다.

그러므로 이스라엘 자손들은, 자신이 경작하는 땅의 곡식을 추수할 때 밭모퉁이까지 지나치게 알뜰하게 다 베서는 안 된다. 그리고 작업 중에 떨어진 이삭들을 낱낱이 남김없이 줍지 말아야 한다. 가난한 자들과 나그네들이 그 이삭을 주워 갈 수 있도록 남겨두어야 했기 때문이다.

여기에는 하나님께서 가난한 자들과 나그네를 특별히 배려하시는 분이라는 사실이 잘 드러나고 있다. 거기에는 이스라엘 백성으로 하여금 저들이 애굽 땅에서 나그네로 살아가던 때 베풀어진 하나님의 놀라운 은혜를 기억하게 하는 의미가 담겨 있다. 이는 또한 세상에 살아가는 인간들 가운데 부유한 것같이 보이는 자들이 있지만 그들의 실상은 가난한 나그네에 지나지 않는다는 점을 시사해 준다. 이에 대한 깨달음을 가지는 것이 하나님의 자녀들이 소유하게 될 진정한 지혜가 된다.

5. 나팔절 (23-25)

하나님께서는 모세를 통해 이스라엘 자손에게 나팔절을 지키도록 명령했다. 그들은 유대력으로 매년 칠월 초하룻날을 특별한 안식일로 삼아야 한다. 그날은 아무런 노동도 해서는 안 되며 여호와 하나님께 화제를 드리며 거룩한 성회로 모여 제사장들은 규례에 따라 나팔을 불어 기념해야 한다.

이스라엘 민족에게 있어서 나팔은 오직 나팔절에만 불어야 하는 것이 아니었다. 그들은 전쟁에 나갈 때도 나팔을 불었으며 기쁘고 감사한 날과 정해진 절기와 월삭 때도 나팔을 불어야 했다. 그렇게 함으로써 하나님께서 저들을 기억하시리라고 하셨다. 민수기에는 그에 관한 규례가 기록되어 있다.

"그 나팔은 아론의 자손인 제사장들이 불찌니 이는 너희 대대에 영원한 율례니라 또 너희 땅에서 너희가 자기를 압박하는 대적을 치러 나갈 때에는 나팔을 울려 불찌니 그리하면 너희 하나님 여호와가 너희를 기억하고 너희를 너희 대적에게서 구원하리라 또 너희 희락의 날과 너희 정한 절기와 월삭에는 번제물의 위에와 화목제물의 위에 나팔을 불라 그로 말미암아 너희 하나님이 너희를 기억하리라 나는 너희 하나님 여호와니라"(민 10:8-10)

이스라엘 민족에게 있어서 나팔은 음악적인 기교를 가진 사람이라면 아무나 불 수 있었던 것이 아니라 아론 지파 제사장들에게 맡겨진 사역이었다. 그것은 백성들에게 나팔을 통해 하나님의 뜻을 선포하는 의미를 지니고 있었다. 따라서 백성들은 그 나팔 소리에 대한 경외감을 가져야만 했다.

하지만 본문에 나타나는 나팔은 나팔절에 불어야 하는 특별한 규례와 연관되어 있다. 일 년 한 차례 정기적으로 돌아오는 그 날 규례에 따른 제사와 더불어 지켜져야 하는 나팔절은 전체적인 대표성을 띠고 있었다. 이는 이스라엘 백성들이 전쟁이나 절기를 비롯한 다른 날에 부는 모든 나팔 소리도 나팔절의 나팔에 예속된 의미를 지니고 있는 것으로 보아야 하는 것이다.

또한 우리가 여기서 반드시 기억해야 할 점은, 나중 아론 자손의 제사장들이 예루살렘 성전에서 나팔을 불 때 전국 각지에 흩어져 살던 모든 백성들이 그 소리를 들을 수 있었던 것이 아니라는 사실이다. 포로시대 이후에도 이방 지역에 흩어진 유대인들 가운데 경건한 자들은 나팔절을 지켰을 것이 틀림없다. 그들은 나팔 소리를 귀로 들을 수 없었다. 따라서 그들은 '그 날'을 통해 그 장엄한 나팔 소리를 들을 수 있었던 것이다. 청각을 통해서가 아니라 '날'을 통해 듣게 되는 나팔 소리에 대한 올바른 이해를 하는 것은 매우 중요하다.

6. 대속죄일 (26-32)

하나님께서는 모세에게 유대력으로 칠월 십일을 속죄일로 지키도록 요구했다. 그날은 온 백성이 거룩한 성회로 지켜야 한다. 그 날 드려지는 속죄제는 평상시와 절기에 드려지는 모든 속죄제를 대표하는 성격을 지니고 있다.

이스라엘의 모든 백성들은 그 날 특별히 스스로 괴롭게 해야 한다. 그것은 물론 자학이나 고행을 의미하지 않는다. 즉 그들은 죄를 통회하는 가운데 일반적인 기쁨이나 즐거움을 멀리해야만 했다. 제사장들은 그런 형편 가운데서 규례에 따라 여호와 하나님께 거룩한 화제를 드리게 된다. 속죄일은 특별히 구별된 날로서 백성들은 아무 노동도 하지 말아야 한다. 그 날은 이스라엘 백성을 위해 하나님 여호와 앞에 모든 것을 속죄받는 거룩한 속죄일이 되기 때문이다.

만일 그 날 스스로 자신을 괴롭게 하지 않고 즐거움을 취하는 자가 있다면 언약의 백성들 가운데서 끊어지게 된다. 그런 자들은 죄에 대해 통회하기를 거부하는 자들이기 때문이다. 그리고 그 날은 어떤 형태의 노동이나 일이라 할지라도 중단하지 않는다면 하나님께서 백성들 중에서 멸절시키시게 된다. 그러므로 모든 백성들은 하나님의 규례에 온전히 따라 순종하지 않으면 안 된다. 그것은 이스라엘 백성들이 주님께서 오실 때까지 자손 대대로 지켜야만 할 규례이다.

그 특별한 날은 이스라엘 백성들이 특별히 쉬어야 할 큰 안식일이다. 그 안식은 인간들에게 단순히 노동을 쉴 수 있는 기회를 제공하고자 한 것이 아니라 구원 사역을 위한 하나님의 직접적인 요구에 관련되어 있다. 그러므로 모든 백성들은 스스로 자신을 괴롭게 하는 가운데 유대력으로 칠월 구일 저녁부터 그 이튿날 저녁까지 안식함으로써 속죄일을 온전히 지켜야만 했던 것이다.

7. 초막절 (33-44)

하나님께서는 자기 종 모세를 통해 이스라엘 백성이 유대력으로 해마다 칠월 십오일이 되면 초막절을 지켜야 할 것을 요구하셨다. 그때는 하루만 지키는 것이 아니라 한 주간을 특별히 구별해야 한다. 즉 모든 이스라엘 자손은 여호와 하나님을 위해 칠 일 동안 초막절로 지켜야 했던 것이다.

그 첫날에는 온 백성들이 성회로 모여야 하며 어떤 형태의 노동이라 할지라도 금지되었다. 그들은 칠 일 동안 여호와 하나님께 거룩한 화제를 드려야 한다. 그리고 제 팔일에도 성회로 모여야 한다. 그때도 여호와께 화제를 드리게 되어 있었다. 그 날은 물론 거룩한 대회로 모이는 날이기 때문에 노동을 해서는 안 된다.

그 날들은 여호와의 절기이므로 백성들에게 공포하여 성회로 삼아야 한다. 그리고 번제와 소제와 전제가 규례에 따라 하나님께 바쳐지게 된다. 이는 여호와 하나님의 상시적인 안식일과 백성들이 일반적으로 드리는 헌물이나 서원 예물 혹은 낙헌 예물 이외에 별도로 여호와 하나님께 특별히 드려져야 하는 제물들이다.

또한 그 시기에는 백성들이 토지로부터 난 모든 소산물을 거두기를 마치게 된다. 따라서 그와 더불어 칠월 십오일부터 칠 일 동안 여호와의 절기를 지켜야 했던 것이다. 그 절기를 위한 첫째 날과 마지막 날에는 거룩한 안식일로 지키는 것 이외에도 백성들이 지켜야 할 별도의 규례가 주어졌다.

즉 그 첫날은 아름다운 나무 실과와 종려가지와 시내 버들의 무성한 가지들을 취하여 여호와 하나님 앞에서 칠 일 동안 즐거워하게 된다. 이스라엘 백성들이 해마다 그 달 칠 일 동안 여호와께 지키는 그 절기는 자손 대대로 이어져야 할 영원한 규례이다. 그것은 예수 그리스도께서 오실 때까지 이스라엘 백성에게 주어진 영원한 규례가 되었던 것이다.

그 기간 중에는 백성들이 칠 일 동안 임시로 지은 초막에 거해야만 했다.[39] 그때는 이방인으로서 하나님의 언약에 참여하게 된 백성들과 그들 가운데 태어난 모든 자손들이 초막 안에 거해야 한다. 그것을 통해 여호와 하나님께서 이스라엘 자손을 애굽 땅으로부터 시내광야로 인도하여 내셨을 때 초막에 거했던 사실을 자손 대대로 알려주어야만 했다.

모세는 다양한 절기와 연관된 모든 내용들을 이스라엘 자손에게 선포하고 그것들을 지키도록 명령했다. 이에 대해서는 모세 당시의 이스라엘 백성들뿐 아니라 그후에 출생하게 될 모든 언약의 자손들이 규례에 따라 그 절기를 지켜야만 했다. 누구든지 그것을 가볍게 여기거나 규례를 어기게 되면 그 죄로 인한 무서운 형벌을 면치 못한다.

8. 신약시대의 절기문제

신약시대 교회에도 역사 가운데 여러 가지 기념 절기들이 생겨났다. 그것은 구속사와 언약에 상관없이 생겨난 것들이다. 성탄절, 부활절, 오순절, 추수감사절 등이 대표적이다. 나아가 구약의 절기를 신약시대에 적절하게 바꾸어 지키는 경우도 없지 않다. 한국의 다수 교회들이 지키고 있는 맥추절이 대표적인 경우이다.

그러나 기독교 역사 가운데서 만들어진 그와 같은 절기들은 성경에서 지키도록 요구하고 있는 것이 아니다. 성경에 그에 연관된 내용과 기록이 있다고 해서 특정한 날을 정해 절기로 지키며 기념해야 하는 것은 아니다.

예수님 당시의 제자들이나 예수님께서 부활하여 승천하신 이후의 사도교회 시대에는 성탄절을 지키지 않았다. 부활절도 지키지 않았으며 오순

---

[39] 오늘날 우리도 이 세상에서는 나그네로서 초막에 거하는 것과 같은 자세로 살아가야 한다. 지혜로운 성도라면 그점을 분명히 인식하지 않으면 안 된다. 이 세상을 영원한 처소라도 되는 양 생각하며 살아간다면 어리석은 자가 아닐 수 없다.

절을 절기화해서 지킨 것도 아니다. 그리고 맥추절의 경우 구약의 절기에 해당되기 때문에 우리 시대에 그것을 교인들에게 지키도록 요구해서는 안 된다. 만일 그 절기를 지키려면 유월절과 초막절, 나아가 부림절이나 수전절도 지켜야 할 것이다.

구약시대의 맥추절을 재생해 지키는 현대교회는 그것을 통해 교회의 재정을 확충하고자 하는 마음에서 출발한 것이 틀림없다. 그러나 그것은 올바른 자세가 아니다. 따라서 성숙한 교회와 성도들은 신약시대에 생겨난 절기들에 대해 건전한 비판 정신을 견지할 수 있어야 한다.

9. 이스라엘 백성의 사생활과 절기에 관한 이해

이스라엘 백성들에게 있어서 모세가 전한 절기들 이외에 달리 기념할 만한 날은 없었다. 개인의 생일이라든지 결혼기념일 따위는 없었던 것으로 보인다. 나아가 부모나 형제가 죽은 날을 달리 기억한 것 같지도 않다. 그들에게 있어서 중요한 것은 오직 하나님께서 제정한 절기들밖에 없다.

만일 그들이 다른 사적인 날들을 기념일로 정한다면 그것은 우상숭배적인 성격을 지니게 된다. 하나님 이외에 어느 누구도 기념될 만한 인물이 존재하지 않으며 인간들 가운데서 일어난 날을 특별히 기념해 지켜야 할 이유가 없었다.

오늘날 우리 시대는 사람들이 자기와 연관된 어떤 날을 지키기를 좋아한다. 자기의 생일을 기념하고 부모와 친구의 생일을 기념하기도 한다. 언젠가부터 결혼한 날을 기념하기도 한다. 심지어는 남녀 청년들이 사귀면서 처음 만난 날을 기념하기도 한다. 오늘날 우리는 그와 같은 날들에 지나치게 얽매이는 것을 여간 조심하지 않으면 안 된다.

또한 현대인들은 특별한 의미를 부여해 한 날을 지키는 경우도 많이 있다. 어린이날, 어버이날, 스승의 날, 부부의 날, 심지어는 목회자의 날도 있다. 그런 날들은 우리에게 필요하지 않은 날이다. 그와 같은 의미를 드러내기 위해 특정한 날을 지정해 지키거나 기념하지 않아도 평상시에 항상 그 의미가 살아있어야 하기 때문이다.

그리고 우리 시대에는 세속 국가가 정한 기념일도 많이 있고 민족들 마다 다양한 명절들도 있다. 우리나라 같으면 삼일절, 제헌절, 광복절, 개천절 등과 설, 추석 등이 그런 것들이다. 우리는 그런 기념일과 명절에 대해서도 지나치게 따져 지키려는 마음을 자제할 필요가 있다. 사실 그런 명절 절기로 인한 순기능이 있는가 하면 역기능도 만만치 않다는 사실을 기억해야만 한다.

제24장

등대와 떡상에 관한 규례 및
형벌과 보복 규정 (레 24:1-23)

1 여호와께서 모세에게 일러 가라사대

2 이스라엘 자손에게 명하여 감람을 쩧어 낸 순결한 기름을 켜기 위하여 네게로 가져오게 하고 끊이지 말고 등잔불을 켤찌며

3 아론은 회막안 증거궤 장 밖에서 저녁부터 아침까지 여호와 앞에 항상 등잔불을 정리할찌니 너희 대대로 지킬 영원한 규례라

4 그가 여호와 앞에서 순결한 등대 위의 등잔들을 끊이지 않고 정리 할찌니라

5 너는 고운 가루를 취하여 떡 열둘을 굽되 매덩이를 에바 십분 이로 하여

6 여호와 앞 순결한 상 위에 두 줄로 한 줄에 여섯씩 진설하고

7 너는 또 정결한 유향을 그 매줄 위에 두어 기념물로 여호와께 화제를 삼을 것이며

8 항상 매안식일에 이 떡을 여호와 앞에 진설할찌니 이는 이스라엘 자손을 위한 것이요 영원한 언약이니라

9 이 떡은 아론과 그 자손에게 돌리고 그들은 그것을 거룩한 곳에서 먹을찌니 이는 여호와의 화제중 그에게 돌리는 것으로서 지극히 거룩함이니라 이는 영원한 규례니라

10 이스라엘 여인의 아들이요 그 아비는 애굽 사람 된 자가 이스라엘 자손 중에 나가서 한 이스라엘 사람과 진중에서 싸우다가

11 그 이스라엘 여인의 아들이 여호와의 이름을 훼방하며 저주하므로 무리가 끌고 모세에게로 가니라 그 어미의 이름은 슬로밋이요 단 지파 디브리의 딸이었

더라

12 그들이 그를 가두고 여호와의 명령을 기다리더니

13 여호와께서 모세에게 일러 가라사대

14 저주한 사람을 진 밖에 끌어 내어 그 말을 들은 모든 자로 그 머리에 안수하게 하고 온 회중이 돌로 그를 칠찌니라

15 너는 이스라엘 자손에게 고하여 이르라 누구든지 자기 하나님을 저주하면 죄를 당할 것이요

16 여호와의 이름을 훼방하면 그를 반드시 죽일찌니 온 회중이 돌로 그를 칠 것이라 외국인이든지 본토인이든지 여호와의 이름을 훼방하면 그를 죽일찌니라

17 사람을 쳐죽인 자는 반드시 죽일 것이요

18 짐승을 쳐죽인 자는 짐승으로 짐승을 갚을 것이며

19 사람이 만일 그 이웃을 상하였으면 그 행한 대로 그에게 행할 것이니

20 파상은 파상으로, 눈은 눈으로, 이는 이로 갚을찌라 남에게 손상을 입힌 대로 그에게 그렇게 할것이며

21 짐승을 죽인 자는 그것을 물어 줄 것이요 사람을 죽인 자는 죽일찌니

22 외국인에게든지 본토인에게든지 그 법을 동일히 할 것은 나는 너희 하나님 여호와임이니라

23 모세가 이스라엘 자손에게 고하니 그들이 저주한 자를 진 밖에 끌어내어 돌로 쳤더라 이스라엘 자손이 여호와께서 모세에게 명하신 대로 행하였더라

1. 등대와 등잔불 (1-4)

　성소 안에는 항상 등대와 등잔불이 놓여 있어야 했다. 그것은 매우 중요한 역할을 했을 뿐 아니라 매우 소중한 의미를 지니고 있었다. 우리가 잘 알고 있듯이 성소의 휘장 넘어 위치한 지성소는 불빛이 전혀 없어서 항상 깜깜한 흑암 상태였다. 그곳에서는 인간들의 일반적인 육안으로는 아무것도 보이지 않았다.

　또한 지성소 안에는 모세가 받은 언약의 두 돌 판과 만나가 담긴 금 항아리와 아론의 싹 난 지팡이가 담긴 언약궤가 놓여 있었지만 전혀 노출되지 않은 상태를 유지했다. 그곳은 오직 여호와 하나님의 영역으로서 인간들이 감히 범접할 수 없었다. 단지 하나님의 규례에 따라 일 년 한 차례 속죄 제사를 위한 희생제물의 피와 더불어 대제사장에게만 출입이 허용되었다.

　이에 반해 휘장 바깥 영역인 성소는 항상 불이 환하게 밝혀져 있었다. 그곳에서는 낮과 밤에 상관이 없이 항상 밝은 상태를 유지했다.[40] 그리고 그 빛은 태양을 통한 자연 빛이 아니라 하나님으로부터 주어진 특별한 빛이었다.

　그러므로 하나님께서는 모세에게 성소 안에 설치되는 등대와 등불에 관한 특별한 규례를 주셨다. 성소의 불을 밝히면서 규례를 벗어나게 되면 안 되었기 때문이다. 즉 성소의 거룩한 불을 켜기 위해서는 이스라엘 자손에게 명령하여 감람을 찧어낸 순결한 기름을 가져오게 하고 그것으로써 등잔불이 끊어지지 않게 켜 두라는 것이었다.

---

40) 예루살렘에 돌로 된 성전이 세워지기 전에는 언약궤와 성막이 형편에 따라 이동했다. 그러므로 성막이 해체된 동안에는 성소와 지성소가 일시적으로 형체를 가지지 않은 상태에 놓여 있었다. 그럴 때라 할지라도 의미상 성소와 지성소의 의미는 그대로 존속한 것으로 이해해야 한다.

그리고 아론과 그의 자손 제사장들은 지성소 안 증거궤가 놓여있는 휘장 바깥에서 저녁부터 아침까지 밝은 상태를 유지하도록 항상 여호와 하나님 앞에서 등잔불을 정리해야만 했다. 그것은 이땅에 주님이 오실 때까지 이스라엘 자손 대대로 지켜야 할 영원한 규례였다. 제사장들이 여호와 하나님 앞에서 순결한 등대 위의 등잔들이 끊이지 않도록 정리하는 것은 반드시 지켜야만 할 중요한 사명이다.

2. 떡상과 진설병 (5-9)

하나님께서는 고운 가루를 취해 떡 열두 개를 굽되 각 덩이를 에바 십분의 이(2/10)의 양으로 만들도록 했다. 그것들을 여호와 하나님 앞 순결한 떡상 위에 두 줄로 놓되 한 줄에 여섯 개씩 진설하도록 명령했다. 이는 이스라엘 민족의 열두 지파와 연관된 언약적인 의미를 지니고 있었다.

그리고 정결한 유향을 그 떡이 놓인 매줄 위에 둠으로써 거룩한 기념물로 여호와 하나님께 화제를 삼도록 요구했다. 이는 날마다 성소 안의 떡 상위에 진설되어야 할 음식이었다. 그것을 통해 언약의 백성인 이스라엘 민족의 진정한 생명의 근원이 어디에 있는지 말해주었던 것이다.

하나님께서는 또한 매안식일마다 그 떡을 여호와 앞에 진설하도록 요구했다. 그것은 이스라엘 자손을 위한 것으로서 영원한 언약을 드러내는 기능을 하게 된다. 제사장들은 안식일에도 직분 사역을 쉬지 않고 지속적으로 감당했다. 그것은 안식일 날 쉬어야 하는 일반적인 노동에 속하지 않았다.

또한 성소에 진설되었던 떡은 아론과 그 자손들에게 주어져야 한다. 그들은 그 음식을 거룩하게 구별된 곳에서 먹어야 했다. 그것들은 여호와 하나님의 화제 가운데 제사상들에게 돌아가는 지극히 거룩한 음식이 되었다. 이에 관한 규례는 이스라엘 민족 가운데 영원히 지켜져야만 했던

것이다.[41]

3. 여호와의 이름을 훼방하며 저주한 자에 대한 형벌 (10-16)

여호와 하나님은 인간들의 상상을 초월하는 영화로운 분이다. 따라서 죄에 빠진 더러운 인간이 감히 그의 이름을 훼방하며 저주한다면 무서운 형벌에 처해질 수밖에 없다. 당시 이스라엘 백성들 가운데서 구체적인 한 사건이 발생하게 되는데 그것을 성경에 기록함으로써 이스라엘 백성의 산 거울이 되도록 했다.

이스라엘 족속 출신의 한 여성과 애굽 출신의 남성이 결혼을 하게 되었다. 단 지파에 속한 그 여성의 이름은 슬로밋이었다. 저들 부부 사이에 한 아들이 태어났다. 나중 어느 날 혼혈아로 출생한 그 사람과 순수한 이스라엘 혈통을 지닌 한 사람 사이에 이스라엘 진중에서 싸움이 일어났다.

그때 이방인 출신의 아버지를 둔 그 사람이 분개하여 여호와 하나님의 이름을 훼방하며 저주했다. 어쩌면 당사자가 생각하기에 자기에게 억울한 일이 있어서 그런 식으로 말을 내뱉었는지 모른다. 그러나 이유여하를 막론하고 하나님의 거룩한 이름을 훼방하며 저주하는 행위는 결코 용서받을 수 없는 일이었다.

그래서 사람들이 그를 잡아 감옥에 가두어 둔 채 여호와 하나님의 명령을 기다렸다. 하나님께서는 모세를 통해, 자신의 이름을 훼방하고 저주한 그 악한 자를 진 밖으로 끌어내도록 명령했다. 그리고는 그가 저주하는 말을 들은 모든 증인들로 하여금 그의 머리 위에 손을 얹어 안수하게 했다. 그리고는 온 회중으로 하여금 손에 돌을 들어 공개적으로 그를 쳐 죽이라

---

41) 레위기 24장 5절과 8절의 '떡' 은 서로 다른 것인가? 전체적인 문맥을 살펴 보건데, 5절의 '떡' 은 일반 진설병으로 이해하고 8절의 떡은 화제로 드려진 떡으로 이해하는 것이 바람직할 것 같다.

는 명령을 내리셨다.

하나님께서는 그 사건이 이스라엘 자손에게 반면교사가 될 수 있게끔 널리 알리도록 지시하셨다. 누구든지 언약의 백성들이 믿는 여호와 하나님을 저주하게 되면 그와 같이 엄한 벌을 당한다는 사실을 경고하라는 것이었다. 그러므로 그것은 이스라엘 민족 가운데 적용되어야 할 하나님의 영원한 율법이 되었다.

"여호와 하나님의 이름을 훼방하면 그를 반드시 죽일찌니 온 회중이 돌로 그를 칠 것이라 외국인이든지 본토인이든지 여호와의 이름을 훼방하면 그를 죽일찌니라"(레 24:16)

과거의 형편과 사건에 비추어볼 때 오늘날 우리 시대는 과연 어떤가? 하나님을 알지 못하는 자들에 대해서는 두 말할 나위없다. 그렇다면 우리는 기독교 내부로 침투해 들어온 자들 가운데 그런 자들이 없는지 살펴보아야 한다.

하나님과 그의 말씀을 거리낌 없이 욕되게 하며 노골적으로 교회를 어지럽히는 자들은 곧 그와 같은 자들이다.[42] 그런 인간들은 하나님의 무서운 진노를 받아야 할 자들이다. 오늘날 우리는 직접 돌을 들어 저들을 쳐 죽이지 않지만 하나님께서 저들에게 무서운 심판을 가하게 될 것이다.

4. 동해보복의 원칙 (17-23)

모세의 율법은 자기가 피해를 당한 만큼 가해자에게 되돌려줄 수 있는 동해보복을 원칙적으로 허용하고 있다. 이는 피해를 당한 당사자가 직접

---

42) 신약성경에는 용서받지 못할 죄와 회개할 수 없이 사망에 이를 죄에 관한 내용이 기록되어 있다(마 12:31,32 참조).

상대방에게 보복을 가한다는 말과는 다소 차이가 난다. 그 보복은 하나님의 율법과 이스라엘 민족의 거룩한 권력이 그렇게 되도록 해 주는 것으로 이해해야 한다. 즉 언약을 소유한 국가가 그 일을 대신 담당하는 것으로 받아들여야 하는 것이다.

다른 사람을 살인한 자는 반드시 쳐 죽여야 하며, 짐승을 쳐 죽인 사람은 그에 상응하는 짐승으로 그 죽은 짐승을 대신해 갚도록 해야 한다. 사람이 만일 그 이웃을 상하게 했다면 그 행한 대로 그에게 갚아 주어야 한다. 상처는 상처로, 눈은 눈으로, 이는 이로 갚아야 한다. 남에게 손상을 입힌 그대로 그에게 그렇게 해야 하는 것이다. 즉 남의 짐승을 죽인 자는 당연히 그것을 주인에게 물어 주어야 하며 사람을 죽인 자는 자기 생명으로 그것을 대신해야 한다.

이 율법은 이스라엘 백성에게 강력한 경고가 되었다. 따라서 이는 모든 사람들에게 평등하게 적용되어야 한다. 언약 안으로 들어온 외국인이든지 본토에서 난 사람이든지 그 율법은 동일한 효력을 나타내게 된다. 이는 여호와 하나님은 결코 편파적이지 않다는 사실을 잘 보여주고 있다.

우리가 여기서 기억해야 할 점은, 자기가 죄를 저지른 만큼의 책임을 져야 한다는 말과는 다소 차이가 난다는 사실이다. 남에게 피해를 끼친 것에 대해서 그에 상응하는 책임을 져야 하는 것은 지극히 당연하다. 모세 율법에서 보여주는 특색은 대체물을 통해 책임을 지는 것이 아니라 악행을 범한 내용 '바로 그것' 을 요구하고 있다는 사실이다.

모세가 이스라엘 백성들에게 이에 관한 모든 교훈을 선포하기를 마치자 증인들과 온 무리가 여호와 하나님의 이름을 훼방하고 저주한 자를 진 바깥으로 끌어내어 갔다. 그리고는 공개적인 자리에서 돌로 그를 쳐 죽였다. 그것은 하나님께서 모세에게 명하신 대로 순종한 행위였다.

제25장

안식년과 희년에 관한 규례 및 가난한 자와 동족에 관한 규정 (레 25:1-55)

1 여호와께서 시내 산에서 모세에게 일러 가라사대

2 이스라엘 자손에게 고하여 이르라 너희는 내가 너희에게 주는 땅에 들어간 후에 그 땅으로 여호와 앞에 안식하게 하라

3 너는 육년 동안 그 밭에 파종하며 육 년 동안 그 포도원을 다스려 그 열매를 거둘 것이나

4 제 칠년에는 땅으로 쉬어 안식하게 할찌니 여호와께 대한 안식이라 너는 그 밭에 파종하거나 포도원을 다스리지 말며

5 너의 곡물의 스스로 난 것을 거두지 말고 다스리지 아니한 포도나무의 맺은 열매를 거두지 말라 이는 땅의 안식년임이니라

6 안식년의 소출은 너희의 먹을 것이니 너와 네 남종과 네 여종과 네 품군과 너와 함께 거하는 객과

7 네 육축과 네 땅에 있는 들짐승들이 다 그 소산으로 식물을 삼을찌니라

8 너는 일곱 안식년을 계수할찌니 이는 칠년이 일곱번인즉 안식년 일곱번 동안 곧 사십 구년이라

9 칠월 십일은 속죄일이니 너는 나팔 소리를 내되 전국에서 나팔을 크게 불찌며

10 제 오십년을 거룩하게 하여 전국 거민에게 자유를 공포하라 이해는 너희에게 희년이니 너희는 각각 그 기업으로 돌아가며 각각 그 가족에게로 돌아갈찌며

11 그 오십년은 너희의 희년이니 너희는 파종하지 말며 스스로 난 것을 거두지 말며 다스리지 아니한 포도를 거두지 말라

12 이는 희년이니 너희에게 거룩함이니라 너희가 밭의 소산을 먹으리라

13 이 희년에는 너희가 각기 기업으로 돌아갈찌라

14 네 이웃에게 팔든지 네 이웃의 손에서 사거든 너희는 서로 속이지 말라

15 희년 후의 년수를 따라서 너는 이웃에게 살 것이요 그도 그 열매를 얻을
년수를 따라서 네게 팔것인즉

16 년수가 많으면 너는 그 값을 많게 하고 년수가 적으면 너는 그 값을 적게
할찌니 곧 그가 그 열매의 다소를 따라서 네게 팔것이라

17 너희는 서로 속이지 말고 너희의 하나님을 경외하라 나는 너희 하나님 여
호와니라

18 너희는 내 법도를 행하며 내 규례를 지켜 행하라 그리하면 너희가 그 땅에
안전히 거할 것이라

19 땅은 그 산물을 내리니 너희가 배불리 먹고 거기 안전히 거하리라

20 혹 너희 말이 우리가 만일 제 칠 년에 심지도 못하고 그 산물을 거두지도
못하면 무엇을 먹으리요 하겠으나

21 내가 명하여 제 육년에 내 복을 너희에게 내려 그 소출이 삼년 쓰기에 족
하게 할찌라

22 너희가 제 팔 년에는 파종하려니와 묵은 곡식을 먹을 것이며 제 구 년 곧
추수하기까지 묵은 곡식을 먹으리라

23 토지를 영영히 팔지 말 것은 토지는 다 내 것임이라 너희는 나그네요 우거
하는 자로서 나와 함께 있느니라

24 너희 기업의 온 땅에서 그 토지 무르기를 허락할찌니

25 만일 너희 형제가 가난하여 그 기업 얼마를 팔았으면 그 근족이 와서 동족
의 판 것을 무를 것이요

26 만일 그것을 무를 사람이 없고 자기가 부요하게 되어 무를 힘이 있거든

27 그 판 해를 계수하여 그 남은 값을 산 자에게 주고 그 기업으로 돌아갈 것
이니라

28 그러나 자기가 무를 힘이 없으면 그 판것이 희년이 이르기까지 산 자의 손
에 있다가 희년에 미쳐 돌아올찌니 그가 곧 그 기업으로 돌아갈 것이니라

29 성벽 있는 성내의 가옥을 팔았으면 판 지 만 일 년 안에는 무를 수 있나니

곧 그 기한 안에 무르려니와

30 주년 내에 무르지 못하면 그 성내 가옥은 산 자의 소유로 확정되어 대대로 영영히 그에게 속하고 희년에라도 돌려 보내지 아니할 것이니라

31 그러나 성벽이 둘리지 아니한 촌락의 가옥은 나라의 전토 일례로 물러주기도 할 것이요 희년에 돌려 보내기도 할 것이니라

32 레위 족속의 성읍 곧 그 기업의 성읍의 가옥은 레위 사람이 언제든지 무를 수 있으나

33 레위 사람이 만일 무르지 아니하면 그 기업된 성읍의 판 가옥은 희년에 돌려 보낼찌니 대저 레위 사람의 성읍의 가옥은 이스라엘 자손 중에서 얻은 기업이 됨이니라

34 그러나 그 성읍의 들의 사면 밭은 그의 영원한 기업이니 팔지 못 할찌니라

35 네 동족이 빈한하게 되어 빈손으로 네 곁에 있거든 너는 그를 도와 객이나 우거하는 자처럼 너와 함께 생활하게 하되

36 너는 그에게 이식을 취하지 말고 네 하나님을 경외하여 네 형제로 너와 함께 생활하게 할 것인즉

37 너는 그에게 이식을 위하여 돈을 꾸이지 말고 이익을 위하여 식물을 꾸이지 말라

38 나는 너희 하나님이 되려고 또는 가나안 땅으로 너희에게 주려고 애굽 땅에서 너희를 인도하여 낸 너희 하나님 여호와니라

39 네 동족이 빈한하게 되어 네게 몸이 팔리거든 너는 그를 종으로 부리지 말고

40 품군이나 우거하는 자 같이 너와 함께 있게 하여 희년까지 너를 섬기게 하라

41 그 때에는 그와 그 자녀가 함께 네게서 떠나 그 본족에게로 돌아가서 조상의 기업을 회복하리라

42 그들은 내가 애굽 땅에서 인도하여 낸바 나의 품군인즉 종으로 팔리지 말 것이라

43 너는 그를 엄하게 부리지 말고 너의 하나님을 경외하라

44 너의 종은 남녀를 무론하고 너의 사면 이방인 중에서 취할찌니 남녀 종은 이런 자 중에서 살 것이며

45 또 너희 중에 우거한 이방인의 자녀 중에서도 너희가 살 수 있고 또 그들이 너희 중에서 살아서 너희 땅에서 가정을 이룬 그 중에서도 그리 할 수 있은즉 그들이 너희 소유가 될찌니

46 너희는 그들을 너희 후손에게 기업으로 주어 소유가 되게 할것이라 이방인 중에서는 너희가 영원한 종을 삼으려니와 너희 동족 이스라엘 자손은 너희 피차 엄하게 부리지 말찌니라

47 너희 중에 우거하는 이방인은 부요하게 되고 그 곁에 사는 너희 동족은 빈한하게 됨으로 너희 중에 우거하는 그 이방인에게나 그 족속에게 몸이 팔렸으면

48 팔린 후에 그를 속량할 수 있나니 그 형제 중 하나가 속하거나

49 삼촌이나 사촌이 속하거나 그 근족 중 누구든지 속할 것이요 그가 부요하게 되면 스스로 속하되

50 자기 몸이 팔린 해로부터 희년까지를 그 산 자와 계산하여 그 년수를 따라서 그 몸의 값을 정할 때에 그 사람을 섬긴 날을 그 사람에게 고용된 날로 여길 것이라

51 만일 남은 해가 많으면 그 년수대로 팔린 값에서 속하는 값을 그 사람에게 도로 주고

52 만일 희년까지 남은 해가 적으면 그 사람과 계산하여 그 년수대로 속하는 그 값을 그에게 도로 줄찌며

53 주인은 그를 매년의 삯군과 같이 여기고 너의 목전에서 엄하게 부리지 못하리라

54 그가 이같이 속하지 못하면 희년에 이르러 그와 그 자녀가 자유하리니

55 이스라엘 자손은 나의 품군이 됨이라 그들은 내가 애굽 땅에서 인도하여 낸 나의 품군이요 나는 너희 하나님 여호와니라

1. 안식년에 관한 규례 (1-7)

하나님께서는 시내산에서 모세에게 안식년에 관련된 특별한 규례를 주셨다. 이스라엘 자손이 가나안 땅에 들어가면 그 땅으로 하여금 여호와 앞에 안식하도록 하라는 것이었다. 이는 그 땅은 이스라엘 백성들이 스스로 쟁취한 것이 아니라 하나님이 저들에게 특별히 주신 땅이었기 때문이다.

안식년을 위해서는 무조건 땅을 쉬게 할 것이 아니라 규례에 따라 그렇게 해야 한다. 즉 육 년 동안에는 밭에 파종을 하며 포도원을 경작하는 것이 마땅하다. 그것을 통해 곡물과 과실을 거두어들일 수 있다.

그렇지만 안식년을 지난 제 칠년에는 땅으로 하여금 다시금 안식하도록 해야 한다. 그때는 밭에 파종하거나 포도원을 경작해서는 안 된다. 또한 계절에 맞추어 파종이나 경작을 의도하지 않았음에도 불구하고 저절로 맺힌 곡식과 열매가 있다고 해도 그것들은 자신을 위한 소출이 될 수 없다.

그러므로 안식년에 얻은 모든 수확물들은 가난하고 어려운 사람들에게 돌려져야 한다. 즉 그것들은 주인이 아닌 남종과 여종과 품군 및 저들과 함께 거하는 나그네들이 먹게 될 식량이 된다. 또한 그 곡식은 집 안에 있는 가축들이 먹거나 들짐승들이 먹을 수 있도록 그냥 내버려 두어야 한다.

이를 다시 정리해 본다면, 이스라엘 민족이 안식년을 지키는 것을 통해 크게 두 가지를 동시에 생각해 볼 수 있어야 한다. 하나는 땅으로 하여금 정기적으로 쉬도록 해야 한다는 사실이다. 그 땅은 사유재산이 아니라 하나님께 속한 것이기 때문이다. 그리고 또 다른 하나는 안식년을 통해 가난한 자들과 들짐승들에게 여유가 주어진다는 사실이다. 경작하지 않은 땅에서 맺는 열매들도 상당할 것이었기 때문이다.

2. 희년에 관한 규례 (8-28)

하나님께서는 모세를 통해 희년에 관한 특별한 제도를 주셨다. 이스라엘 백성들은 희년이 지난 후 일곱 번의 안식년을 계산해야 했다. 그 전체를 합치면 총 사십 구년이 된다. 그 해 돌아오는 칠월 십일 속죄일날 전국에서 나팔을 크게 불어 희년을 선포해야 한다. 그렇게 함으로써 제 오십 년째 되는 해가 거룩하게 되었던 것이다.

우리가 여기서 기억해야 할 바는 희년이 이스라엘 민족 가운데 획일적으로 적용된 것이 아니라는 사실이다. 그것은 해당 당사자와 개별 가정에 따라 행해졌다. 이는 곧 이스라엘 가운데 해마다 희년이 선포된 사실을 말해주고 있다. 따라서 매년 대속죄일이 되면 제사장들은 전국에 살고 있는 언약의 백성들에게 자유를 공포해야 했다. 그렇게 되면 해마다 이스라엘 백성들에게 희년이 되어 원천적인 효력을 발생하게 되었다. 그에 따라 다른 사람에게 팔려갔던 땅과 사람은 제각각 원래 속한 주인의 기업이 되며 가족의 품으로 돌아갈 수 있었다.

그 오십 번째 되는 해는 희년이므로 밭에 파종하지 말아야 한다. 나아가 경작지 않고 저절로 난 곡식들과 포도 열매를 거두어서도 안 되었다. 그것들은 나그네와 가난한 이웃들을 비롯한 어려운 사람들에게 돌려져야 한다. 개별 당사자들을 통해 해마다 되풀이하여 돌아오는 희년은 이스라엘 백성들에게 항상 거룩하게 구별된 의미를 지니고 있었다.

또한 하나님을 믿는 이스라엘 자손은 이웃에게 땅이나 사람을 팔거나 저들로부터 살 때 서로 속이지 말아야 한다. 그때는 희년으로부터 지나간 연수를 정확하게 계산해서 사야 하며, 열매를 얻을 수 있는 남은 연수를 계산해 팔아야 한다. 즉 이스라엘 백성들은 매매를 하면서 항상 희년을 기준으로 몇 년이 지났는지 혹은 몇 년이 남았는지를 면밀히 살펴 매매하게 된다. 그때 희년이 돌아오게 되면 그것이 원 주인에게 돌아가게 되는 것인지에 대해 속여서는 안 되었던 것이다.

다시 말해 희년까지 남은 햇수가 많으면 그 가격을 더 많이 받을 수 있지만 남은 기간이 짧다면 가격을 낮게 책정하여 받아야 한다. 즉 희년까지 남은 햇수를 계산해서 속이지 말고 사고팔아야 했던 것이다. 하나님을 진정으로 경외하는 자들은 결코 이웃을 속일 수 없다. 살아계신 하나님께서 곧 저들의 증인이 될 것이기 때문이다.

이스라엘 백성은 약속의 땅 가나안에 거주하는 동안 하나님께서 제정하신 희년에 관한 법도와 규례를 지켜 행해야 했다. 그렇지 않으면 그곳에서 안전하게 살아갈 수 없었다. 그들이 하나님의 명령에 순종하여 행할 때 땅은 소산물을 풍성하게 낼 것이며 배불리 먹고 안전하게 지낼 수 있게 되었다.

그러나 어리석은 자들은 인간들의 이성과 경험에 모든 것을 의존하려 한다. 그런 자들은 안식년처럼 희년을 지키며 땅을 놀게 하는 것보다 계속해서 경작하는 것이 유익이라는 생각을 했다. 즉 하나님의 요구대로 작물을 심지 않고 거두지 않는다면 풍족하게 먹고 살아가기 어렵다는 것이었다.

그렇지만 하나님께서는 율법에 순종하여 안식년을 지키는 자들에게 제 육년에 복을 내려 그 소출이 삼 년을 쓰기에 풍족하게 해주시겠다는 약속을 하셨다. 따라서 백성들은 일 년 동안의 안식년을 쉰 후 제 팔년에 파종하게 되는데 그때는 묵은 곡식을 먹을 수 있었다. 또한 팔년 째 되는 해 농작물을 심어 제 구년에 추수하여 곡식을 거두어들일 때까지 묵은 곡식을 먹게 되었다.

하나님께서 언약의 백성에게 주신 가나안 땅은 하나님의 소유가 되므로 다른 사람에게 영원히 팔아서는 안 된다. 그 땅은 개인에게 속한 사유물이 아니라 하나님의 것으로서 이스라엘 민족 공동체의 거처로 주어졌던 것이다. 따라서 모든 언약의 백성들은 잠시 지나가는 나그네와 같은 인생을 살면서 지상에 있는 하나님의 영역에서 거하게 된다.

그러므로 가나안 온 땅에서는 희년제도의 정신에 따라 항상 토지를 무르는 것이 허용되었다. 만일 이스라엘 자손의 형제 가운데 너무 가난한 사람이 있어서 그 기업 가운데 얼마를 팔았다면 그 가까운 친족이 와서 저의 동족의 판 것을 무를 수 있었다. 이는 땅이 개인의 영원한 사유재산이 될 수 없다는 사실을 말해주고 있다.

또한 어떤 사람이 땅을 다른 사람에게 팔았으나 그것을 무를 만한 친족이 없어서 아무도 무르지 않았을 경우에도 그렇게 할 수 있는 적절한 기회가 주어졌다. 그가 나중에 부유하게 되어 자기가 판 땅을 무를 능력이 생기게 되면 그것을 팔았던 해를 계산하여 그 남은 값을 산 자에게 지불하면 그것은 원래 소유자의 기업으로 돌아갈 수 있었다. 그러나 그것을 무를 만한 능력이 없다면 그 땅은 희년이 될 때까지 산 사람의 관리 아래 있다가 희년에 미쳐 원래의 기업으로 돌아갈 수 있게 되었다.

3. 희년의 예외 규정 (29-34)

모세 율법에는 이 외에도 이스라엘 백성이 가나안 땅에 들어갔을 때 발생하게 될 가옥에 관한 규정이 주어졌다. 사면에 성벽이 둘러진 성 안에 있는 가옥을 다른 사람에게 팔았다면 판 지 만 일 년의 기한 내에는 그것을 무를 수 있었다.[43] 그러나 그 기간 내에 무르지 못한다면 그 성 안의 가옥은 산 자의 소유로 확정되어 대대로 영영히 그에게 속하게 되었다. 따라서 희년이 돌아올 때도 그것을 되돌려 보낼 필요가 없었다.

그러나 성벽으로 둘러싸이지 않은 촌락의 가옥은 나라의 전토와 동일한 규례에 따라 물러주어야 한다. 그리고 희년이 되면 원래의 주인에게 돌려보내야 한다. 이렇듯이 사람이 살아가는 가옥에 대해서는 성 안에 있을 경

---

43) 현대법에서는 이와 같은 법이 거의 없다. 정당한 매매가 이루어졌다면 되돌릴 수 없는 것이다. 한편 계약을 한 후 매매행위가 완결되지 않았다면 사정이 좀 다르다. 그때는 해약 즉 무를 수 있지만 상당한 책임을 지고 위약금을 물어야 한다.

우와 성 밖에 있을 경우가 분리되어 서로 다른 특별한 규정이 주어졌다.

한편 레위 족속의 성읍 곧 그 기업의 가옥은 레위 사람이 언제든지 무를 수 있었다. 이는 나중에 세워지게 될 예루살렘 성과 밀접한 연관성을 지니는 것으로 이해해야 한다. 즉 그것은 장차 있게 될 특별한 예언적 성격을 띠고 있었다.

그렇지만 만일 레위 사람이 그 가옥을 무르지 않으면 저의 기업인 성읍 가운데 있는 가옥은 산 사람의 소유가 되었다. 그러나 희년이 돌아오게 되면 원래의 주인인 레위인에게 되돌려 보내야 했다. 성읍 안에 있는 레위 족속의 가옥은 이스라엘 자손 가운데서 특별히 허락된 기업이었다.

이와는 달리 그 성읍 주변의 사면에 있는 레위인들을 위한 밭은 저들의 영원한 기업이 되었다. 따라서 그것들은 매매의 대상이 되어서는 안 된다. 그 밭은 저들의 생명을 보존하는 근본 터가 되어 곡물을 내기 때문에 그것을 판다는 것은 생존에 위협이 가해질 수 있다는 사실을 말해주고 있다.

4. 가난한 자에 대한 규정 (35-46)

이스라엘 민족 가운데 가난하게 된 사람이 있어 그 주변에 살고 있다면 저를 도와 나그네나 동거하는 사람으로 여겨 함께 생활해야 한다. 그들은 가난한 사람에게 돈을 빌려주고 이자를 취해서는 안 된다. 그런 이웃을 둔 사람은 하나님을 경외함으로 저들을 사랑으로 돌봐 주어야 했다.

따라서 이득을 취할 목적으로 가난한 이웃에게 양식을 꾸어 주어서도 안 된다. 이스라엘 백성의 자녀들은 항상 저의 조상들이 애굽 땅에서 고통당할 때 하나님이 저들을 인도해 내신 사실을 기억해야 한다. 그 과거의 사실을 기억한다면 이웃에게 양식을 꾸어주고 이식을 취하지는 못할 것이다.

하나님께서 이스라엘 백성을 가나안 땅으로 인도하신 것은 분명한 목적이 있었기 때문이다. 그것은 그가 친히 저들의 하나님이 되시기 위해서였다. 언약의 백성들은 그점을 분명히 기억하지 않으면 안 되었다.

또한 같은 이스라엘 백성인 이웃 가운데 가난으로 인해 자기에게 몸이 팔려올 경우 저를 노예처럼 부리지 말아야 한다. 그대신 저가 자기를 위해 일을 도와주는 품군이나 함께 기거하는 사람으로 여기며 살아가야 했다. 그 사람은 희년이 될 때까지 그를 위해 노동하며 살아가게 되었다.

희년이 돌아오면 다른 사람들에게 팔려갔던 그 사람과 그의 자녀들은 그곳을 떠나 원래의 지파로 돌아가 조상의 기업을 회복할 수 있었다. 그들은 하나님께서 애굽 땅에서 인도하여 낸 하나님께 속한 거룩한 백성이었다. 따라서 그들은 영원한 종으로 사거나 팔리지 말아야 하는 것이다.

그러므로 이스라엘 백성들 가운데 자유인은 하나님을 진정으로 경외하는 마음을 가져야 하며 저를 노예 부리듯이 엄하게 부려서는 안 되었다. 남자든 여자든 종으로 취하려면 주변의 이방인들 가운데서 사와야 했다. 또한 저들과 함께 기거하는 이방인의 자녀들 가운데서도 돈을 주고 살 수 있었다. 그리고 저들이 가나안 땅에서 가정을 이룬 중에서도 그렇게 하여 자신의 소유로 삼을 수 있다.

이는 이방인에 대한 매매와 상속이 가능하다는 사실을 의미한다. 따라서 그들을 자기 후손에게 기업으로 물려주어 소유로 삼도록 할 수 있었다. 즉 이스라엘 백성은 이방인들 가운데서는 사람을 돈으로 사서 영원한 종으로 삼을 수 있다. 그에 반해 자기 동족인 이스라엘 자손은 엄하게 부리지 말아야 한다. 그들은 가난하게 되었다 할지라도 여전히 하나님의 언약의 자손이었기 때문이다.

5. 종이 된 동족에 관한 규정 (47-55)

이스라엘 민족 가운데 거하는 이방인 출신의 사람들이 부유하게 되고 이스라엘 족속은 가난하게 되어 이방인들에게 몸이 팔릴 경우가 있을 수 있다. 그럴 경우에는 팔린 후에 그를 속량할 수 있었다. 이와 같은 일이 발생할 경우에는 이스라엘 민족의 친족 가운데 누군가가 그 일을 감당해야만 했다.

그 팔린 자를 속량할 경우에는 그의 형제나 삼촌이나 사촌 혹은 그의 가까운 친족들 가운데 하나가 속할 수 있었다. 또는 그 자신이 부유하게 될 경우는 스스로 속할 수도 있다. 또한 그를 속량할 때는 저의 몸이 팔린 해부터 희년까지의 년 수를 그를 산 사람과 계산해야 한다. 그리고 그의 몸값을 정할 때 그 사람을 섬기기 시작한 날을 그에게 고용된 날로 여겨야 했다.

만일 희년까지 남은 해가 많거나 적으면 그 년 수에 따라 팔린 값에서 속하는 값을 그 사람에게 되돌려 주어야 한다. 그리고 주인은 그를 매년 고용하는 품군과 같이 여겨야 했다. 따라서 그 사람을 자신의 목전에서 마치 노예와 같이 엄하게 부려서는 안 되었다.

다른 사람에게 팔려간 자가 규례에 따라 속량되지 못하면 희년이 되어서야 그와 그 자녀들이 자유를 회복할 수 있었다. 이스라엘 자손은 여호와 하나님께서 애굽 땅으로부터 인도하여 구출해 낸 그에게 속한 백성이다. 즉 그들은 일반 노예가 아니라 하나님을 위한 품군으로 인정되어야 했던 것이다.

본문 가운데 언급된 이방인이란 할례를 받아 이스라엘 민족 가운데 들어온 자들로 보인다. 즉 이스라엘 자손이 순전한 이방인의 노예로 팔려갈 수는 없었다. 그러므로 이스라엘 민족 가운데 들어온 이방인들은 하나님의 율례를 지켜야만 했다. 만일 그렇지 않다면 팔려간 이스라엘 종족의 형제 가운데 하나가 저를 속량하려 할지라도 이방인들이 그에 응해야 할 하등의 이유가 없었을 것이기 때문이다.

제26장

순종과 불순종에 따른 축복과 징벌 (레 26:1-46)

1 너희는 자기를 위하여 우상을 만들지 말찌니 목상이나 주상을 세우지 말며 너희 땅에 조각한 석상을 세우고 그에게 경배하지 말라 나는 너희 하나님 여호와임이니라

2 너희는 나의 안식일을 지키며 나의 성소를 공경하라 나는 여호와니라

3 너희가 나의 규례와 계명을 준행하면

4 내가 너희 비를 그 시후에 주리니 땅은 그 산물을 내고 밭의 수목은 열매를 맺을찌라

5 너희의 타작은 포도 딸 때까지 미치며 너희의 포도 따는 것은 파종할 때까지 미치리니 너희가 음식을 배불리 먹고 너희 땅에 안전히 거하리라

6 내가 그 땅에 평화를 줄 것인즉 너희가 누우나 너희를 두렵게 할 자가 없을 것이며 내가 사나운 짐승을 그 땅에서 제할 것이요 칼이 너희 땅에 두루 행하지 아니할 것이며

7 너희가 대적을 쫓으리니 그들이 너희 앞에서 칼에 엎드러질 것이라

8 너희 다섯이 백을 쫓고 너희 백이 만을 쫓으리니 너희 대적들이 너희 앞에서 칼에 엎드러질 것이며

9 내가 너희를 권고하여 나의 너희와 세운 언약을 이행하여 너희로 번성케 하고 너희로 창대케 할 것이며

10 너희는 오래 두었던 묵은 곡식을 먹다가 새 곡식을 인하여 묵은 곡식을 치우게 될 것이며

11 내가 내 장막을 너희 중에 세우리니 내 마음이 너희를 싫어하지 아니할 것이며

12 나는 너희 중에 행하여 너희 하나님이 되고 너희는 나의 백성이 될 것이니라

13 나는 너희를 애굽 땅에서 인도하여 내어 그 종 된 것을 면케 한 너희 하나님 여호와라 내가 너희 멍에 빗장목을 깨뜨리고 너희로 바로 서서 걷게 하였느니라

14 그러나 너희가 내게 청종치 아니하여 이 모든 명령을 준행치 아니하며

15 나의 규례를 멸시하며 마음에 나의 법도를 싫어하여 나의 모든 계명을 준행치 아니하며 나의 언약을 배반할찐대

16 내가 이같이 너희에게 행하리니 곧 내가 너희에게 놀라운 재앙을 내려 폐병과 열병으로 눈이 어둡고 생명이 쇠약하게 할 것이요 너희의 파종은 헛되리니 너희의 대적이 그것을 먹을 것임이며

17 내가 너희를 치리니 너희가 너희 대적에게 패할 것이요 너희를 미워하는 자가 너희를 다스릴 것이며 너희는 쫓는 자가 없어도 도망하리라

18 너희가 그렇게 되어도 내게 청종치 아니하면 너희 죄를 인하여 내가 너희를 칠배나 더 징치할찌라

19 내가 너희의 세력을 인한 교만을 꺾고 너희 하늘로 철과 같게 하며 너희 땅으로 놋과 같게 하리니

20 너희 수고가 헛될찌라 땅은 그 산물을 내지 아니하고 땅의 나무는 그 열매를 맺지 아니하리라

21 너희가 나를 거스려 내게 청종치 않을찐대 내가 너희 죄대로 너희에게 칠배나 더 재앙을 내릴 것이라

22 내가 들짐승을 너희 중에 보내리니 그것들이 너희 자녀를 움키고 너희 육

축을 멸하며 너희 수효를 감소케 할찌라 너희 도로가 황폐하리라

23 이런 일을 당하여도 너희가 내게로 돌아오지 아니하고 나를 대항 할찐대

24 나 곧 나도 너희에게 대항하여 너희 죄를 인하여 너희를 칠배나 더 칠찌라

25 내가 칼을 너희에게로 가져다가 너희의 배약한 원수를 갚을 것이며 너희가 성읍에 모일찌라도 너희 중에 염병을 보내고 너희를 대적의 손에 붙일 것이며

26 내가 너희 의뢰하는 양식을 끊을 때에 열 여인이 한 화덕에서 너희 떡을 구워 저울에 달아 주리니 너희가 먹어도 배부르지 아니하리라

27 너희가 이같이 될찌라도 내게 청종치 아니하고 내게 대항할찐대

28 내가 진노로 너희에게 대항하되 너희 죄를 인하여 칠 배나 더 징책하리니

29 너희가 아들의 고기를 먹을 것이요 딸의 고기를 먹을 것이며

30 내가 너희의 산당을 헐며 너희의 태양 주상을 쩌어 넘기며 너희 시체를 파상한 우상 위에 던지고 내 마음이 너희를 싫어할 것이며

31 내가 너희 성읍으로 황폐케 하고 너희 성소들로 황량케 할 것이요 너희의 향기로운 향을 흠향치 아니하고

32 그 땅을 황무케 하리니 거기 거하는 너희 대적들이 그것을 인하여 놀랄 것이며

33 내가 너희를 열방 중에 흩을 것이요 내가 칼을 빼어 너희를 따르게 하리니 너희의 땅이 황무하며 너희의 성읍이 황폐하리라

34 너희가 대적의 땅에 거할 동안에 너희 본토가 황무할 것이므로 땅이 안식을 누릴 것이라 그 때에 땅이 쉬어 안식을 누리리니

35 너희가 그 땅에 거한 동안 너희 안식시에 쉼을 얻지 못하던 땅이 그 황무할 동안에는 쉬리라

36 너희 남은 자에게는 그 대적의 땅에서 내가 그들의 마음으로 약하게 하리

니 그들은 바람에 불린 잎사귀 소리에도 놀라 도망하기를 칼을 피하여 도망하듯 할 것이요 쫓는 자가 없어도 엎드러질 것이라

37 그들은 쫓는 자가 없어도 칼 앞에 있음같이 서로 천답하여 넘어지리니 너희가 대적을 당할 힘이 없을 것이요

38 너희가 열방 중에서 망하리니 너희 대적의 땅이 너희를 삼킬 것이라

39 너희 남은 자가 너희 대적의 땅에서 자기의 죄로 인하여 쇠잔하며 그 열조의 죄로 인하여 그 열조같이 쇠잔하리라

40 그들이 자기 죄와 그 열조의 죄와 및 그들이 나를 거스린 허물을 자복하고 또 자기들이 나를 대항하였으므로

41 나도 그들을 대항하여 그 대적의 땅으로 끌어갔음을 깨닫고 그 할례받지 아니한 마음이 낮아져서 그 죄악의 형벌을 순히 받으면

42 내가 야곱과 맺은 내 언약과 이삭과 맺은 내 언약을 생각하며 아브라함과 맺은 내 언약을 생각하고 그 땅을 권고하리라

43 그들이 나의 법도를 싫어하며 나의 규례를 멸시하였으므로 그 땅을 떠나서 사람이 없을 때에 땅이 황폐하여 안식을 누릴 것이요 그들은 자기 죄악으로 형벌을 순히 받으리라

44 그런즉 그들이 대적의 땅에 거할 때에 내가 싫어 버리지 아니하며 미워하지 아니하며 아주 멸하지 아니하여 나의 그들과 세운 언약을 폐하지 아니하리니 나는 여호와 그들의 하나님이 됨이라

45 내가 그들의 하나님이 되기 위하여 열방의 목전에 애굽에서 인도하여 낸 그들의 열조와 맺은 언약을 그들을 위하여 기억하리라 나는 여호와니라

46 이상은 여호와께서 시내 산에서 자기와 이스라엘 자손 사이에 모세로 세우신 규례와 법도와 율법이니라

1. 우상 제작과 숭배에 대한 금령 (1-2)

하나님께서는 인간의 종교적인 욕망을 위해 우상을 제작하는 일과 그것을 섬기는 행위를 엄격하게 금지시키셨다. 그것은 여호와 하나님께서 가장 중오하는 가증스런 행위이다. 그럼에도 불구하고 인간들이 군이 그렇게 하는 이유는 자신의 욕망을 채우기 위한 이기적인 속성 때문이다.

하나님을 멀리하는 자들은 자기를 위해 나무로 깎은 우상을 만들기도 하고 금속으로 새긴 주상鑄像을 세우기도 했다. 그리고 돌을 다듬어 더러운 우상을 만들어 두고 그 앞에서 음란하게 섬기기도 했다. 배도에 빠진 자들은 여호와 하나님을 알지 못하는 이방인들이 행하듯이 다양한 형태의 우상을 만들어 섬기면서 복을 받고자 원했던 것이다.

하지만 그런 것들은 하나님을 섬기는 것이 아니라 하나님께서 가장 경멸하는 더러운 종교적인 악행에 지나지 않았다. 하나님을 경외하는 백성들이 그와 같은 악행을 저질러서는 안 된다. 하나님께서는 성도들에게 율법에 따라 거룩한 안식일을 지키며 그의 성소를 소중히 여기라는 명령을 내리셨다. 따라서 하나님께서는 가나안 땅에 들어가는 이스라엘 백성에게 그에 관한 명령을 내리셨다.

> "이스라엘 자손에게 말하여 그들에게 이르라 너희가 요단을 건너 가나안 땅에 들어가거든 그 땅 거민을 너희 앞에서 다 몰아내고 그 새긴 석상과 부어 만든 우상을 다 파멸하며 산당을 다 훼파하고 그 땅을 취하여 거기 거하라 내가 그 땅을 너희 산업으로 너희에게 주었음이라" (민 33:51-53)

이스라엘 백성이 사십 년간의 광야생활을 마친 후 들어가게 될 약속의 땅 가나안에는 여러 이방 종족들이 거하고 있었다. 그들은 조상대대로 그곳에서 살아왔으며 저들의 다양한 거짓 종교들이 있었다. 하나님께서는 오래전 아브라함에게 바로 그 땅을 그의 자손들에게 주리라고 약속하셨던 것이다.

더러운 이방인들의 종교로 말미암아 오염된 그 땅은 이제 하나님을 위한 거룩한 땅이 되어야만 했다. 그러므로 언약의 백성들은 그곳에 들어가 여호와 하나님을 알지 못하는 이방 거민들을 다 몰아내야 했다. 그리고 저들이 돌에 새겨 만든 다양한 우상들을 다 파멸하고 산당들을 부수어야 했다.

그렇게 함으로써 이스라엘 민족은 그 약속의 땅에서 거할 수 있었다. 하나님께서는 그 땅을 저들의 소유로 주셨기 때문이다. 그 백성들은 단순히 그곳에서 생활하며 살아가는 것을 목적으로 삼았던 것이 아니라 창세 전부터 작정된 하나님의 구원사역이 이루어지는 일에 참여하게 되었던 것이다.

2. 순종에 따른 축복 (3-13)

여호와 하나님께서는 자신의 규례와 계명을 준행하는 자들에게 놀라운 은총을 베푸신다. 저들이 하나님의 말씀에 순종하면 들어가게 될 가나안 땅이 풍족한 곡물을 내게 되어 타작마당을 가득 채우게 된다. 또한 밭의 수목이 무성해 많은 열매를 맺게 되며 식물이 풍성하게 된다. 백성들은 그 약속의 땅에서 음식을 배불리 먹으며 안전하게 거하는 하나님의 은혜를 누리게 되는 것이다.

저들의 순종에 따라 하나님께서는 그 땅에 평화를 허락하시게 된다. 그렇게 되면 감히 하나님의 백성들을 두렵게 할 자가 없다. 나아가 하나님께서는 사나운 짐승들이 그 땅에서 맘대로 활동하지 못하도록 할 것이며 전쟁으로 말미암는 고통스런 재난을 제거해 주신다. 만일 적들이 공격해 온다고 해도 언약의 백성들은 그들을 쉽게 물리치게 되며 원수들이 그 앞에

서 엎드려질 수밖에 없다. 소수의 용맹한 이스라엘 자손들이 대군을 형성
한 원수들을 쉽게 무찌르게 되는 것이다.

이렇듯이 하나님께서는 그 백성들을 권고하심으로써 하나님과 저들 사
이에 세워진 언약을 이행해 가신다. 이스라엘 백성은 그것을 통해 언약의
땅에서 창대케 되어 간다. 그렇게 되면 이스라엘 자손들은 해마다 거두어
들이는 풍성한 양식으로 인해 부족함을 모르고 살아갈 수 있다.

하나님께서는 이스라엘 민족 가운데 자신이 거하시는 거룩한 장막을 세
워 저들 가운데 거하고자 하셨다. 그렇게 하여 저들과 함께 계시는 하나님
은 자신의 율례에 순종하는 백성을 결코 싫어하여 내치지 않으신다. 따라
서 그는 이스라엘 민족의 하나님이 되시고 저들은 거룩한 하나님의 백성
이 된다. 여호와 하나님은 그 일을 위해 애굽 땅에서 종이 되어 있던 저들
을 안전하게 인도해 내셨다. 그는 저들의 목에 놓인 멍에를 깨뜨리고 자유
롭게 서서 걸을 수 있도록 하셨던 것이다.

3. 불순종에 따른 징벌 (14-38)

하나님께서는 자신의 명령과 율례를 따르지 않고 불순종하는 자들을 용
납하시지 않으며 결코 그냥 두시지 않는다. 그것은 저들이 하나님의 법도
를 버리고 그의 언약을 배반하는 행위였기 때문이다. 하나님을 떠나 자기
판단대로 행하는 자들은 하나님을 능멸하는 것과 마찬가지다.

그러므로 하나님께서는 저들에게 놀라운 재앙을 내려 폐병과 열병으로
인해 눈을 어둡게 하시게 된다. 그렇게 되면 저들의 생명이 쇠약해져 힘이
약하게 될 수밖에 없다. 나아가 저들이 땅에 파종하는 모든 노력은 헛것이
되고 만다. 원수들이 공격해와 모든 식량들을 탈취해 갈 것이기 때문이다.

이방인들을 동원해 배도에 빠진 이스라엘 백성을 공격하여 치도록 허용
하시는 분은 여호와 하나님이시다. 원수들이 저들을 공격하지만 하나님께

서 그 백성을 지켜주시지 않으므로 패배할 수밖에 없다. 따라서 이스라엘 사람들은 누가 추격하지 않아도 무서워 도망하게 되며 원수들이 저들을 지배하게 된다. 그런 상황이 닥치게 되면 저들이 하나님에 대한 불순종을 깨닫고 철저한 회개의 자리에 앉아야 한다.

그럼에도 불구하고 언약의 자손들이 하나님의 말씀을 청종하지 않는다면 그 죄로 말미암아 일곱 배 즉 훨씬 더 강력한 징치를 당하게 된다. 하나님께서 저들의 교만한 마음을 꺾어 버리실 것이다. 하늘은 철과 같이 야물게 되어 비를 내리지 않고, 땅은 마치 놋과 같이 단단해져 척박하게 되어 간다. 따라서 땀 흘리는 저들의 모든 수고가 헛될 따름이다. 그들이 아무리 열심히 노동하고 최선을 다한다 할지라도 땅은 아무런 생산물을 내지 못할 것이며 나무는 열매를 맺을 수 없다.

하나님께서는 그와 같은 고통을 겪고도 자신의 율례와 법도를 거슬러 순종하지 않는 자들에게는 더욱 심한 재앙을 내리시겠다는 경고를 하셨다. 하나님은 저들 가운데 사나운 들짐승을 보낼 것이며 그것들이 저들의 자녀를 움키고 저들이 사육하는 동물들을 멸하리라는 것이었다. 그렇게 되면 백성들의 수가 감소하게 되며 재앙으로 말미암아 사람들이 다니는 길마저 황폐하게 된다.

하나님께서는 저들에게 그와 같은 재앙을 보내시면서 언약의 백성들이 뉘우치고 돌이켜 자기에게 돌아오기를 바라고 계신다. 그것을 온전히 깨닫지 못하는 자들은 어리석은 백성이다. 하지만 그런 일을 당하고도 회개함으로써 하나님께 돌아가지 않고 그에게 저항한다면 하나님의 재앙은 그 도를 점점 더해 갈 수밖에 없다.

진노하시는 하나님께서는 이방의 대적들을 저들에게 불러들여 칼로 백성들을 공격하게 하여 원수들의 손에 붙이시게 된다. 나아가 그들 가운데 질병이 창궐하게 하실 것이며 먹을 양식이 고갈되어 백성들은 엄청난 굶주림에 빠지게 될 것이다. 그때는 음식을 구하고자 해도 얻을 수 없다. 더 이상 음식을 만들 화덕이 많이 필요하지 않으며 조금의 음식도 저울에 달아 줄 정도이므로 사람들이 먹어도 배부르지 않다.

그와 같은 하나님의 무서운 심판을 목격하고 경험한 후에도 그의 말씀을 들어 순종하지 않고 저항을 멈추지 않는다면 하나님께서는 더욱 진노해 훨씬 더한 재앙을 내리시게 된다. 하나님을 향한 저들의 죄와 배도행위는 사람들이 상상할 수 없을 정도로 끔찍한 재앙을 몰고 올 수밖에 없다.

그와 같은 상황이 닥치면 극단적인 이기주의가 성행하게 된다. 사람들 가운데는 자기만 살기 위한 극단적인 이기주의가 성행하게 되며, 어떤 사랑도 남지 않아 처참한 지경에 빠질 수밖에 없다. 그것을 통해 그동안 형식적이고 감정적인 사랑을 내세웠던 모든 것들이 진실이 결여된 헛것이었다는 사실이 증명된다. 그들 중에는 자기의 목숨을 부지하기 위해 어린 아들과 딸을 잡아 그 고기를 먹는 자들이 생겨나기까지 한다.

하나님께서는 자기에게 끝까지 저항하는 그 인간들을 결코 용납하시지 않는다. 그러므로 하나님은 저들의 삶의 근간이라고 주장하며 우상을 만들어 섬기는 산당을 헐 것이며 저들이 만들어 둔 태양신 주상을 찍어내 버리신다. 그리고는 저들의 시체를 파괴된 우상들 위에 던져버리시게 된다.

그렇게 되면 이스라엘 백성은 더 이상 하나님의 기쁨의 대상이 될 수 없다. 하나님은 배도에 빠진 인간들을 증오하며 싫어하신다. 따라서 저들이 살고 있던 모든 성읍들은 하나님께서 내리시는 재앙으로 인해 황폐하게 된다. 나아가 하나님의 요구에 의해 세워진 이스라엘 민족의 성소에도 사람들이 뜸하게 함으로써 황량하게 만들어 버리신다. 인간들이 아무리 많은 제물을 바치고 향기로운 향을 피운다 해도 그 악한 상황 가운데서는 하나님께서 그것을 기쁘게 받으시지 않는다.

하나님께서는 젖과 꿀이 흐르는 그 땅을 완전히 황무케 하신다. 그것을 목격하게 되는 저들의 원수들이 오히려 그와 같은 상황을 보며 놀라움에 빠지게 된다. 애굽의 왕궁과 애굽 전 지역에 많은 재앙을 내리시면서 이스라엘 민족을 그곳으로부터 인도해내신 하나님이 이제는 자기를 따르던 언약의 백성들에게 엄청난 재앙을 내리는 것을 보며 놀라지 않을 수 없었던 것이다.

하나님은 결국 그로 인해 이스라엘 백성을 이방의 여러 지역으로 흩어 버리실 것이다. 하나님의 칼이 저들의 배도 행위를 결코 용납하시지 않을 것이기 때문이다. 그렇게 되면 저들이 쫓겨나감으로써 젖과 꿀이 흘러야 할 그 땅은 황무하게 되며 저들이 살던 모든 성읍들은 황폐하게 된다.

그러나 하나님께서는 여전히 자신의 신실하신 언약으로 말미암아 사랑을 끝내 거두시지는 않는다. 물론 그것은 이스라엘 백성들에 대한 일반적인 애정을 말하는 것과 다르다. 오히려 그것은 영원한 구원을 이루기 위해 진행되는 메시아에 연관된 하나님의 놀라운 경륜에 속하는 것이다.

이스라엘 민족이 이방 족속의 포로로 잡혀가 그곳에 거하는 동안 가나안 땅이 황무하게 되는데 하나님께서는 그때 땅으로 하여금 안식을 누리게 해주신다. 이스라엘 백성이 율법을 어기고 땅을 온전히 안식하도록 하지 않은 것을 하나님이 그렇게 하신다는 것이다. 즉 저들이 약속의 땅에 기거하는 동안 안식하지 못하게 했던 땅이 그 황무할 동안에는 쉴 수 있게 된다는 것이었다.

하나님의 진노가 임했을 때 죽지 않고 생명을 건진 자들은 원수의 땅에 가서 살아가는 동안 모든 면에 있어서 한없이 허약하게 된다. 그들은 바람에 흔들리는 나뭇잎 소리에도 놀라 마치 칼을 피해 도망치듯 하게 된다. 그리고 누가 저들을 추격하지 않아도 제풀에 엎드러지게 된다.

이스라엘 백성이 저들을 인도하신 거룩한 하나님께 저항함으로써 재앙을 당해 이방 지역으로 사로잡혀가게 되면 최악의 상황을 경험하게 된다. 저들에게는 원수를 대적해 싸울 만한 힘이 없다. 나아가 그들은 뒤에서 쫓는 자가 없어도 마치 칼 앞에 있는 것같이 서로 뒤엉켜 넘어지게 된다. 저들에게는 대적을 당할 힘이 남아있지 않으므로 결국 이방인들에 의해 패망을 당할 수밖에 없는 것이다.

4. 하나님의 언약과 회복 (39-46)

이스라엘 백성의 남은 자들이 이방의 대적들이 지배하는 땅에서 쇠약해져 가게 되며, 저들의 조상이 애굽 땅에서 그랬듯이 저들도 그렇게 된다. 그러나 그 백성이 악한 죄를 뉘우치고 회개하여 돌이키면 하나님께서 다시금 은혜를 베푸신다.

그들이 자신의 죄와 조상들이 지은 죄를 깨닫고, 스스로 여호와 하나님께 대항함으로써 원수들의 땅에 포로로 잡혀 갔음을 깨닫는다면 하나님께서 다시 돌이켜 주시겠다는 것이다. 또한 할례받지 못한 마음으로 율법을 멸시한 저들이 겸손하게 낮아져서 그 죄악의 형벌을 순순히 받아들이면 하나님께서 아브라함과 이삭과 야곱에게 맺으신 언약으로 인해 저들에게 주었던 약속의 땅도 기억하시고 그 땅을 권고하시게 된다.

여기서 말하는 할례받지 못한 마음이란 육체에는 그 흔적을 가지고 있으면서 속사람의 변화를 거부하는 상태를 말하는 것으로 보인다. 그래서 그 백성들은 하나님의 법도를 싫어하며 그의 규례를 멸시했던 것이다. 그 결과 저들이 이방인들의 포로로 잡혀가게 되었으며 그 땅은 황폐하게 되었다.

그럼에도 불구하고 여호와 하나님께서는 이스라엘 백성이 떠난 그 남은 땅으로 하여금 안식을 누리도록 하는 일을 행하셨다. 그것을 통해 모세의 율법이 이루어지게 하는 역사가 이루어졌다. 결국 배도에 빠진 백성들은 이방 지역에서 하나님의 형벌을 받을 수밖에 없게 되었다.

그렇지만 하나님은 자기가 구별한 언약의 자손들이 원수의 땅에서 심한 형벌을 받는 것을 보시면서, 그들을 근본적으로 싫어하여 영원히 버리거나 멸망시키지 않으신다. 즉 하나님께서는 저들의 조상과 맺은 언약을 완전히 폐기하시지 않는 것이다. 그 모든 것들은 전적으로 여호와 하나님의 신실하신 성품에 달려 있다.

여호와 하나님은 이스라엘 민족을 특별히 택하여 저들의 하나님이 되신 분이다. 그 일을 위해 세상의 많은 나라들이 목격하는 가운데, 다양한 이적들을 동원해 억압 중에 있던 백성들을 애굽 땅으로부터 이끌어 내셨다. 그것을 통해 전능하신 자신의 거룩한 이름을 온 세상 만방에 선포하셨던 것이다.

그러므로 이스라엘 백성은 그들의 조상들과 맺은 하나님의 언약을 자신을 위해 반드시 기억하고 있어야 했다. 그것을 기억하지 않고 잊어버린다면 또다시 배도의 길에 빠지게 될 수밖에 없다. 여호와 하나님께서는 그것을 위해 시내산에서 모세를 불러 자기와 이스라엘 백성 사이에 세우신 규례와 법도를 주셨던 것이다.

제27장

서원자와 서원물에 관한 규례 (레 27:1-34)

1 여호와께서 모세에게 일러 가라사대

2 이스라엘 자손에게 고하여 이르라 사람을 여호와께 드리기로 서원하였으면 너는 그 값을 정할찌니

3 너의 정한 값은 이십 세로 육십 세까지는 남자이면 성소의 세겔대로 은 오십 세겔로 하고

4 여자이면 그 값을 삼십 세겔로 하며

5 오 세로 이십 세까지는 남자이면 그 값을 이십 세겔로 하고 여자이면 십 세겔로 하며

6 일 개월로 오 세까지는 남자이면 그 값을 은 오 세겔로 하고 여자이면 그 값을 은 삼 세겔로 하며

7 육십 세 이상은 남자이면 그 값을 십오 세겔로 하고 여자는 십 세겔로 하라

8 그러나 서원자가 가난하여 너의 정가를 감당치 못하겠으면 그를 제사장의 앞으로 데리고 갈 것이요 제사장은 그 값을 정하되 그 서원자의 형세대로 값을 정할찌니라

9 사람이 예물로 여호와께 드리는 것이 생축이면 서원물로 여호와께 드릴 때는 다 거룩하니

10 그것을 변개하여 우열간 바꾸지 못할 것이요 혹 생축으로 생축을 바꾸면 둘 다 거룩할 것이며

11 부정하여 여호와께 예물로 드리지 못할 생축이면 그 생축을 제사장 앞으로

끌어갈 것이요

12 제사장은 그 우열간에 정가할찌니 그 값이 제사장의 정한 대로 될 것이며

13 그가 그것을 무르려면 정가에 그 오분 일을 더할찌니라

14 사람이 자기 집을 구별하여 여호와께 드리려면 제사장이 그 우열간에 정가할찌니 그 값이 제사장의 정한 대로 될 것이며

15 그 사람이 자기 집을 무르려면 정가한 돈에 그 오분 일을 더할찌니 그리하면 자기 소유가 되리라

16 사람이 자기 기업된 밭 얼마를 구별하여 여호와께 드리려면 두락수대로 정가하되 보리 한 호멜지기에는 은 오십 세겔로 계산할찌며

17 그가 그 밭을 희년부터 구별하여 드렸으면 그 값을 네가 정한 대로 할 것이요

18 그 밭을 희년 후에 구별하여 드렸으면 제사장이 다음 희년까지 남은 년수를 따라 그 값을 계산하고 정가에서 그 값에 상당하게 감할 것이며

19 밭을 구별하여 드린 자가 그것을 무르려면 정가한 돈에 그 오분일을 더할찌니 그리하면 그것이 자기 소유가 될 것이요

20 그가 그 밭을 무르지 아니하려거나 타인에게 팔았으면 다시는 무르지 못하고

21 희년이 되어서 그 밭이 돌아오게 될 때에는 여호와께 바친 성물이 되어 영영히 드린 땅과 같이 제사장의 기업이 될 것이며

22 사람에게 샀고 자기 기업이 아닌 밭을 여호와께 구별하여 드렸으면

23 너는 정가하고 제사장은 그를 위하여 희년까지 계산하고 그는 너의 정가
한 돈을 그 날에 여호와께 드려 성물을 삼을찌며

24 그 밭은 희년에 판 사람 곧 그 기업의 본주에게로 돌아 갈찌니라

25 너의 모든 정가를 성소의 세겔대로 하되 이십 게라를 한 세겔로 할찌니라

26 오직 생축의 첫새끼는 여호와께 돌릴 첫새끼라 우양을 물론하고 여호와의
것이니 누구든지 그것으로는 구별하여 드리지 못할 것이며

27 부정한 짐승이면 너의 정가에 그 오분 일을 더하여 속할 것이요 만일 속하
지 아니하거든 너의 정가대로 팔찌니라

28 오직 여호와께 아주 바친 그 물건은 사람이든지 생축이든지 기업의 밭이든
지 팔지도 못하고 속하지도 못하나니 바친 것은 다 여호와께 지극히 거룩함이며

29 아주 바친 그 사람은 다시 속하지 못하나니 반드시 죽일찌니라

30 땅의 십분 일 곧 땅의 곡식이나 나무의 과실이나 그 십분 일은 여호와의
것이니 여호와께 성물이라

31 사람이 그 십분 일을 속하려면 그것에 그 오분 일을 더할 것이요

32 소나 양의 십분 일은 막대기 아래로 통과하는 것의 열째마다 여호와의 거
룩한 것이 되리니

33 그 우열을 교계하거나 바꾸거나 하지 말라 바꾸면 둘 다 거룩하리니 속하
지 못하리라

34 이상은 여호와께서 시내 산에서 이스라엘 자손을 위하여 모세에게 명하신
계명이니라

1. 서원자의 연령과 성별 규례 (1-8)

하나님께서는 모세를 통해 서원하는 자들에 대한 규례를 주셨다. 이는 서원에 관해 인간들이 자의로 판단하거나 알아서 해서는 안 된다는 사실을 말해주고 있다. 그것은 모든 이스라엘 백성들에게 선포되어야 할 법령이었다.

이스라엘 자손이 사람을 여호와 하나님께 드리기로 서원하였으면 모세가 그 값을 정해야 한다. 그 서원의 대상은 자신과 가족을 포함하는 것으로 이해할 수 있다. 하여튼 여기서 우리의 관심을 끄는 대목은 사람을 하나님께 드리기 위해 서원을 할 수 있다는 사실이다. 즉 동물이나 곡물뿐 아니라 인간도 하나님께 바치는 대상이 된다는 것이다.

그런데 사람을 바칠 때는 사람의 몸 자체를 제물로 바치는 것이 아니라 그에게 정해진 값을 따져서 바쳐야 한다. 하지만 모든 사람들의 가격이 동일하게 책정되는 것은 아니었다. 그것은 남녀의 성별과 나이에 따라 차등적으로 값이 정해진다.

이와 더불어 우리가 기억해야 할 바는 개인의 능력이 전혀 고려되지 않는다는 사실이다. 즉 같은 연령대라 할지라도 사람에 따라 능력은 전혀 다르다. 나아가 나이와 상관없이 좀 더 유능한 자가 있을 수 있으며 동일 연령대의 여성이 남성보다 개인적인 능력이 뛰어날 수도 있는 것이다. 그러나 그런 것보다 중요한 것은 성별과 나이 자체이다.

그러므로 이십 세부터 육십 세까지의 남자는 그 정한 값이 성소의 세겔대로 은 오십 세겔이며, 여자일 경우에는 그 값이 삼십 세겔이다. 그리고 다섯 살에서 스무 살까지의 남자는 그 값이 이십 세겔이며 여자는 십 세겔이다. 또한 출생한 지 일 개월에서 다섯 살까지의 남자아이는 그 값이 은 오 세겔이며 여자아이는 그 값을 은 삼 세겔로 쳐야 한다. 그리고 육십 세 이상의 남자는 그 값이 십 오 세겔이며 여자는 십 세겔이다.

이처럼 각 사람은 성별이나 연령에 따라 그 값이 차등적으로 정해지게 되었다. 그러나 서원한 사람이 가난하여 그 정해진 액수를 감당하지 못한다면 저를 제사장의 앞으로 데리고 가야 한다. 제사장은 각자의 형편을 따져보아 특별히 그 값을 정하여 서원한 것을 감당하도록 해야만 하는 것이다.

2. 서원물의 종류에 대한 규례 (9-24)

사람이 여호와 하나님께 드리려고 하는 서원물이 생축이라면 그것을 바치게 될 때 거룩하게 된다. 그 제물을 바치는 자는 임의로 변개하여 그 짐승의 우열을 살펴보아 바꾸어서는 안 된다. 그렇게 하게 되면 둘 다 거룩해져 전부 하나님께 바쳐야 한다.

만일 그 생축이 부정하여져서 여호와께 예물로 드리지 못하게 된 경우라면 그 생축을 제사장 앞으로 끌고 가야 한다. 제사장은 그 생축을 면밀히 살펴 상태에 따라 가격을 정해야 하는데 그 직무는 전적으로 제사장에게 맡겨져야 한다. 그러나 그것을 무르고자 한다면 정가에 그 오분의 일을 더해서 무를 수 있다.

또한 사람들은 자기 집을 구별하여 여호와 하나님께 바쳐드릴 수 있다. 제사장은 그것을 구체적으로 살펴 그 값을 정해야 하는데 그것이 곧 그 집의 가격이 된다. 이 경우에는 집 자체를 하나님께 바친다기보다 그 집에 해당하는 값어치를 정해 그에 해당하는 돈을 드리게 되는 것이다. 만일 그 사람이 자기 집을 무르려고 하면 정가한 돈에 그 오분의 일을 더해서 무를 수 있다. 그렇게 하면 그 집이 다시금 원 주인의 소유가 된다.

그리고 사람들은 자기의 토지를 구별하여 여호와 하나님께 바칠 수 있다. 그때는 그 밭에 뿌리는 씨앗과 수확량에 따라 가격을 정하게 된다. 즉 땅의 크기나 지역, 혹은 다른 조건이 아니라 수확량이 중요한 것이다.

그 땅이 한 호멜의 보리씨를 뿌려 수확할 만한 땅이면 은 오십 세겔로 계산하면 된다. 만일 그 사람이 그 밭을 희년부터 구별하여 드린 경우라면 그 규례에 따라 가격을 정해야 한다. 또한 희년이 지난 후에 그 밭을 구별하여 하나님께 드렸다면 제사장이 다음 희년까지 남은 년 수를 따라 그 가격을 계산하고 원래의 정가에서 그 값에 해당하는 액수를 감해야 한다.

자기 밭을 구별하여 하나님께 드리기로 한 사람이 그것을 무르고자 한다면 정가한 돈에 오분의 일을 더해서 무를 수 있다. 그렇게 하면 그 토지는 원래 주인의 소유가 된다. 한편 그가 그 밭을 무르고자 하는 마음이 없거나 다른 사람에게 팔았으면 다시는 무를 수 없게 된다. 설령 희년이 되어 그 밭이 돌아오게 될 때가 이르러도 그 땅은 여호와께 바친 성물로 남아 있다. 따라서 그 토지는 영영히 하나님께 바친 것이 되어 제사장의 기업이 된다.

그리고 다른 사람에게 샀지만 자기의 완전한 소유가 되지 않은 상태에서 밭을 여호와 하나님께 구별하여 드렸다면 모세는 그 가격을 정해야 한다. 제사장은 그 사람을 위해 희년까지 계산해서 값을 정해야 하며, 그는 매겨진 가격을 그 날에 여호와께 드려 성물로 삼아야 한다. 그리고 희년이 되면 그 밭은 처음 판사람 곧 그 기업의 원래 주인에게 돌아가게 된다.

3. 서원물에 따른 조건 (25-31)

성소에 바치는 예물의 가격을 정하기 위해서는 정확한 기준이 있어야 한다. 그것은 성소의 세겔대로 하되 이십 게라를 한 세겔로 치게 된다. 그리고 짐승의 첫 새끼는 여호와 하나님께 돌려야 한다. 나아가 소나 양을 비롯한 모든 가축은 여호와 하나님의 소유가 된다. 따라서 하나님의 소유를 마치 자기의 것인 양 다시 구별하여 드린다는 것은 있을 수 없는 일이다.

그렇지만 부정하게 된 짐승이라면 원래의 정해진 가격에 오분의 일을 더하여 속해야만 한다. 만일 부정을 속하지 않은 상태라면 그 정해진 가격대로 팔 수 있다. 한편 여호와 하나님께 완전히 바쳐진 것이라면 그것이 물건이든지 사람이든지 생축이든지 혹은 상속받은 밭이든지 간에 팔 수 없으며 속하지도 못한다. 이미 하나님께 바친 모든 것들은 지극히 거룩하게 되었기 때문이다.

그러므로 자신을 완전히 바친 그 사람은 다시 속할 수 없으며 반드시 죽여야만 한다(레 27:29). 이것이 과연 무슨 의미인가? 그를 하나님께 제물로 바쳐야 한다는 말인가? 이 말은 아마도 하나님께 속한 사람은 타락한 세상의 가치 가운데 살아가야 할 존재가 아님을 보여주고 있는 것으로 보인다. 우리는 이 말을 통해 신약시대의 사도 바울의 고백적인 기록을 기억하게 된다.

　　"내가 그리스도와 함께 십자가에 못 박혔나니 그런즉 이제는 내가 산 것이 아니요 오직 내 안에 그리스도께서 사신 것이라 이제 내가 육체 가운데 사는 것은 나를 사랑하사 나를 위하여 자기 몸을 버리신 하나님의 아들을 믿는 믿음 안에서 사는 것이라"(갈 2:20)

바울이 고백적으로 전하고 있는 이 말씀은 오늘날 교회에 속한 성도들이 가장 소중하게 받아들여야 할 교훈이다. 예수 그리스도의 십자가 사역을 통해 하나님께 완전히 바쳐진 성도들은 타락한 이 세상에 대해서는 죽은 자들이다. 이는 레위기서에 나타난 교훈과 더불어 생각해 볼 수 있는 내용이다.

또한 땅의 십분 일 곧 토지에서 생산되는 곡식이나 나무의 과실의 십분의 일은 여호와 하나님께 속한 것이므로 그것은 하나님의 거룩한 성물이 된다. 만일 사람이 그 십분의 일을 속하려면 그것에 오분의 일을 더해 바쳐야 한다. 이는 하나님의 성물로 구별되면 인간들이 손을 댈 수 없음을 말해 주고 있다. 그러므로 그것이 속하게 된 후에는 그것을 수확할 수 있게 된 다.

4. 십일조에 대한 특별 규정 (32-34)

레위기서의 맨 마지막에는 십일조에 관한 특별 규정이 주어졌다. 그것 으로서 전체적인 교훈의 막을 내리게 된다. 하나님께 소득의 십분의 일을 바치는 문제는 형편에 따라 임의적이거나 기계적이지 않다.

만일 동물을 십일조로 바치려고 하는 경우라면 소나 양을 막대기 아래 로 통과하게 하여 그것들 가운데 열 번 째 지나가는 것이 여호와 하나님께 거룩한 것이 된다. 그 기준은 동물의 크기와 무게 혹은 잘생기고 못생긴 것 과 직접적인 상관이 없다. 물론 사람이 그것을 지켜보며 임의로 그 앞뒤를 조작해 바꿔치기 하려고 해서는 안 된다. 잘못된 욕심을 부리다가 그렇게 되면 둘 다 거룩하게 되어 하나님의 소유가 된다.

여기서 우리가 관심을 기울여야 할 부분은 십분의 일을 하나님의 것으 로 구별하는 것이 숫자에 따른 기계적 계산이 아니라는 사실이다. 그것은 하나님의 뜻과 방법에 따라 유기적으로 정해지게 된다. 우리는 십일조를 하나님께 바치면서 개인의 욕망과 계산에 따라 함부로 뒤바꾸어서는 안 된다는 사실을 기억해야 한다.

하나님에 의해 구별된 것들은 하나님께 속한 거룩한 것이 되므로 당연 히 그에게 바쳐져야 한다. 이 모든 것들은 여호와 하나님께서 모세를 통해 시내산에서 이스라엘 자손들을 위해 명령하신 계명이다. 따라서 인간들이 시대의 변천과 환경에 따라 아무렇게나 변경하려고 해서는 안 된다. 그것 은 하나님을 향한 중대한 범죄행위가 되기 때문이다.

성구색인